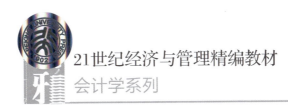

21世纪经济与管理精编教材

会计学系列

会计学基础

（第三版）

Accounting Fundamentals

(3rd edition)

李梦玉　叶江虹◎主编

图书在版编目(CIP)数据

会计学基础/李梦玉,叶江虹主编. —3 版. —北京:北京大学出版社,2020.5
21 世纪经济与管理精编教材·会计学系列
ISBN 978-7-301-22068-9

Ⅰ. ①会⋯ Ⅱ. ①李⋯ ②叶⋯ Ⅲ. ①会计学—高等学校—教材 Ⅳ. ①F230

中国版本图书馆 CIP 数据核字(2020)第 065574 号

书　　　名	会计学基础(第三版)	
	KUAIJIXUE JICHU(DI-SAN BAN)	
著作责任者	李梦玉　叶江虹　主编	
责 任 编 辑	李　娟	
标 准 书 号	ISBN 978-7-301-22068-9	
出 版 发 行	北京大学出版社	
地　　　址	北京市海淀区成府路 205 号　100871	
网　　　址	http://www.pup.cn	
微信公众号	北京大学经管书苑(pupembook)	
电 子 信 箱	em@pup.cn	
电　　　话	邮购部 010-62752015　发行部 010-62750672　编辑部 010-62752926	
印 刷 者	北京宏伟双华印刷有限公司	
经 销 者	新华书店	
	787 毫米×1092 毫米　16 开本　16.75 印张　367 千字	
	2006 年 11 月第 1 版　2010 年 1 月第 2 版	
	2020 年 5 月第 3 版　2020 年 5 月第 1 次印刷	
印　　　数	0001—4000 册	
定　　　价	39.00 元	

未经许可,不得以任何方式复制或抄袭本书之部分或全部内容。
版权所有,侵权必究
举报电话:010-62752024　电子信箱:fd@pup.pku.edu.cn
图书如有印装质量问题,请与出版部联系,电话:010-62756370

第三版前言

《会计学基础》一书自出版以来,得到广大读者和出版社的大力支持,并经多次印刷使用。近年来,由于《企业会计准则》不断修订和补充,相关税收法规不断变化,第二版中的部分内容及实务描述与我国最新的经济政策已不符,因此编者重点对第四章、第八章的内容依据新的税收政策及《企业会计准则》等法律规章进行了修订,以利于教师讲授时能够更好地结合实际,引导学生正确地理解所学专业知识。另外,为了提高学生的学习效率,在每一章前增加了本章导航,明确了该章的知识目标和能力目标;同时,丰富了章后习题的内容,便于学生课后检测自身对所学知识的掌握程度,提高学习兴趣及培养自学习惯。

第三版修订及定稿主要由李梦玉、叶江虹完成。在此特别感谢北京大学出版社经济与管理图书事业部李娟编辑的大力支持,感谢给教材提出宝贵建议的同事及学生,也感谢一如既往支持我们工作的家人、朋友,愿你们一切顺利!

书中不妥之处,敬请指正。

编者
2020 年 1 月 3 日

第二版前言

《会计学基础》第一版自2006年11月出版以来，至今已有近三年的时间，这期间，我国新颁布的《企业会计准则》已在上市公司实行，许多关于新会计准则的理论和方法也成为会计界研究的热点问题，当然，高等院校会计专业教师和学生也一直在不断地吸收新的观念，开拓新的视野。

"会计学基础"作为会计专业学生的专业基础课程，对今后深入学习会计理论和掌握会计实际操作方法具有重要作用。让他们较快、较好地掌握会计基本理论和方法，了解会计实际工作内容，是每个教师的责任。因此，本书在第一版的基础上，结合近三年在使用过程中积累的经验，对章节结构做了少许调整，对教材内容也做了更新，并增加了章后习题的题型，力求使学生能够较容易地理解和掌握会计基础知识，并及时了解和发现学习中存在的问题。同时，为了教师教学方便，还为教师准备了修订后的新版教材课件及章后基础练习题与实务练习题的答案。

本书修订工作主要由李梦玉、马葵完成，最后由李梦玉定稿。在修订过程中，收到了许多教师和学生提出的建议和意见，也得到北京大学出版社经济与管理图书事业部李娟编辑的大力配合，正是他们的鼓励和支持，才使本书的修订版能够出版发行，在此表示诚挚的谢意；同时，还要感谢那些在我们辛苦工作时送来关心和问候的家人、朋友，他们的叮咛给予了我们无限的温暖。

学无止境，由于我们学识有限，书中不妥、疏漏之处在所难免，敬请指正。

编者

2009年10月20日

第一版前言

21世纪是全球经济一体化的新时代,在以知识经济为主要特征、市场经济为主导的现代经济社会中,会计人员正发挥着重要作用。我国财政部已于2006年2月颁布了新的《企业会计准则——基本准则》和38项具体准则,并要求2007年1月1日起在上市公司实施。这一举措标志着我国的会计理论和实践在向国际会计趋同方面实现了根本的转变,同时也向会计教育工作者提出了新的要求。"经济越发展,会计越重要",会计作为现代市场经济不可或缺的一部分,从它产生以来就在社会经济发展过程中扮演着重要角色。作为这个社会中的一员,学习和掌握一些会计知识十分必要。

本书以高等院校会计专业本科生为主要对象编写,主要讲解会计基本知识和基本技能。本书还可作为经济管理类其他专业本科生、高职高专学生的教材以及愿意学习和了解会计基本知识的广大学员的参考书。

本书为学习会计基础知识的入门教材,我们在编写过程中,经过反复讨论和仔细斟酌,最后达成如下共识:

(1) 以《中华人民共和国会计法》(以下简称《会计法》)为依据,以最新颁布的《企业会计准则》的规定和理念为出发点,参照相关会计制度的要求,以讲解会计基本理论、基本方法和基本操作技能为主线,力求使本书的内容具有一定的稳定性和前瞻性。

(2) 考虑到学习会计学基础的学生从未接触过会计,在阐述各种会计概念和方法时,力求做到深入浅出、通俗易懂,并列举实例进行分析,为初学者正确理解会计的基本理论和方法,在有限的时间内掌握会计的核算原理和基本操作技能提供有效的帮助。

(3) 尽可能借鉴国内外教材的长处,结合我们长期在会计教学中积累的经验和方法,在教材的内容和结构安排上,做了一些有益的尝试。力求使会计理论与会计实际能更好地结合起来,使学生在理性认识的基础上,有一定的感性认识。

(4) 为帮助初学者加深对所学内容的理解,及时巩固所学知识,提高实际操作能力,培养学生独立思考的学习习惯,本书配有与所学内容相关的思考题、实务练习题及案例分析题,以便于学生检查学习效果;另外,与其配套的《会计基础模拟实训》一书也已在北京大学出版社出版。

(5) 在本书最后附有我国最新修订颁布的《会计法》及《企业会计准则——基本准则》,以便读者在学习中参考。建议读者在学习中尽可能了解其他会计法规和条例,如《会计基础工作规范》《企业财务会计报告条例》等,以保证学习效率。

本书由李梦玉、马葵、刘辉共同编写。在编写过程中,我们力求把多年来的教学经验体现在教材中。为此,我们经过多次共同讨论、修改,最后由李梦玉总纂并定稿。各章撰稿分工如下:李梦玉负责第一、二、三、七、八、九章及章后习题。马葵负责第四、五、六、十章及章后习题。刘辉负责第十一章及章后习题。

在编写本书的过程中,我们得到了北京石油化工学院经济管理学院领导和同事的关心及指导,他们提出了许多宝贵意见,使我们受益匪浅,在此一并谨致谢忱。

鉴于我们的学识水平有限,书中难免有疏漏和不妥之处,欢迎读者批评指正。

编者
2006 年 8 月

目 录

第一章 总论 ·· (1)
  第一节 会计的含义 ··· (2)
  第二节 会计目标与会计职能 ·· (5)
  第三节 会计规范体系 ··· (8)
  第四节 会计基本假设和会计基础 ··· (11)
  第五节 会计信息质量要求 ·· (14)
  第六节 会计核算程序与方法 ·· (16)
  章后习题 ·· (20)

第二章 会计要素与会计等式 ·· (24)
  第一节 会计对象 ·· (25)
  第二节 会计要素 ·· (27)
  第三节 会计等式 ·· (33)
  第四节 会计科目与账户 ·· (37)
  章后习题 ·· (40)

第三章 复式记账 ··· (46)
  第一节 复式记账原理 ··· (47)
  第二节 借贷记账法 ·· (48)
  第三节 总分类账户和明细分类账户 ··· (56)
  章后习题 ·· (59)

第四章 产品制造企业主要经济业务的核算 ································· (66)
  第一节 产品制造企业主要经济业务的内容 ······························ (67)
  第二节 资金筹集业务的核算 ·· (68)
  第三节 固定资产购置及材料采购业务的核算 ··························· (72)
  第四节 产品生产业务的核算和产品成本的计算 ······················· (80)
  第五节 产品销售业务的核算 ·· (89)
  第六节 财务成果的核算 ·· (97)

章后习题 ……………………………………………………………… (112)

第五章　会计凭证 …………………………………………………… (122)
　　第一节　会计凭证的作用和种类 ……………………………………… (123)
　　第二节　原始凭证 ……………………………………………………… (127)
　　第三节　记账凭证 ……………………………………………………… (130)
　　第四节　会计凭证的传递与保管 ……………………………………… (132)
　　章后习题 ………………………………………………………………… (134)

第六章　会计账簿 …………………………………………………… (143)
　　第一节　账簿的作用和种类 …………………………………………… (144)
　　第二节　账簿的设置和登记 …………………………………………… (145)
　　第三节　账簿的登记规则与错账更正方法 …………………………… (151)
　　第四节　结账与对账 …………………………………………………… (154)
　　第五节　账簿的启用、更换和保管 …………………………………… (156)
　　章后习题 ………………………………………………………………… (157)

第七章　财产清查 …………………………………………………… (162)
　　第一节　财产清查概述 ………………………………………………… (163)
　　第二节　财产清查的方法和账务处理 ………………………………… (166)
　　章后习题 ………………………………………………………………… (173)

第八章　财务会计报告 ……………………………………………… (179)
　　第一节　财务会计报告概述 …………………………………………… (180)
　　第二节　资产负债表 …………………………………………………… (183)
　　第三节　利润表 ………………………………………………………… (188)
　　章后习题 ………………………………………………………………… (192)

第九章　会计核算组织程序 ………………………………………… (197)
　　第一节　会计循环 ……………………………………………………… (198)
　　第二节　会计核算组织程序概述 ……………………………………… (200)
　　第三节　记账凭证核算组织程序 ……………………………………… (201)
　　第四节　汇总记账凭证核算组织程序 ………………………………… (203)
　　第五节　科目汇总表核算组织程序 …………………………………… (205)
　　第六节　日记总账核算组织程序 ……………………………………… (207)
　　第七节　科目汇总表核算组织程序举例 ……………………………… (210)
　　章后习题 ………………………………………………………………… (226)

第十章　会计工作的组织 ……………………………………………………（231）
　　第一节　会计工作组织的基本内容 …………………………………（232）
　　第二节　会计机构和会计人员 ………………………………………（233）
　　第三节　会计档案 ……………………………………………………（238）
　　章后习题 ………………………………………………………………（242）

主要参考书目 …………………………………………………………………（245）

附录 1　中华人民共和国会计法 ……………………………………………（246）

附录 2　企业会计准则——基本准则 ………………………………………（253）

第一章 总 论

本章导航

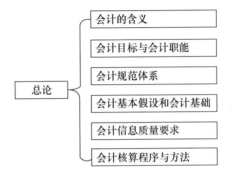

知识目标

- 会计的含义及其会计方法的特点；
- 会计的目标与会计的基本职能；
- 会计规范体系的框架内容；
- 会计法与会计准则的关系；
- 会计基本假设的意义；
- 会计信息质量要求的内容；
- 会计核算的程序与会计核算方法。

能力目标

- 能够描述会计信息使用者及其与会计目标的联系；
- 能够描述出会计规范体系的框架结构及层次关系；
- 能够描述出会计核算的程序与会计核算方法。

导语

作为社会大家庭中的一员，我们每个人在日常生活中都离不开商业经济活动。例如，当你去餐馆用餐、去书店买书、去银行取款、去超市购物时，你就与餐馆、书店、银行、超市等进行了商业经济活动。一方面，为了得到令人满意的商品和服务，我们需要了解企业提供的商品的性能、特点、用途等详细情况;另一方面,餐馆、书店、银行、超市等为了吸引消费者,也会采用如广告宣传、降低价格、提供优质服务等措施吸引消费者,以求能在竞争激烈的市场经济中生存、获利。那么,在整个商业经济活动中,会计是如何发挥重要作用的?它与其他专业学科有何不同?作为会计初学者,应首先了解会计的本质、目标、对象、规则、方法等基本理论知识,为进一步掌握企业会计的基本操作方法奠定基础。

第一节 会计的含义

一、会计的产生与发展

会计的产生与发展经历了漫长的历史过程:由结绳记事到形成账簿等会计专门方法;由官厅会计的产生到民间会计的繁荣;由单式记账到复式记账;由中西方会计的独立发展到国际会计准则的普遍认同。会计学科的发展历程充分说明,会计是人类社会实践活动适应客观环境变化需要的产物,是人类智慧的结晶。从总体来看,会计的发展历史大体可以分为古代会计、近代会计和现代会计三个阶段。

(一) 古代会计阶段

一般认为,从旧石器时代中晚期会计萌芽到公元十四五世纪,是古代会计阶段。

在旧石器时代中晚期,人类社会产生了原始的会计计量、记录行为,形式极为简单,如我们熟知的"结绳记事""刻木记事"等。但就是这些原始的会计行为,为会计的发展奠定了初步基础。

我国会计的发展有着悠久的历史。有文字可考的会计活动可以追溯到西周,据《周礼》记载,西周时设有"司会"一职,专门从事会计工作,他"掌国之官府、郊野、县都之百物财用。凡在书契版图者之贰,以逆群吏之治,而听其会计"[①]。也就是说,作为会计主管,司会负责王朝的财政收支,并利用账册、地图等文件副本,检查会计工作情况,并据以考核官吏的政绩。可见,会计在当时已经发挥了监督管理经济活动的职能。唐宋时期,会计就利用"原管、新收、已支、见在"之间的平衡关系来反映国家财政收支的增减变动,并在元代时得以在民间推广,逐渐形成了著名的"四柱结算法",即"旧管+新收=开除+实在",相当于现在的"期初余额+本期收入=本期支出+期末余额"。

在国外,随着人类社会的发展,古希腊、古巴比伦、印度等人类文明的发源地也出现了会计行为。例如,三千多年前,古巴比伦第六代国王汉谟拉比建立统一的奴隶制政权后,便任命了负责财政、会计工作的各级官吏,通过他们控制财政收支。

古代会计的发展历时久远,形成了一些会计的概念与方法,虽然这些概念、方法都十分浅显、朴素,尚未形成严格意义上的会计学科,但是会计已经从生产职能中分离出

---

① 《周礼·天官·司会》。

来,由早期的生产活动的附属部分发展成为一项专门的工作。

(二) 近代会计阶段

1494年,意大利数学家卢卡·帕乔利出版了《算术、几何、比及比例概要》一书。他在该书中阐述了复式记账的原理,开创了会计理论研究的先河。这一事件标志着近代会计阶段的开始。

随着社会经济的发展,资本主义产生了信用、资本等新的经济概念,同时保护私有财产、扩大商业贸易规模、灵活使用货币等观念也被更广泛地应用于经济生活中。意大利沿海城市佛罗伦萨、威尼斯等资本主义商品经济的发源地首先出现了体现复式记账原理的簿记方法。这种区别于传统单式记账原理的簿记方法能够将商品经济活动加以全面的记录与反映,使会计有了长足的进步。几百年来,复式记账原理在全世界广为流传,至今仍是会计核算方法体系的核心。

18世纪末至19世纪初的产业革命,使得资本主义国家的生产力空前提高。与客观环境的要求相适应,会计理论研究十分活跃,体现崭新会计思想的会计方法应运而生,实现了簿记向会计的转化,即会计已经不仅仅是记录经济事项的工具,还具备了用于指导会计实践,同时使会计独立于其他管理学科的独立的理论体系。这一时期形成的至今仍然影响着我们的会计思想主要有折旧、成本会计、独立报表审计等。

需要说明的是,我国明清时期,商业、手工业有了一定的发展,资本主义出现萌芽,与此相适应,也产生了我国特有的蕴含复式记账原理的"龙门账"和"四脚账"。这些方法在盈亏计算、报表编制和账簿平衡等方面与西式复式记账法原理相似,说明凡是科学、客观的事物总会表现出其特有的规律性,也说明随着社会的发展会计逐渐表现出其本质的特征。

(三) 现代会计阶段

一般认为,现代会计始于20世纪30年代。进入20世纪后,会计发展的中心随着世界经济的发展逐渐由欧洲转移到美国。从30年代起,美国陆续公布了一系列"公认会计原则",会计理论和会计方法取得了前所未有的发展,会计学科日益成熟。

第一次世界大战后,美国抓住时机迅速发展经济,积累资本。由于当时缺乏必要的法律制约,资本市场的投机现象以及会计报表弄虚作假的情况十分严重。1929—1933年的金融危机更加清晰地暴露出会计行为不规范的严重问题。为此,美国会计学界在得到证券交易所和会计师协会共同认可的基础上,制定和颁布了一系列会计准则。企业只有按照这些公认的会计准则进行核算,其会计信息才能被广泛接受。于是会计行为逐渐被纳入严谨、规范的程序,会计职业的信誉也随之得到提升。

现代会计阶段取得的另一突出成就是确立了管理会计的重要地位,使管理会计从财务会计中分离出来,导致会计学科形成了财务会计与管理会计两大领域。50年代前后,科学管理的思想在企业中得到广泛应用,企业日益注重通过加强和改进管理来提高经济效益。会计在配合企业强化管理的过程中发挥了重要作用,不仅负责制定预算,进行事后的差异分析,而且参与企业的各种经营决策。会计逐渐形成了各种预测、决策、控制和分析的方法,利用这些方法向企业内部经营管理者提供信息的管理会计,于

1952年在世界会计学会年会上被正式命名。进入20世纪70年代以后，随着电子计算机的广泛应用，会计进入了以电子技术和网络技术为主导的全新发展时期。未来，人工智能的开发及应用必将对会计发展产生巨大影响，会计人员的职能也将发生转变，会计信息也会更多地服务于企业规划、管理、分析、控制等。

新中国成立以来，我国一直在探索适应中国国情的会计核算体制，以期为经济的发展做出更大贡献。1985年，我国颁布了第一部《会计法》，标志着我国的会计工作从此进入法制化时期。1992年，为了适应我国改革开放的要求，尽快实现与国际惯例的接轨，又颁布了《企业会计准则》和《企业财务通则》，并在基本准则的基础上，陆续制定了多项具体准则。这些准则的制定、施行对于提高会计工作的质量，缩小与先进国家水平的差距具有十分重要的现实意义。随着改革的不断深入，尤其是我国加入世界贸易组织之后，世界经济一体化进程不断加快，迫切要求建立完整的会计准则体系。2006年2月，财政部又发布了新的会计准则体系，确定了我国会计准则体系由会计基本准则、38项具体准则以及准则应用指南和解释等部分构成，并要求上市公司从2007年1月1日起实施，同时鼓励其他企业执行。可以说，我国会计已进入前所未有的成熟化、国际化发展时期。为了适应我国经济快速发展及国际化的需要，我国企业会计准则也在不断完善，2014年7月23日，修订的《企业会计准则——基本准则》发布，2017年11月4日，修订的新《会计法》正式颁发，《企业会计准则——具体准则》也随着国际经济一体化发展的需求不断修订完善。

会计的发展历程充分说明，会计是随着人类社会的发展不断进步的，它是经济管理的重要组成部分。会计的发展，既要适应客观环境的需要，又要具有一定的前瞻性，能够推动经济活动向前发展。只有主动参与社会经济活动，会计才有生存和发展的空间。当代先进技术的不断涌现，促使社会经济日益繁荣、多样，需要会计发挥重要作用。历史印证了这样一个结论："经济越发展，会计越重要。"

二、会计的含义

任何企业、事业单位为了实现生存、获利等目标都离不开会计信息资料。如果你有一笔资金自己投资经营，那么你一定想知道经营的结果如何——是获取了利润还是发生了亏损；如果你是银行的信贷员，你在为企业提供贷款时，一定想知道企业的偿债能力如何——银行能否按期收回贷款本金和利息；如果你是某税务机构的工作人员，那么你需要了解你所管辖的企业的纳税依据及其实际纳税状况，等等。解决这些问题，都需要通过解读所在组织的会计资料来找到答案。

会计资料是由专门从事会计工作的人员通过一些专门的方法对企业的经济活动中的数据资料进行分类、加工、汇总得到的。因此，长期以来，在会计理论界对什么是会计有许多不同的解释和观点，主要有：① 会计是记账、算账、报账的工具；② 会计是一个信息系统；③ 会计是一项管理活动；④ 会计是一种艺术；⑤ 会计是一种控制系统。这些不同观点都阐述了会计的本质，只是强调的角度不同。实际上，现代会计已不是一个简单的算账工具，也不仅仅是单调的会计工作，它是为满足信息使用者的需要，运用现代技术手段和科学方法,以财务会计报告形式向会计信息使用者披露自身财务状况、经营成果及现金流量的过程,进而实现会计的目标。

因此,会计的含义可概括地表述为:会计是经济管理的重要组成部分,它是以货币为主要计量单位,对社会再生产过程的经济活动进行全面、连续、系统的核算和监督,为会计信息使用者进行正确决策提供会计信息的一种管理活动。将会计视为一种管理活动,比较准确地反映了会计的实质,有助于推动会计的发展。

需要指出的是,在会计的发展过程中,为更好地满足企业管理者及投资者的需要,会计信息资料一部分为内部管理者服务,渐渐自成体系,出现了新的会计学科——管理会计;而另一部分会计资料专门为企业外部的投资者、债权人等提供,渐渐形成了财务会计学科体系。本书后续章节涉及的会计核算方法体系是指财务会计学科体系,即对外报告会计;管理会计的方法将在"管理会计"课程中讲述。

第二节 会计目标与会计职能

一、会计目标

会计目标是会计活动所要达到的目的,是设计、组织和评价会计工作的标准。因此,会计目标被认为是会计理论研究的起点。它的定位决定了会计理论研究的方向与内容。由于会计是整个经济管理的重要组成部分,会计目标自然也要从属于经济管理的总目标。就财务会计体系而言,会计目标也称为财务会计报告的目标,我国《企业会计准则——基本准则》第四条明确规定,财务会计报告的目标是向财务会计报告使用者提供与企业财务状况、经营成果和现金流量等有关的会计信息,反映企业管理层受托责任的履行情况,有助于财务会计报告使用者作出经济决策。因此,会计目标应该从以下三个方面加以理解。

(一)会计信息的使用者有哪些

在目前的社会经济环境下,会计信息的使用者呈现出多元化的特征。凡是直接或间接地与企业经营活动发生联系的部门、单位或个人,都是该企业会计信息的使用者,主要包括投资者、债权人、政府及其有关部门和社会公众等。

1. 投资者

现代企业制度是建立在经营权与所有权分离基础上的受托代理制度。两权分离使得投资者获取企业经营信息的能力受到极大限制,尤其是上市公司,众多的中小投资者及公众投资者无法直接参与企业的经营。投资者进行决策的前提是了解投资的风险和报酬,而财务会计报告成为投资者(包括现实的与潜在的)获知被投资企业会计信息的主要途径。如果企业在财务会计报告中提供的会计信息与投资者的决策无关,则财务会计报告也就失去了其编制的意义。我国《公司法》明确规定,有限责任公司应当依照公司章程规定的期限将财务会计报告送交各股东。股份有限公司的财务会计报告应当在召开股东大会年会的20日前置备于该公司,供股东查阅;公开发行股票的股份有限公司必须公告其财务会计报告。

2. 债权人

负债经营是现代企业经营的特点之一。企业在资金不足时,可以通过贷款、发行债券等方式向银行、其他单位或个人融通资金,借贷双方形成债务契约关系。债权人最为关心的是贷款企业(债务人)有无到期偿还贷款本金及支付利息的能力。因此,债权人会要求贷款企业提供财务会计报告及相关信息,以便掌握贷款企业的偿债能力,在进行风险判断后,债权人才能做出是否向企业提供贷款的决策。

3. 政府及其有关部门

会计信息资料是国家推行的一系列宏观管理措施执行结果的集中反映。政府及其有关部门如财政、税务、统计部门等,作为经济管理和经济监督部门,通常关心经济资源分配的公平、合理,市场经济秩序的公正、有序,宏观决策所依据信息的真实性、可靠性等。因此,它们需要利用会计信息来监管企业的有关活动,制定税收政策,进行税收征管和国民经济统计等。

4. 社会公众

除上述会计信息的使用者外,在日益强调企业应履行社会责任的今天,社会公众已成为关注会计信息的重要群体。他们十分关心企业与社会环境的关系、企业为社会所做的贡献等;同时,企业为树立良好的形象,更注重履行社会责任。因此,在企业财务会计报告中也需要披露社会公众所需的信息,如披露企业有关环境保护开支及相应的收益、企业对社会的贡献等信息。这些信息的披露已成为会计发展和研究的新课题。

(二)会计信息的使用者需要怎样的会计信息

不同的会计信息使用者对信息需求的侧重点不同。然而受成本效益原则的影响,企业提供的会计信息不可能做到面面俱到,满足所有信息使用者的所有要求。同时,为了保证不同企业会计信息的可比性,会计信息披露的内容在一定程度上也要统一,即主要提供信息使用者共同关注的信息。为此,我国《企业会计准则——基本准则》要求企业提供的会计信息应当具有可靠性、相关性、可理解性、可比性、实质重于形式、重要性、谨慎性、及时性等八个信息质量特征,根据投资者决策有用目标,要求财务会计报告所提供的信息应当如实反映企业所拥有或者控制的经济资源、对经济资源的要求权、经济资源及其要求权的变化情况,如实反映企业的各项收入、费用、利得和损失的金额及其变动情况,如实反映企业各项经营活动、投资活动和筹资活动等所形成的现金流入和现金流出情况等,以有助于现在的或者潜在的投资者正确、合理地评价企业的资产质量、偿债能力、盈利能力和营运效率等,有助于投资者根据相关会计信息做出理性的投资决策,有助于投资者评估与投资有关的未来现金流量的金额、时间和风险等。此外,财务会计报告还应当反映企业管理层受托责任的履行情况,以有助于外部投资者和债权人等评价企业的经营管理责任和资源使用的有效性。至于信息使用者的特殊需求,可以采用实地调查、分析研究相关数据资料等方式得到满足。

(三)会计如何提供会计信息

会计工作是一个周而复始的循环过程,每个会计周期结束时需要披露会计信息。

这些信息的形成需要通过会计确认、计量、记录和报告四个基本程序来完成,主要运用账户、复式记账法、填制会计凭证、登记账簿、成本计算、财产清查和编制财务会计报告等一系列专门的会计核算方法来实现。本书就是以会计核算的专门方法为主线讲述会计学的基本理论和基本方法的。

二、会计职能

会计职能是会计在经济管理工作中所具有的功能或能够发挥的作用。与会计目标会随社会经济等环境变化而变动不同,会计职能是客观存在的,是会计的本质属性。会计职能会随着会计的发展而被人们更加深入地理解与认识。我国《会计法》第五条规定:"会计机构、会计人员依照本法规定进行会计核算,实行会计监督。"可见,核算和监督是会计的两大基本职能。

(一) 会计的核算职能

会计核算是会计的首要职能,也是全部会计管理工作的基础。任何经济实体单位要进行经济活动,都要求会计提供真实、完整、系统的会计信息,这就要求对企业的经济活动进行记录、计算、分类、汇总等,将经济活动的内容转换成会计信息,使之成为能够在财务会计报告中概括并综合反映各单位经济活动状况的会计资料。因此,会计核算是通过价值量对经济活动进行确认、计量、记录及客观报告的工作。会计核算职能具有以下基本特点:

1. 会计核算主要从价值量上反映会计主体的经济活动状况

鉴于经济活动的复杂性,人们不可能单凭观察和记忆掌握经济活动的全部情况,也不可能简单地将不同类别的经济业务加以计量、汇总,只有通过按一定程序进行加工处理后生成并以价值量表现的会计数据,才能掌握经济活动的全过程及其结果。因此,虽然会计可以采用货币、实物、劳动三种度量标准体现经济活动,但是在商品经济条件下,人们主要利用货币计量,通过价值的核算综合反映经济活动的过程和结果。所以,会计核算在反映会计主体的经济活动状况时,是以货币量度为主、以实物量度及劳动量度为辅来实现的。

2. 会计核算具有完整性、连续性和系统性

会计核算的完整性,是指对所有的会计对象都要进行确认、计量、记录和报告,不能有任何遗漏;会计核算的连续性,是指对会计对象的确认、计量、记录和报告要连续进行,不能有任何中断;会计核算的系统性,是指要采用科学的核算方法对会计信息进行加工处理,保证所提供的会计数据资料能够成为一个有序的整体,从而揭示客观经济活动的规律性。

(二) 会计的监督职能

会计的监督职能是指会计要按照一定的目标和要求,对会计主体的经济活动进行调节与控制,使之达到预期目标。会计监督具有以下特点:

1. 会计监督具有强制性

会计监督是依据国家法律、规章进行的,《会计法》不仅赋予了会计机构和会计人

员监督的权利,而且还规定了监督者的法律责任。对于违反法律规定的会计机构和会计人员,视情节严重可给予责令限期改正、处以罚款、给予行政处分、吊销会计从业资格证书等处罚;构成犯罪的,依法追究刑事责任。

2. 会计监督具有连续性

社会再生产过程不间断,会计核算过程就不能停止。在这整个过程中,始终离不开会计监督。各会计主体每发生一项经济业务,都要进行会计核算;同时,还要审查经济业务是否符合法律、法规、制度等,实行会计监督。会计核算具有连续性,会计监督也就具有连续性。

3. 会计监督具有完整性

会计监督不仅体现为对已经发生或已经完成的业务进行监督,还体现为对正在发生及尚未发生的业务进行监督,包括事前监督、事中监督和事后监督。事前监督是指会计部门或会计人员在参与制定各种决策以及相关的计划、预算时,依据有关政策、法规、准则等的规定对各项经济活动的可行性、合理性、合法性和有效性等进行审查,它是对未来经济活动的指导;事中监督是指在日常会计工作中,随时审查所发生经济业务的合法性、合规性,一旦发现问题,及时提出建议或改进意见,促使有关部门或人员采取措施予以改正;事后监督是指以事先制定的目标、标准和要求为依据,利用取得的会计信息资料对已经完成的经济活动进行考核、分析和评价。会计事后监督可以为制订下期计划、预算提供资料。

会计的核算职能与监督职能是相互联系、相辅相成的。只有在对经济业务活动进行正确核算的基础上,才能提供可靠资料作为监督依据;同时,只有做好会计监督,保证经济业务按要求进行并达到预期目的,才能发挥会计核算的作用。会计的这两大基本职能密切配合,在经济管理活动中发挥着重要作用。

第三节 会计规范体系

一、会计规范体系的构成

我国著名的会计学家葛家澍教授认为,会计规范是一个广义的术语,它包括所有对会计的记录、确认、计量和报告具有制约、限制和引导作用的法律、法规、原则、准则、制度等。[①] 会计学家吴水澎认为,所谓会计规范,是指协调、统一会计处理过程中对不同处理方法做出合理选择的假设、原则、制度等的总和,它是会计行为的标准。[②]

虽然对会计规范的定义有不同解释,但可以肯定的是,会计规范的内容是复杂多样的,把这些会计规范的内容按照一定的逻辑顺序有机地联系起来所构成的框架,就是会计规范体系。建立健全会计规范体系,是做好会计工作的前提条件,也是规范会计工作的保证。

---

① 参见葛家澍等主编:《会计原理》(第四版),中国财政经济出版社1998年版,第267页。
② 参见吴水澎主编:《会计学原理》,辽宁人民出版社1994年版,第307页。

一个国家会计规范体系的选择通常与该国的经济环境密切相关。我国的法律体系通常包括四个部分：一是法律；二是行政法规；三是部门规章；四是规范性文件。在我国，会计规范体系主要由以下四个方面构成：

（一）会计法律规范

会计法律规范包括与会计有关的法律和行政法规，是会计规范体系中最具有约束力的组成部分。它是调整经济活动中会计关系的法律规范的总称，是社会法律制度在会计方面的具体体现，是调节和控制会计行为的外在制约因素。我国目前与会计有关的法律主要是《会计法》《注册会计师法》及其他有关法律；与会计有关的行政法规主要是国务院颁布的各种条例，如《企业财务会计报告条例》《总会计师条例》等。

（二）会计准则与制度规范

会计准则与制度规范是从技术角度对会计实务处理提出的要求、方法和程序的总称。从广义来看，会计制度是指国家制定的会计方面所有规范的总称，包括会计核算制度、会计人员管理制度和会计工作管理制度等。狭义的会计制度仅指会计核算制度。会计准则与制度规范主要是财政部根据会计法律和行政规范制定并发布的各种会计准则及会计制度，属于部门规章和规范性文件。例如，《企业会计准则——基本准则》属于部门规章，各项具体准则、应用指南和解释等属于规范性文件。

（三）会计职业道德规范

会计职业道德规范是从事会计工作的人员所应遵守的具有本职业特征的道德准则和行为规范的总称，是对会计人员的一种主观心理素质的要求，控制和掌握着会计管理行为的方向和合理化程度。会计职业道德规范是一类比较特殊的会计规范，采用道德的形式对会计人员进行理性规范，促使会计人员确立正确的人生观、会计观，使其行为符合社会习俗和惯例，如公正、客观、真实、忠诚、勇敢等。会计职业道德规范是对会计人员的一种隐性规范，它不强制会计人员遵守，但能塑造会计人员的高尚情操和坚持原则、实事求是的品质。虽然它的强制性较弱，但是其约束范围却极广。会计职业道德规范散见于各种法律规范、准则与制度规范中，如《会计基础工作规范》中即有相关规定。

（四）会计理论规范

理论是实践的总结，它来源于实践，反过来又指导实践，促进实践的发展，会计理论现已形成比较完备的概念框架和结构。从一般意义上看，整个成熟的会计理论都是会计规范体系的组成部分，包括会计目标、会计假设、会计要素、会计信息质量标准、会计处理程序和方法等。它所要揭示和规定的，是会计系统内在的特性问题，是确定会计管理行为所要遵循的内在要求，是引导会计管理行为科学化、有效化的重要标准。我国的《企业财务会计报告条例》和《企业会计准则》等都有各种会计理论的规范内容。

二、我国现行会计规范体系的主要内容

（一）《会计法》

《会计法》于1985年1月21日由第六届全国人民代表大会常务委员会第九次会议通过，同年5月1日起实施。随着我国经济体制改革的深入发展，为进一步促进社会主

义市场经济繁荣,1993年12月29日第八届全国人民代表大会常务委员会第五次会议对我国的《会计法》进行了第一次修正,并颁发施行;1999年10月31日,第九届全国人民代表大会常务委员会第十二次会议对已修正的《会计法》进行了修正。修订的目的是使《会计法》适应新的经济环境发展的需要,发挥会计在经济生活中的重要作用。现在适用的《会计法》是2017年11月4日第十二届全国人民代表大会常务委员会第三十次会议第二次修正的。

我国现行《会计法》全文共七章,分别为总则,会计核算,公司、企业会计核算的特别规定,会计监督,会计机构和会计人员,法律责任,以及附则。

《会计法》的法律性质决定了它是会计法规体系中最高层次的法律规范,是我国会计工作的根本大法,即会计法规的母法。它是制定其他会计工作法规、制度的法律依据。《会计法》的制定与实施,对我国会计工作具有十分重要的意义。它用法律形式确定了会计工作的地位、作用,规定了会计机构和会计人员的主要职责是进行会计核算及实行会计监督。因此,《会计法》是适应经济管理需要和经济体制改革要求的一项重要经济立法,是我国多年来会计工作经验和会计理论研究成果的集中体现,是新时期会计工作的准绳、依据和总章程。制定《会计法》对于加强会计工作,保障会计人员依法行使职权,充分发挥会计在经济管理中的作用十分重要。

(二)《注册会计师法》

《注册会计师法》于1993年10月31日经第八届全国人民代表大会常务委员会第四次会议通过,并于1994年1月1日施行。2014年8月31日,第十二届全国人民代表大会常务委员会第十次会议对其进行了修正。该法共七章,分别为总则、考试和注册、业务范围和规则、会计师事务所、注册会计师协会、法律责任和附则。

(三)《企业财务会计报告条例》

《企业财务会计报告条例》是国务院于2000年6月21日发布的,自2001年1月1日起实施。它共分六章,分别为总则、财务会计报告的构成、财务会计报告的编制、财务会计报告的对外提供、法律责任和附则。

(四)《总会计师条例》

《总会计师条例》是国务院于1990年12月31日发布的,并根据2011年1月8日《国务院关于废止和修改部分行政法规的决定》修订。它共分五章,分别为总则、总会计师的职责、总会计师的权限、任免与奖惩以及附则。

(五)《企业会计准则》

《企业会计准则》由基本准则、具体准则、应用指南和解释构成,共分为三个层次。

1. 基本准则

《企业会计准则——基本准则》最初是财政部于2006年2月15日发布的,要求于2007年1月1日起在上市公司实施。之后于2014年7月23日根据《财政部关于修改〈企业会计准则——基本准则〉的决定》进行了修改。它共有十一章,分别为总则、会计信息质量要求、资产、负债、所有者权益、收入、费用、利润、会计计量、财务会计报告和附则。

会计基本准则在整个准则体系中起统驭作用，主要对会计核算的一般要求和会计核算的主要方面做出原则性规定，为具体准则的制定提供基本框架。

2. 具体准则

财政部于2006年2月15日发布了38项具体准则，要求于2007年1月1日起在上市公司施行，并规定执行38项具体准则的企业不再执行旧准则、《企业会计制度》和《金融企业会计制度》。之后又陆续修订补充新的准则，截至2019年12月，共发布了42项具体准则。具体准则主要规范对企业发生的具体交易或事项的会计处理。

3. 应用指南和解释

财政部于2006年10月30日发布了《企业会计准则——应用指南》，其中包括32项具体准则的应用指南和解释及一个附录——会计科目和主要账务处理。企业会计准则解释是以企业会计准则为基础，对各项准则的重点、难点和关键点进行的具体解释和说明，着眼于增强准则的可操作性，有助于完整、准确地理解和掌握具体准则。截至2019年12月，财政部共颁布了42项具体准则的应用指南、13个准则解释及一个附录——会计科目和主要账务处理。

（六）会计制度

会计制度是进行会计工作所应遵循的规则、方法和程序的总称。历史上我国曾有过许多不同行业种类的会计制度。例如，2000年12月29日，财政部颁布了全国统一的《企业会计制度》，对涉及六大会计要素、各种特殊经济业务的会计处理及会计报告内容等做了详细、明确的规定。2001年11月27日，财政部颁布了《金融企业会计制度》，主要由15章164条构成。2004年4月27日，财政部颁布了《小企业会计制度》。目前，这些会计制度都已作废，由新的《企业会计准则》和《小企业会计准则》替代。

此外，我国现在还有《会计基础工作规范》《会计档案管理办法》《企业会计信息化工作规范》《企业内部控制基本规范》《企业内部控制应用指引》等会计工作管理制度及2019年1月1日实施的《会计人员管理办法》，这些制度规章为规范会计工作、提高企业管理水平发挥了重要作用。

从以上我们可以清楚地看到，我国会计规范体系正在不断建设，并日趋完善。

第四节　会计基本假设和会计基础

一、会计基本假设

会计基本假设是指在特定的经济环境下，决定会计运行及发展的基本前提和先决条件。目的是在变化不定的经济环境中，找出客观存在的规律性，使会计工作的经济环境相对稳定，使会计核算更加科学、合理。会计基本假设是企业会计确认、计量和报告的前提，是对会计核算所处时间、空间环境等所做的合理设定。我国《企业会计准则——基本准则》中涉及的会计基本假设有会计主体、持续经营、会计分期和货币计量。

(一) 会计主体

会计主体是指企业会计确认、计量和报告的空间范围,即会计所服务的特定单位或组织。它解决了会计为谁工作的问题。

在会计主体假设下,会计只为本单位或组织服务,只有本单位或组织发生的交易或事项才是其核算的范围。同时,该假设建立了一个法律界限,即会计主体的交易或事项与其所有者的交易或事项应当区分开来,属于所有者自身的交易或事项不在该会计主体核算的范围之内。例如,独资企业和合伙企业并不具有法人资格,企业的资产和负债在法律上被看作业主或合伙人的资产和负债;但在会计核算上必须将企业作为一个会计主体,将企业的交易或事项与业主或合伙人个人的交易或事项区分开。可以说,会计主体不同于法律主体。一般而言,一个法律主体必定是一个会计主体,一个会计主体未必一定是法律主体,如具有法人资格的企业,能够进行独立核算,提供企业的财务状况、经营成果和现金流量,它一定是会计主体,而企业下属的内部核算单位,虽然实行独立核算,是一个会计主体,但却不是法律主体。

我国《企业会计准则——基本准则》第五条规定:"企业应当对其本身发生的交易或者事项进行会计确认、计量和报告。"

(二) 持续经营

持续经营是指会计主体在可以预见的未来不会停业,也不会大规模削减业务,企业将会按照当前的规模和状态持续不断地经营下去。

持续经营假设的现实意义在于,它使得企业能够履行既定的合同和承诺的条款,从而正确解决资产计价以及相关会计政策选择的问题。例如,采用历史成本计价,要求企业能够在正常情况下运用它所拥有的各种经济资源,并依照原来的承诺偿付其所负担的债务。又如,只有假设企业持续经营,才能采用折旧的方法将购置固定资产的支出同它们能够获得的利润相联系。

我国《企业会计准则——基本准则》第六条规定:"企业会计确认、计量和报告应当以持续经营为前提。"

持续经营假设具有一定的主观性。尽管在激烈的市场竞争中,每个企业都有可能被兼并、改造,甚至破产,但是大部分企业在一定时期内都会稳定经营。因此,除非有充分的证据表明企业已经破产或被清算,否则,都应认为每个会计主体将无限期地持续经营下去。但是,当企业被判定不再符合持续经营假设时,应当改变会计核算方法。

(三) 会计分期

会计分期是指在企业持续经营的基础上,人为地规定会计信息的提供期限,将企业持续不断的生产经营活动划分为一个个连续的、长短相同的期间,这些期间被称为会计期间。

根据持续经营假设,企业只有在停止经营进入清算后,才能一次性精确计算盈亏。这显然不能满足信息使用者的要求,也使得会计的管理作用大打折扣。因此,有必要在经营期间内分期进行会计核算,以便按照会计期间及时结算盈亏,按期编报财务会计报告,提供会计信息。

会计期间通常分为年度和中期。按照惯例,一般以年度为最基本的会计期间。我国以日历年度作为企业的会计年度,即公历1月1日起至12月31日止。中期是指短于一个完整的会计年度的报告期间,即在会计年度内,再划分较短期间,有半年、季、月等。企业可在相应的会计期间进行核算,提供该会计期间内企业的会计信息。

会计分期假设对会计核算具有重要影响。由于会计分期出现了不同期间的概念,从而出现了收付实现制和权责发生制的不同,使会计主体有了相应的记账基础,进而出现了折旧、摊销等会计处理方法。

我国《企业会计准则——基本准则》第七条规定:"企业应当划分会计期间,分期结算账目和编制财务会计报告。"

(四) 货币计量

货币计量是指会计主体在财务会计确认、计量和报告时以货币作为计量尺度,反映会计主体的生产经营活动。

货币计量假设有两方面的含义:一是以货币为计量单位;二是假设货币的币值保持稳定,也就是在正常的会计处理及财务会计报告中不考虑币值变动因素的影响。但是,按照国际惯例,客观环境发生剧变而引发恶性通货膨胀时,应采用通货膨胀会计处理方法调整币值变动对会计信息的影响。

我国《企业会计准则——基本准则》第八条规定:"企业会计应当以货币计量。"在我国,企业会计核算通常以人民币为记账本位币。业务收支以人民币以外的货币为主的企业,可以选定其中一种货币作为记账本位币,但是编制财务会计报告时应当折算为人民币。在境外设立的中国企业向国内报送的财务会计报告中,应当折算为人民币。

二、会计基础

我国《企业会计准则——基本准则》第九条规定:"企业应当以权责发生制为基础进行会计确认、计量和报告。"

权责发生制要求,凡是当期已经实现的收入和已经发生或应当负担的费用,不论款项是否收付,都应当作为当期的收入和费用,计入利润表;凡是不属于当期的收入和费用,即使款项已在当期收付,也不应当作为当期的收入和费用。

在实际业务中,企业交易或事项的发生时间与相关货币收支的时间有时并不完全一致。例如,款项已经收到,但销售并未实现;或者款项已经支付,但并不是为本期生产经营活动而发生的。为了真实、公允地反映特定会计期间的财务状况和经营成果,要求企业在会计确认、计量和报告中应当以权责发生制为基础。

收付实现制是与权责发生制相对应的一种会计基础,它是以收到或支付现金作为确认收入和费用等的依据。目前,我国的行政单位会计采用收付实现制,事业单位会计除经营业务采用权责发生制外,其他业务也采用收付实现制。

第五节　会计信息质量要求

会计信息质量要求是对企业财务会计报告中所提供的会计信息质量的基本要求,是为保证所提供的会计信息对信息使用者决策有用而要求其应具备的基本特征,主要包括可靠性、相关性、可理解性、可比性、实质重于形式、重要性、谨慎性和及时性等。其中,可靠性、相关性、可理解性、可比性是会计信息的首要质量要求,是会计信息应具备的基本质量特征;实质重于形式、重要性、谨慎性和及时性是会计信息的次级质量要求,是对首要质量要求的补充和完善。

一、可靠性

可靠性要求企业应当以实际发生的交易或事项为依据进行确认、计量和报告,如实反映符合确认和计量要求的各项会计要素及其他相关信息,保证会计信息真实可靠、内容完整。

财务会计报告的目标是向会计信息使用者提供对其决策有用的信息,这是会计工作的首要职责。当然,有用的信息首先应当是真实的,如果会计信息不能保证其真实性,会计工作就失去了存在的意义。因此,会计人员应当以能证明经济业务发生的合法凭证为依据进行会计确认、计量和报告;同时,还要在符合重要性和成本效益原则的前提下,保证会计信息的完整性,与使用者决策相关的有用信息都应当充分披露;财务会计报告中的会计信息应是中立的、无偏的,不能为达到事先设定的结果或效果,通过选择或列示有关会计信息来影响决策和判断。

二、相关性

相关性要求企业提供的会计信息应当与财务会计报告使用者的经济决策需要相关,有助于财务会计报告使用者对企业过去、现在或者未来的情况做出评价或者预测。

相关性是会计工作和会计信息本质的体现,因为会计的目标就是向信息使用者提供会计信息。只有对信息使用者决策有用的信息,才是会计应当披露的信息。因此,相关性要求的相关,是指与信息使用者的决策相关,需要企业在确认、计量和报告会计信息的过程中,充分考虑使用者的决策模式和信息需要。但是,相关性是以可靠性为基础的,会计信息应在可靠性的前提下,尽可能地做到相关性,以满足会计信息使用者的决策需要。

三、可理解性

可理解性要求企业提供的会计信息应当清晰明了,便于财务会计报告使用者理解和使用。

会计信息是专业人员按照会计的专门方法,对大量的经济业务数据进行系统加工整理的结果。会计信息使用者具备的会计知识往往是有限的,如果提供的会计信息不能让信息使用者正确理解,会计信息就失去了使用价值。按照可理解性要求,会计人员提供的会计信息应做到会计记录清晰,文字使用规范、简洁,财务会计报告项目完整、关系清楚、数字准确。

四、可比性

可比性要求企业提供的会计信息应当相互可比。

可比性包含两层含义:一是同一企业不同时期可比,即要求同一企业不同时期发生的相同或者相似的交易或者事项,应当采用一致的会计政策,不得随意变更;二是不同企业相同会计期间可比,即要求不同企业同一会计期间发生的相同或者相似的交易或者事项,应当采用规定的会计政策,确保会计信息口径一致,相互可比。实际上,可比性既要求同一企业不同会计期间的会计信息纵向可比,也要求不同企业在同一会计期间的会计信息横向可比。

要使同一企业在不同会计期间提供的会计信息能够进行纵向比较,企业必须在会计核算过程中,对不同地点、不同时间发生的相同或类似的会计事项采用统一的会计处理方法和程序,以便于会计信息使用者通过分析会计信息了解企业的过去、现在和未来发展趋势。要使不同企业在同一会计期间所提供的会计信息能够进行横向比较,不同企业就必须共同遵守《企业会计准则》等相关条例,对发生的相同或类似的会计事项采用统一的会计处理方法和程序,以便于会计信息使用者对不同企业的会计信息进行比较、分析和汇总,从而有助于信息使用者做出正确决策。

需要说明的是,会计信息的可比不是绝对可比,而是相对可比,因为在《企业会计准则》中,对同一项会计事项的处理方法可有多种选择。例如,发出存货的计价方法有先进先出法、加权平均法和个别计价法等三种,企业选择不同的方法,则期末存货成本就会出现不同的结果。可比性要求同一企业使用的会计处理程序和方法应当尽可能前后各期保持一致,不得随意变更,但并不绝对禁止会计政策的变更。

我国《企业会计准则第 28 号——会计政策、会计估计变更和差错更正》中规定,满足下列条件之一时,可以变更会计政策:① 法律、行政法规或者国家统一的会计制度等要求变更;② 会计政策变更能够提供更可靠、更相关的会计信息。

五、实质重于形式

实质重于形式要求企业应当按照交易或者事项的经济实质进行会计确认、计量和报告,不应仅以交易或者事项的法律形式为依据。

在实际工作中,交易或事项的外在法律形式或人为形式并不总能完全反映其实质内容。所以,会计信息要想反映其所拟反映的交易或者事项,就必须根据交易或事项的实质和经济现实,而不能仅仅根据它们的法律形式进行会计确认、计量和报告。例如,企业按照销售合同销售商品但又签订了售后回购协议,虽然从法律形式上看实现了收入,但是如果企业没有将商品所有权上的主要风险和报酬转移给购货方,没有满足收入确认的各项条件,那么即使签订了商品销售合同或者已将商品交付给购货方,也不应当确认销售收入。

六、重要性

重要性要求企业提供的会计信息应当反映与企业财务状况、经营成果和现金流量等有关的所有重要交易或者事项。

在会计确认、计量和报告的过程中,应区别不同交易或事项的重要程度,采用不同的会计处理程序和方法。具体来说,对影响会计信息使用者决策的重要交易或事项,应当分别核算,单独反映,并在财务会计报告中重点说明;对会计信息使用者决策影响不大的交易或事项,在财务会计报告中可简化或合并反映。但是,交易或事项是否重要以及其重要程度都是相对的,需要会计人员进行职业判断。例如,企业发生的某些支出,虽然金额较小,从支出受益期来看,可能需要若干会计期间进行分摊,但根据重要性要求,可以一次性计入当期损益。

七、谨慎性

谨慎性要求企业对交易或者事项进行会计确认、计量和报告时应当保持应有的谨慎,不应高估资产或者收益、低估负债或者费用。

由于企业的经济活动存在着不确定因素,会计人员在进行会计处理时要采取谨慎的态度,应充分估计风险与损失,既不高估资产或者收益,也不低估负债或者费用。

谨慎性要求在会计实务中有很多体现,例如固定资产的加速折旧法、计提资产减值准备、确认预计负债等。这些会计方法有利于化解企业风险,保护投资者与债权人的权益,增强企业的市场竞争力。当然,谨慎性应用并不意味着企业可以设置秘密准备,故意低估资产或者收入、高估负债或者费用。这样做不符合会计信息的可靠性和相关性的要求,也不符合会计准则的要求,会对会计信息使用者的决策产生误导。

八、及时性

及时性要求企业对于已经发生的交易或者事项,应当及时进行会计确认、计量和报告,不得提前或者延后。

会计信息的价值在于帮助所有者或者其他信息使用者做出经济决策,具有时效性。即使是可靠的、相关的会计信息,如果不及时提供,也会失去时效性,对于使用者的效用将大大降低,甚至不再具有实际意义。在市场环境变化莫测的今天,信息使用者对于信息及时性的要求越来越高,甚至希望获得实时的会计信息。根据及时性要求,会计人员应做到:① 及时收集会计数据;② 及时对所收集的会计数据进行会计处理,及时编制财务会计报告;③ 及时将会计信息提供给信息使用者。

第六节　会计核算程序与方法

会计在实践过程中,形成了一定的会计程序以及相应的会计方法。它们被认为可适用于任何类型的组织,这种普遍性的认知使得会计行为得以规范。

一、会计核算程序

从取得原始数据到将会计信息提供给信息使用者,会计工作要经过一系列特定程序,如图 1-1 所示。

会计确认──→会计计量──→会计记录──→会计报告

图 1-1　会计核算基本程序

(一) 会计确认

会计确认是把某一项目作为资产、负债、所有者权益、收入、费用、利润等会计要素加以正式记录,并最终列入财务会计报告的过程。会计确认包括初始确认和再确认。初始确认是指将经济业务纳入会计核算,通过会计凭证、账簿加以记录的过程。再确认是将初始确认的会计数据加工整理后,列示于财务会计报告的过程。可见,会计确认贯穿于会计核算的全过程。

企业每天都有大量的经济业务发生。在这些经济业务中,有的属于会计应核算和监督的内容,有的则不属于会计应核算和监督的内容。会计确认要从中筛选会计资料,并进行相应核算。具体来说,就是当一项经济业务发生时,会计要解决以下三个问题:该项目是否应作为会计项目加以确认?作为什么要素确认?在何时确认?其中,前两个问题属于确认标准的问题,第三个问题属于确认时间的问题。

(二) 会计计量

会计计量是以货币或其他度量单位计算各项经济业务及其结果的过程。会计计量包括计量单位和计量属性两个方面的内容。

会计核算主要以货币为计量单位,但也会辅助采用实物和劳动等计量单位,如记录采购材料的数量、生产产品耗费的工时等。

计量属性是计量会计要素时的价格标准。目前,我国《企业会计准则》中规定的会计计量属性主要包括:

1. 历史成本

历史成本又称实际成本,是取得或制造某项财产物资时实际支付的现金或其他等价物。在历史成本计量下,资产按照购置时支付的现金或者现金等价物的金额,或者按照购置资产时所付出的对价的公允价值计量。负债按照因承担现时义务而实际收到的款项或者资产的金额,或者承担现时义务的合同金额,或者按照日常活动中为偿还负债预期需要支付的现金或者现金等价物的金额计量。

2. 重置成本

重置成本又称现行成本,是指按照当前市场条件,重新取得同样一项资产所需支付的现金或现金等价物的金额。在重置成本计量下,资产按照现在购买相同或者相似资产所需支付的现金或者现金等价物的金额计量。负债按照现在偿付该项债务所需支付的现金或者现金等价物的金额计量。例如,盘盈的固定资产多使用重置成本计量。

3. 可变现净值

可变现净值是指在正常的生产经营过程中,预计售价减去进一步加工成本和预计销售费用以及相关税费后的净额。在可变现净值计量下,资产按照其正常对外销售所能收到现金或者现金等价物的金额扣减该资产至完工时估计将要发生的成本、估计的销售费用以及相关税费后的金额计量。例如,存货资产减值的后续计量一般使用可变现净值。

4. 现值

现值是指对未来现金流量以恰当的折现率进行折现后的价值,是考虑货币时间价值的一种计量属性。在现值计量下,资产按照预计从其持续使用和最终处置中所产生的未来净现金流入量的折现金额计量。负债按照预计期限内需要偿还的未来净现金流出量的折现金额计量。

5. 公允价值

公允价值是指在公平交易中,熟悉情况的交易双方自愿进行资产交换或者债务清偿的金额。在公允价值计量下,资产和负债按照市场参与者在计量日发生的有序交易中出售资产所能收到或者转移负债所需支付的价格计量。

企业在对会计要素进行计量时,一般应当采用历史成本。现代会计主要采用历史成本进行计量,主要是因为历史成本是客观存在的,易于取得,也有助于对各项资产、负债项目的核算进行监督检查,从而提高会计信息的客观性。此外,对于某些交易或者事项还需要采用其他计量属性,如固定资产盘盈须使用重置成本计量;计提存货跌价准备须使用可变现净值计量;预计负债须使用现值计量;交易性金融资产须使用公允价值计量等。采用重置成本、可变现净值、现值、公允价值计量的,应当保证所确定的会计要素金额能够取得并可靠计量。

(三) 会计记录

会计记录是对经济业务进行确认、计量后,采用专门的方法在账簿中加以记载的过程。

会计记录是与会计确认、会计计量结合在一起进行的。这个过程就是通过账户、会计凭证和账簿等载体,运用复式记账等手段,对确认和计量的结果进行记录,为编制财务会计报告积累数据资料的过程。

(四) 会计报告

会计报告又称财务会计报告、财务报告,是指企业对外提供的反映企业某一特定日期的财务状况和某一会计期间的经营成果、现金流量等会计信息的文件。财务会计报告包括会计报表及其附注和其他应当在财务会计报告中披露的相关信息和资料。会计报表至少应当包括资产负债表、利润表、现金流量表等报表。小企业编制的会计报表可以不包括现金流量表。会计报表附注是指对在会计报表中列示项目所做的进一步说明,以及对未能在这些报表中列示项目的说明等。

二、会计核算方法

会计核算方法是指执行会计程序,对经济业务进行确认、计量、记录和报告时所采用的各种专门方法。

(一) 设置会计科目及账户

对于会计主体的经济业务,首先要根据需要进行不同层级的分类,通常称为会计科目;分类后再设置相应的会计账户,用来记录该类经济业务的增减变动。设置会计科目和账户是企业进行会计核算的第一项工作。通过设置会计科目和账户可以构架起会计核算的基本框架。

(二) 复式记账

复式记账法是指对企业发生的每一项经济业务,都以相等的金额,同时在两个或两个以上相互联系的会计账户中进行记录的方法。复式记账法将经济业务全面完整地记录下来,使得不同类型会计信息之间的钩稽关系更加明晰,是一种科学的记账方法。

(三) 填制和审核会计凭证

会计凭证是记录经济业务、明确经济责任的书面证明,是登记账簿的依据。企业经济业务发生时,需要填制或取得证明经济业务发生的原始凭证,会计人员须根据原始凭证编制记账凭证。它是会计人员运用专业知识对经济业务进行会计确认、会计计量的过程,其正确与否决定了会计信息的质量高低。因此,在会计实务中有专门负责会计凭证的审核人员,他们既要审核原始凭证的合法性、合规性,又要审核会计凭证的正确性。只有经审核无误的会计凭证才能作为登记账簿的依据。填制和审核会计凭证是会计特有的一种专门方法。

(四) 登记账簿

登记账簿即将经审核无误的会计凭证中反映的经济业务信息,连续、系统、完整地记录到会计账簿中。会计账簿按照会计账户开设,由具有专门格式的账页组成。根据会计管理的要求,会计账簿可分为总账、分类账和日记账等。通过登记会计账簿对会计数据进行加工和整理,为经营管理和编制财务会计报告提供所需的资料。

(五) 成本计算

成本计算即按照特定的对象(例如某种产品、某批订单等)归集和分配生产过程中与该对象直接或间接相关的各项费用,进而将生产费用对象化,计算出各成本计算对象的生产成本。成本计算是提供会计信息的必要环节,同时,产品成本是考核企业管理绩效的重要指标。

(六) 财产清查

财产清查是对各项财产物资、往来款项等进行实物盘点和清查,将清查盘点结果与账面结存相核对,以确定账实是否相符的一种专门方法。如果清查中发现账实不符,应分析原因,明确责任并调整账面记录,使账实相符。进行财产清查一方面可确保会计记录正确,另一方面能够保证企业财产的安全和完整,促使企业加强资产管理。

(七) 编制财务会计报告

编制财务会计报告是定期总结会计资料、提供会计信息的一种专门方法。其中的会计报表是根据信息使用者的需要设置的,其数据主要来自会计账簿,是对记录于账簿的会计资料进行加工整理后产生的完整指标体系。目前的会计报表主要反映企业的财务状况、经营成果和现金流量,是信息使用者决策的主要依据。

三、会计核算程序与方法的关系

上述会计核算中采用的七种专门方法相互之间密切结合,形成了一套完整的会计核算方法体系。两者之间的关系如图 1-2 所示。

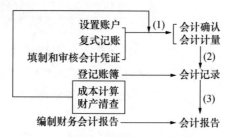

图 1-2　会计核算程序与方法之间的关系

章 后 习 题

一、思考题

1. 举例说明会计在现代经济社会中的作用。
2. 如何理解会计是一项管理活动?
3. 会计的基本职能是什么?除基本职能外,会计在企业管理中还应发挥哪些职能?
4. 会计核算的特点是什么?
5. 会计的基本目标是什么?
6. 会计信息使用者有哪些?说明投资者、债权人关注的会计信息的重点各是什么?
7. 会计核算的基本前提有哪些?说明其含义。
8. 会计信息质量的要求有哪些?分别说明其含义及对会计核算的影响。
9. 会计核算的基础是什么?
10. 收付实现制和权责发生制在收入、费用的确认和计量上有何区别?
11. 什么是会计计量?会计计量属性有哪些?
12. 会计核算的一般程序是什么?主要的会计核算方法有哪些?

二、基础练习题

(一) 单项选择题

1. 我国会计工作的准绳、依据和总章程是( )。
   A.《企业会计准则》　　　　　　B.《企业会计制度》
   C.《会计法》　　　　　　　　　D.《企业财务会计报告条例》

2. 企业会计基本准则规定,企业进行会计确认、计量和报告的基础是( )。
   A. 收付实现制　　B. 权责发生制　　C. 实地盘存制　　D. 永续盘存制
3. 会计的基本职能是( )。
   A. 预测和决策　　B. 核算和监督　　C. 分析和考核　　D. 管理和参与
4. 企业提供的会计信息应当有助于财务会计报告使用者对企业过去、现在或者未来的情况做出评价或预测,体现的会计信息质量要求是( )
   A. 可靠性　　　　B. 相关性　　　　C. 明晰性　　　　D. 可比性
5. 同一企业使用的会计处理程序和方法前后各期( )。
   A. 应当保持一致,不得随意变更　　　B. 可以变动,但须经过批准
   C. 可以任意变动　　　　　　　　　　D. 应当保持一致,禁止变动
6. 会计分期是将持续不断的企业经营活动划分为( )。
   A. 会计年度　　　　　　　　　　　　B. 间隔不一的会计期间
   C. 季度或月份　　　　　　　　　　　D. 间隔相等的会计期间
7. 《企业会计准则——基本准则》规定:"企业应当对其本身发生的交易或者事项进行会计确认、计量和报告。"这是对( )的基本规定和要求。
   A. 会计分期　　B. 会计主体　　C. 持续经营　　D. 货币计量
8. 确定会计核算工作时间范围的前提条件是( )。
   A. 会计主体　　B. 持续经营　　C. 会计分期　　D. 货币计量
9. 通过价值量对经济活动进行确认、计量、记录,并进行报告的工作属于( )。
   A. 会计核算　　B. 会计监督　　C. 会计预测　　D. 会计决策
10. 按权责发生制要求,若企业当年10月预付下一年度的财产保险费,则该项费用应计入的会计期间是( )。
    A. 当年10月　　B. 当年11月　　C. 当年12月　　D. 下一年度
11. 会计信息必须是客观的和可验证的,体现这一会计信息质量要求的是( )。
    A. 可靠性　　　B. 相关性　　　C. 及时性　　　D. 可比性
12. 企业购置的资产按现在购买相同或者相似资产所需支付的现金的金额计价,这一会计计量属性是( )。
    A. 历史成本　　B. 重置成本　　C. 公允价值　　D. 可变现净值

(二) 多项选择题

1. 在下列组织中,可以作为会计主体的是( )。
   A. 学校　　　　B. 分公司　　　C. 医院　　　　D. 销售部门
   E. 集团公司
2. 会计期间可以分为( )。
   A. 年度　　　　B. 半年度　　　C. 季度　　　　D. 月度
   E. 产品生产周期
3. 根据《企业会计准则》的规定,财务会计报告的目标是( )。
   A. 向财务会计报告使用者提供与企业财务状况、经营成果和现金流量等有关的会

计信息

    B. 反映管理层受托责任履行情况

    C. 有助于财务会计报告使用者做出经济决策

    D. 提供企业所有的经济活动信息

    E. 提高企业经济效益

4. 下列方法属于会计核算方法的有( )。

    A. 设置会计科目和账户   B. 填制和审核会计凭证

    C. 登记账簿和成本核算   D. 财产清查和编制财务会计报告

    E. 复式记账

5. 我国现行会计规范体系的主要内容有( )。

    A. 企业会计基本准则   B. 企业会计具体准则

    C. 会计制度   D. 会计法

    E. 企业财务会计报告条例

6. 下列属于会计基本假设的有( )。

    A. 会计主体   B. 持续经营   C. 成本计算   D. 货币计量

    E. 会计分期

7. 下列项目中,属于企业资产要素的有( )。

    A. 暂未支付的购货款   B. 企业存在银行的款项

    C. 投入企业的机器设备   D. 已变质无法出售的存货

    E. 暂未收到的销货款

8. 谨慎性要求会计核算应尽可能减轻经营者的风险负担,在对会计要素进行计量时遵循的原则有( )。

    A. 不高估资产   B. 不高估负债

    C. 不低估费用   D. 不低估收益

    E. 不高估收益

9. 我国现行准则规定的计量属性有( )。

    A. 历史成本   B. 重置成本   C. 可变现净值   D. 现值

    E. 公允价值

10. 下列属于会计信息质量要求的有( )。

    A. 客观性   B. 及时性   C. 重要性   D. 可比性

    E. 实质重于形式

(三) 判断题

1. 法律主体一定是会计主体,但会计主体不一定是法律主体。( )

2. 企业可以选择采用收付实现制或权责发生制作为会计核算基础。( )

3. 会计是旨在提高经济效益的一种管理活动,是经济管理的重要组成部分。( )

4. 我国企业在进行会计核算时,必须以人民币为记账本位币。( )

5. 会计主体是进行会计核算的基本前提之一,一个企业可以根据具体情况确定一个或若干个会计主体。( )

6. 企业为减少本年度亏损而调减本年度费用发生额,体现了会计核算的谨慎性要求。( )

7. 会计监督的特点之一是其依据的指标主要是实物量指标。( )

8. 可比性要求企业对于不同时期发生的相同或相似的交易或者事项,应当根据需要选用不同的会计政策。( )

9. 由于公允价值可以真实反映资产、负债的价值,因此,企业可以选择公允价值作为资产的计量属性。( )

10. 独资企业在法律上具备法人资格,在经济上也是会计主体。( )

三、案例分析题

肖宏希望进入股市投资,有人建议他先学习一些会计学知识。肖宏对财务会计报告的作用缺乏了解,于是征求了几位已经炒股的朋友的意见。

A 是某公司的财务经理,他认为分析上市公司财务会计报告十分必要,而且要关注会计报表附注的内容。

B 是某证券公司的经纪人,他认为不必看公司财务会计报告,关键是要学会分析股价涨跌的规律。

C 是某公司技术人员,他认为最好能及时获得各种相关消息。

[要求]　请对上述观点进行评价,并说明你的观点。

第二章 会计要素与会计等式

本章导航

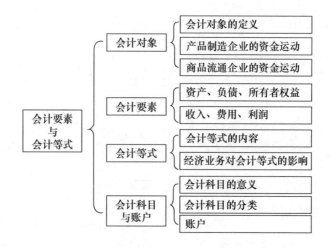

知识目标

- 产品制造企业资金循环和周转的特点；
- 会计要素的特征、内容及确认条件；
- 基本会计等式及其扩展的会计等式；
- 会计科目与会计账户的联系和区别。

能力目标

- 能够描述产品制造企业的业务流程及资金循环的特点；
- 能够利用会计等式描述会计六要素之间的关系及代表的实质意义；
- 能够描述不同性质会计账户的特点；
- 能够归纳企业不同经济业务对会计等式的影响。

导语

不论是工厂、商场，还是超市、餐厅，任何一家企业在创建及经营过程中都必须具备一定的经营条件，如应有经营场所、设备、运输工具等；还应有足够的经营资金用于购买原料、支付工资、交纳水电费等。为了保证企业的经营活动正常进行,会计人员要对企业所有经营活动引起的资金运动情况进行核算和监督。因此,有必要对企业的财产物资进行合理的分类,明确企业资金的取得渠道,了解经营活动的结果等。这些需要导致了会计要素和会计等式的产生。

第一节　会计对象

一、会计对象的定义

会计对象是指会计核算和监督的内容,也就是社会再生产过程中的资金运动。社会再生产过程由生产、分配、交换和消费四个相互联系的环节构成,它包括各种各样的经济活动,既有实物运动,又有价值运动。会计作为经济管理的重要组成部分,它所核算和监督的内容是根据经济管理的特定要求来确定的。在商品经济条件下,企业为了生存和发展,必须以最小的耗费来取得最大的效益。要合理、准确地对企业的经济活动进行确认、计量、记录和报告,并进行正确的分析和评价,选择一个统一的计量单位便尤为重要。人们在商品交换的发展过程中,通过对货币这种特殊商品的认识,逐渐把货币从其他商品中分离出来,并用它来衡量其他商品的价值,使货币成为一种价值尺度。因此,在商品经济条件下,会计核算和监督的内容是那些能够用货币表现的资金运动。

由于不同的会计主体在国民经济中所处的地位和作用不同,其经济活动的内容和所应实现的目标也不一样,因此,每个会计主体的经济活动所包括的具体内容、形式也不相同,从而使会计核算和监督的具体内容产生了差异。为进一步了解不同企业会计核算和监督的内容,以下分别就产品制造企业和商品流通企业加以说明。

二、产品制造企业的资金运动

产品制造企业的主要经济活动是生产和销售产品,为社会提供商品或劳务,同时也为投资者和企业自身赚取利润,以满足国家经济发展的需要,满足企业自身扩大再生产的需要。产品制造企业的生产经营活动分为供应、生产和销售三个阶段,如图2-1所示。

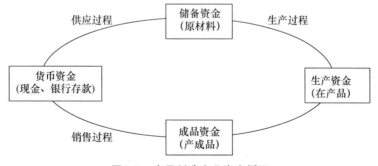

图2-1　产品制造企业资金循环

为了正常地从事产品生产经营活动,企业必须拥有一定的财产物资作为物质基础。这些财产物资的货币表现(包括货币本身)称为经营资金,简称资金。企业取得经营资金的渠道主要有向银行借款和投资者投入资金。企业用筹集到的资金购买经营所需的厂房、设备、交通运输工具、原材料等财产物资,就标志着企业生产经营活动进入第一阶段,即供应过程。

供应过程作为生产的储备过程,主要是为产品生产提供所需原材料等。在供应过程中,企业用货币资金购买原材料,支付材料运输及装卸费用等,并将所购材料存放在仓库备用。这时货币资金形态就转化为储备资金形态。

企业生产经营活动的第二阶段是生产过程。生产过程是各种劳动资料的消耗过程。在生产过程中,车间从仓库领用材料投入生产,生产工人借助劳动工具对材料进行加工,使其改变原有的实物形态,变为半成品,最后形成产成品。在这个过程中,除要消耗各种材料物资外,机器设备也发生磨损,同时还要支付生产工人工资及其他相关费用。这些物化劳动和活劳动的耗费,形成了产品的使用价值和价值。这时,储备资金形态及部分货币资金形态转化为生产资金(在产品)形态;产品生产完工,产成品验收入库后,生产资金形态转化为成品资金(产成品)形态。

企业生产经营活动的第三阶段是销售过程。销售过程是企业实现产品价值,取得收入,抵偿消耗,获得盈利的过程。在销售过程中,企业主要通过对产品进行包装、运输、广告宣传等活动将产品销售出去,并收回货币资金。这时,成品资金形态又转化为货币资金形态。

企业将取得的货币资金,补偿生产、销售过程中的全部耗费之后,剩余部分是企业实现的利润。企业实现的利润须按国家有关规定进行分配,分配结束后,产品制造企业便完成了一个完整的生产经营过程。

资金从货币资金形态开始,经过储备资金形态、生产资金形态、成品资金形态,又回到货币资金形态的过程,叫作资金循环。企业的生产经营活动是连续不断的,资金循环也是不断重复的,这种周而复始的资金循环叫作资金周转。产品制造企业会计核算和监督的内容就是企业的资金循环与资金周转过程。

三、商品流通企业的资金运动

商品流通企业的主要经营活动是组织商品流通,满足市场对各种商品的需要,并为投资者提供利润,为企业自身发展积累资金。它的经营活动与产品制造企业有所不同。

商品流通企业的经营活动可分为购进和销售两个过程,如图 2-2 所示。购进过程主要是用筹集的货币资金购买商品,以备后期销售。在这个过程中,企业的货币资金转化为商品资金。在销售过程中,企业将库存商品出售,取得货币,补偿原来的支出后,获得利润。同样,利润也须按国家有关制度的规定进行分配。这样,商品流通企业便完成了一个经营活动过程。与产品制造企业相比,商品流通企业没有生产过程,因此会计核算和监督的内容相对简单。

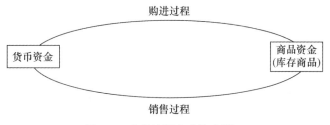

图 2-2 商品流通企业资金循环

第二节 会计要素

会计要素是对会计核算和监督的内容(即企业资金运动)按照一定标准所进行的概括和基本分类,是会计对象的具体化。

会计所要核算和监督的内容是复杂及具体的,为了能够对企业的经济活动进行正确核算和有效监督,同时为会计信息使用者提供有效信息,对企业会计核算和监督的具体内容进行适当的分类是非常必要的。根据现行的《企业会计准则》的规定,我们将会计对象划分为六大会计要素,即资产、负债、所有者权益、收入、费用和利润。其中,资产、负债和所有者权益侧重于反映企业的财务状况;收入、费用和利润侧重于反映企业的经营成果。

一、资产

(一) 资产的定义

资产是指企业过去的交易或者事项形成的、由企业拥有或者控制的、预期会给企业带来经济利益的资源。资产具有以下基本特征:

1. 资产是由企业拥有或者控制的资源

这一特征指企业享有某项资源的所有权,或者虽然不享有某项资源的所有权,但该资源能被企业控制。一般来说,一项资源要确认为企业的资产,企业必须拥有这项资产的法定所有权;或者企业虽然不拥有这项资产的所有权,但是企业控制了该项资产,表明企业能够从资产中获取经济利益,符合资产的定义,如融资租入固定资产。

2. 资产预期会给企业带来经济利益

预期能给企业带来经济利益表明,资产作为企业的资源,通过合理、有效的使用,在未来能给企业带来经济利益。也就是说,资产有直接或者间接导致现金和现金等价物流入企业的潜力。反之,在未来不能给企业带来经济利益的资源,就不能归入企业的资产,如已明确无法收回的应收款项等。

3. 资产是由企业过去的交易或者事项形成的

企业过去的交易或者事项包括购买、生产、建造行为或其他交易或者事项。预期在未来发生的交易或者事项不形成资产。由于过去的交易或者事项形成的资产才能客观、可靠地计量,因此未来的、尚未发生的经济交易或者事项可能形成的资产不能确认为资产,如企业在购货计划中列明准备购入的原材料,在购买行为没有发生时不能确认为资产。

(二) 资产的确认条件

要确认一项资产,必须满足确认资产的条件。在符合资产定义的基础上,同时满足以下条件时才能确认为资产:

(1) 与该资源有关的经济利益很可能流入企业;

(2) 该资源的成本或者价值能够可靠地计量。

只有同时符合资产定义和资产确认条件的项目,才能确认为企业的资产,列入资产负债表;只符合资产定义,但不符合资产确认条件的项目,不能列入资产负债表。

(三) 资产的分类

企业的资产按其流动性分为流动资产和非流动资产两大类。

1. 流动资产

流动资产是指企业主要为交易目的而持有,预计在一年内或超过一年的一个正常营业周期内变现、出售或者耗用的资产。流动资产按其变现能力的大小,主要包括货币资金、应收票据、应收账款、预付账款、存货等。

2. 非流动资产

流动资产以外的资产可归为非流动资产,主要包括债权投资、其他债权投资、投资性房地产、长期股权投资、长期应收款、固定资产、无形资产等。

二、负债

(一) 负债的定义

负债是指企业过去的交易或者事项形成的、预期会导致经济利益流出企业的现时义务。负债具有以下基本特征:

1. 负债是企业承担的现时义务

现时义务是指企业在现行条件下已承担的义务,也就是说企业要在未来偿还该项义务。如果是未来发生的交易或事项形成的义务,就不属于现时义务,从而不是企业承担的债务,也就不能确认为企业的负债。

2. 负债预期会导致经济利益流出企业

负债是要用资产或劳务进行清偿的,而清偿必然导致企业未来经济利益的流出。如果履行义务不会导致企业经济利益流出,就不符合负债的定义。

3. 负债是由过去的交易或者事项形成的

只有过去的交易或者事项才形成负债,企业将在未来发生的承诺、签订的合同等交易或者事项,不形成负债。

(二) 负债的确认条件

要确认一项负债,必须满足确认负债的条件。在符合负债定义的基础上,同时满足以下条件时才能确认为负债:

(1) 与该义务有关的经济利益很可能流出企业;

(2) 未来流出的经济利益的金额能够可靠地计量。

只有同时符合负债定义和负债确认条件的项目,才能确认为企业的负债,列入资产负债表;只符合负债定义,但不符合负债确认条件的项目,不能列入资产负债表。

(三) 负债的分类

负债按其流动性,可分为流动负债和非流动负债。

1. 流动负债

流动负债是指企业主要为交易目的而持有,预计在一年内或超过一年的一个正常营业周期内清偿的债务,包括短期借款、应付票据、应付账款、预收账款、应付职工薪酬、应交税费等。

2. 非流动负债

非流动负债是指流动负债以外的负债,主要包括长期借款、应付债券、长期应付款等。

三、所有者权益

(一) 所有者权益的定义

所有者权益是指企业资产扣除负债后由所有者享有的剩余权益。公司的所有者权益又称股东权益。所有者权益具有以下基本特征:

(1) 除非发生减资、清算,否则,企业不需要偿还所有者权益。

(2) 企业清算时,只有在清偿所有的负债后,所有者权益才返还给所有者。

(3) 投资者可按出资比例分享企业利润,并承担企业风险。

(4) 所有者权益金额的大小取决于资产和负债的计量,即所有者权益 = 资产 - 负债。

(二) 所有者权益的来源

所有者权益的来源包括所有者投入的资本、直接计入所有者权益的利得和损失、留存收益等。

1. 所有者投入的资本

它是所有者投入企业的资本额,包括构成企业注册资本或股本部分的金额,也包括投入资本超过注册资本或股本部分的金额。所有者投入资本时可投入货币,也可投入非货币资产,如厂房、设备、商标等。

2. 直接计入所有者权益的利得和损失

它是指不应计入当期损益、会导致所有者权益发生增减变动的、与所有者投入资本或者向所有者分配利润无关的利得或损失。其中,利得是指由企业非日常活动所形成的、会导致所有者权益增加的、与所有者投入资本无关的经济利益的流入。损失是指由企业非日常活动所发生的、会导致所有者权益减少的、与向所有者分配利润无关的经济利益的流出。

利得和损失通常包括直接计入所有者权益的利得和损失以及直接计入当期利润的利得和损失。前者反映在资产负债表中,后者反映在利润表中。

3. 留存收益

它是企业从历年实现的利润中提取或形成的留存于企业的内部积累,主要包括累计计提的盈余公积和未分配利润。

（三）所有者权益的分类

所有者权益主要包括实收资本(或股本)、资本公积、盈余公积和未分配利润。

1. 实收资本(或股本)

实收资本是指投资者按照企业章程或合同与协议的约定实际投入企业的资本,也是企业在工商部门注册的资本,在股份公司称为股本。

2. 资本公积

资本公积是由投资者投入的超出其在注册资本或股本中所占份额的部分,但不能构成实收资本,属于资本溢价;直接计入所有者权益的利得和损失也属于资本公积的内容,归为其他资本公积。

3. 盈余公积

盈余公积是指企业从净利润中提取的一种储备,包括提取的法定盈余公积和任意盈余公积。

4. 未分配利润

未分配利润是指企业留待以后年度分配的利润,在数量上等于期初未分配利润加本期实现的净利润扣除提取的盈余公积和分配给投资者利润后的余额。

四、收入

（一）收入的定义

收入是指企业在日常活动中形成的、会导致所有者权益增加的、与所有者投入资本无关的经济利益的总流入。收入具有以下基本特征：

1. 收入是企业在日常活动中形成的

日常活动是企业为完成其经营目标而从事的经常性活动以及与之相关的活动,如制造业出售产品。企业非日常活动形成的经济利益的流入不能确认为收入,应计入利得。例如,企业持有固定资产不是为了出售,出售固定资产所得就不作为收入。

2. 收入会导致所有者权益的增加

与收入相关的经济利益的流入应当会导致所有者权益的增加,不会导致所有者权益增加的经济利益的流入不应确认为收入,如从银行取得借款。

3. 收入是与所有者投入资本无关的经济利益的总流入

收入能导致企业经济利益的流入,所有者投入资本也能导致企业经济利益的流入,但只有与所有者投入资本无关的经济利益的流入才是收入,如企业销售商品收到的现金。

（二）收入的确认条件

企业确认一项收入,必须同时满足以下两个条件：

(1) 经济利益很可能流入企业从而导致企业资产增加或者负债减少；

(2) 经济利益的流入额能够可靠计量。

(三) 收入的分类

(1) 按照企业所从事日常活动的性质，收入主要包括销售商品收入、提供劳务收入和让渡资产使用权收入。销售商品收入是指那些以现金或赊销方式销售商品的收入；提供劳务收入是指企业为他人提供劳务时取得的收入，如提供旅游、运输等服务取得的收入；让渡资产使用权收入是指他人使用本企业资产取得的收入，如利息收入、使用费收入等。

(2) 按照日常活动在企业所处的地位，收入可分为主营业务收入和其他业务收入。主营业务收入是企业为完成其经营目标而从事的日常活动中的主要项目取得的收入，如工业企业销售产品取得的收入、商业企业销售商品取得的收入等；其他业务收入是企业从主营业务以外的其他日常活动中取得的收入，如工业企业销售原材料或提供非工业性劳务取得的收入等。二者之和统称为营业收入。

企业不经过经营过程而获得的经济利益的流入，可称为利得。收入与利得不同，收入是日常活动形成的，利得是非日常活动形成的。凡符合收入定义和收入确认条件的项目，应列入利润表，以反映本年度企业的经营业绩。

五、费用

(一) 费用的定义

费用是指企业在日常活动中发生的、会导致所有者权益减少的、与向所有者分配利润无关的经济利益的总流出。费用具有以下基本特征：

1. 费用是企业在日常活动中形成的

产品制造企业从事产品生产、商业企业从事商品购销等活动所发生的经济利益的流出，属于费用，通常包括营业成本、管理费用等。但是，有些交易或者事项虽然也能使企业发生经济利益的流出，但由于不属于企业的日常经营活动，其经济利益的流出不属于费用而是损失，如企业出售非流动资产损失。

2. 费用会导致所有者权益的减少

与费用相关的经济利益的流出应当会导致所有者权益的减少，不会导致所有者权益减少的经济利益的流出不应确认为费用。

3. 费用是与向所有者分配利润无关的经济利益的总流出

费用的发生应当会导致经济利益的流出，从而导致资产的减少或者负债的增加，主要表现为现金的流出、存货的消耗等。尽管向所有者分配利润也会导致经济利益的流出，但这种经济利益的流出属于所有者权益的抵减，不应确认为费用。

(二) 费用的确认条件

费用只有在经济利益很可能流出从而导致企业资产减少或者负债增加，且经济利益的流出额能够可靠计量时才能予以确认。企业确认一项费用，必须同时满足以下两个条件：

（1）与费用相关的经济利益很可能流出企业从而导致资产的减少或者负债的增加。经济利益是否很可能流出企业，是费用确认的基本条件。如果经济利益很可能流出企业，则在满足其他条件时才能确认为费用；如果经济利益不是很可能流出企业，或者流出企业的可能性小于不能流出企业的可能性，则即使满足其他确认条件，也不能确认为费用。

（2）经济利益流出额能够可靠计量。流出企业的经济利益只有在能够可靠计量时，才有可能确认并在利润表中加以列示；反之，则无法在利润表中加以列示。

另外，企业为生产产品、提供劳务等发生的可归属于产品成本、劳务成本等的费用，应当在确认产品销售收入、劳务收入等时，将已销售产品、已提供劳务的成本等计入当期损益；企业发生的支出不产生经济利益的，或者即使能够产生经济利益但不符合或者不再符合资产确认条件的，应当在发生时确认为费用，计入当期损益；企业发生的交易或者事项导致其承担了一项负债而又不确认为一项资产的，应当在发生时确认为费用，计入当期损益。

符合费用定义和费用确认条件的项目，应当列入利润表。

（三）费用的分类

按照费用与收入的关系，费用可以分为营业成本和期间费用。

1. 营业成本

营业成本是指销售商品或提供劳务的成本。营业成本按照销售商品或提供劳务在企业日常活动中所处的地位，可以分为主营业务成本和其他业务成本。

2. 期间费用

期间费用包括销售费用、管理费用和财务费用。销售费用是企业在销售商品和材料、提供劳务等日常活动中发生的除营业成本以外的各项费用以及专设销售机构的各项经费；管理费用是企业行政管理部门为组织和管理生产经营活动而发生的各种费用；财务费用是企业为筹集生产经营所需资金等而发生的筹资费用。

六、利润

（一）利润的定义

利润是指企业在一定会计期间的经营成果，包括收入减去费用后的净额、直接计入当期利润的利得和损失等。

直接计入当期利润的利得和损失，是指应当计入当期损益、会导致所有者权益发生增减变动、与所有者投入资本或者向所有者分配利润无关的利得或者损失，如固定资产处置损益等。利润金额的计量取决于收入和费用、直接计入当期利润的利得和损失金额的计量。

（二）利润的组成内容

在利润表中，利润分为营业利润、利润总额和净利润三个层次。基本计算公式为：

$$营业利润 = 营业收入 - 营业成本 - 税金及附加 - 销售费用$$
$$- 管理费用 - 财务费用 + 其他收益 + 投资收益$$
$$+ 公允价值变动收益 + 资产处置收益$$
$$- 资产减值损失 - 信用减值损失$$
$$利润总额 = 营业利润 + 营业外收入 - 营业外支出$$
$$净利润 = 利润总额 - 所得税费用$$

总之,会计要素是对会计对象进行的基本分类,它在核算和监督企业的经济管理活动中发挥了重要作用。

第三节 会 计 等 式

一、会计等式

会计等式,又称会计平衡式,它是利用数学等式对会计要素之间的内在经济联系所做的概括和科学表达,用来表明各会计要素之间的基本关系。

一个会计主体要开展经营活动,就必须拥有一定数量和规模的经济资源,它是进行生产活动或开展业务活动的基本前提和物质基础。在会计领域,我们把企业的资源称为"资产"。企业的资产是通过一定的渠道取得的,可以从债权人(银行)那里取得,也可以由投资者提供。但是,这些资产的使用不是无偿的,作为企业的债权人和投资者,对企业资产拥有一定的要求权,这种要求权在会计上称为"权益"。这样,在资产和权益之间就存在着相互依存的等量关系。资产和权益实际上是同一价值运动的两个方面,资产表明企业经济资源的存在形态,权益表明资产的取得渠道。资产不能离开权益而存在,而权益也不能离开资产而存在,并且两者在数量上一定相等,这两者的平衡关系用会计等式可表述为:

$$资产 = 权益$$

企业的资产从两个渠道取得,对资产的要求权即权益也由两部分构成,一部分属于债权人,是债权人权益,会计上称为"负债";另一部分属于投资者,是所有者权益。因此,会计等式可进一步表述为:

$$资产 = 负债 + 所有者权益$$

这一会计等式是最基本的会计平衡式,这种表述方法的意义在于:债权人和所有者对企业资产享有的要求权不同,对企业经济活动的影响也不尽相同,两者有着本质的区别。

(一) 负债与所有者权益的区别

1. 性质不同

负债是债权人对企业全部资产的要求权;所有者权益是投资者对企业净资产的要求权。净资产即企业的全部资产减去全部负债后的余额。

2. 偿还期不同

负债一般规定有限的偿还期,企业必须在规定的偿还期限内偿还本金和利息;所有者权益没有偿还期限,按《公司法》的规定,投入企业的资金不能随意取走,但可以转让。

3. 享受的权利不同

负债表明债权人与企业之间的债权债务关系,债权人享有收回本金和利息的权利,但无权参与企业的生产经营管理和收益分配,在企业解散清算时,债权人享有第一清偿权;所有者权益则表明所有者与企业之间的投资和被投资的关系,所有者可以参与企业的生产经营管理和利润分配,在企业解散清算时,所有者享有其次清偿权。

4. 风险程度不同

债权人不能参与企业的利润分配,不论企业盈利或亏损,均按照规定的条件获取偿付的本金和利息,风险相对所有者而言较小;所有者参与企业的利润分配,共负盈亏,只有在企业实现利润时,才能从企业利润分配中获取收益,风险相对较大。

通过以上分析,会计等式可表述为:

$$资产 = 权益$$

$$资产 = 债权人权益 + 所有者权益$$

$$资产 = 负债 + 所有者权益$$

(二) 利润与收入、费用的关系

在企业生产经营过程中,资产不断被消耗,形成费用,并相应获得收入。费用的发生必然带来经济利益的流出,收入的发生必然带来经济利益的流入;收入和费用相抵减,形成利润。利润是企业经济利益流入与流出的结果,最终带来所有者权益的增加。因此,企业的资产、负债、所有者权益、收入、费用、利润之间也存在着一种内在的联系,在数量关系上,可表述为:

$$利润 = 收入 - 费用$$

$$资产 = 负债 + 所有者权益 + 利润$$

$$= 负债 + 所有者权益 + (收入 - 费用)$$

$$资产 + 费用 = 负债 + 所有者权益 + 收入$$

到会计期末,企业的收入抵减费用,计算出利润(亏损)后,利润即并入所有者权益。最后,会计等式仍然表现为:

$$资产 = 负债 + 所有者权益$$

从以上分析可以看出,会计等式揭示了会计要素之间的数量关系,它是设置会计科目、进行复式记账、编制会计报表的理论依据。

二、经济业务对会计等式的影响

经济业务也称会计交易或事项,是指企业在生产经营过程中发生的能以货币计量并能引起会计要素发生增减变化的事项。例如,所有者投入资本、企业购买材料、支付职工薪酬、销售商品等,都是企业的经济业务,也是会计事项。企业在生产经营过程中每天都发生大量的经济业务,任何一项经济业务的发生都必然使资产、负债等会计要素的数额发生变化。这些变化对会计等式的平衡关系的影响,可通过下面的分析加以说明。

(一) 筹集资金业务

筹集资金的渠道主要有吸收投资者投入资本、从银行取得借款等。

例2-1 甲、乙二人合伙投资创办一个小型企业,协议各出资50 000元,款项存入新开立的银行账户中。

这笔经济业务的发生,一方面使资产项目(银行存款)增加100 000元,另一方面使所有者权益项目(实收资本)增加100 000元,等式两边同时增加100 000元,双方总额保持平衡。

	资产	=	负债	+	所有者权益
投入资本	+100 000				+100 000

例2-2 为扩大业务规模,该公司从银行取得一年期借款50 000元,款项存入银行。

这笔经济业务的发生,使资产项目(银行存款)增加50 000元,使负债项目(短期借款)增加50 000元,等式两边同时增加50 000元,双方的总额仍然保持平衡。

筹集资金业务使会计等式两边的数额同时增加,不影响会计等式的平衡关系。

	资产	=	负债	+	所有者权益
变动前数额	100 000	=			100 000
借入资本	+50 000		+50 000		
变动后数额	150 000	=	50 000	+	100 000

(二) 资金循环与周转业务

产品制造业的资金循环与周转业务主要包括供应、生产、销售过程中发生的各种会计事项。

例2-3 企业从银行提取现金30 000元备用。

这笔经济业务的发生,使资产项目(库存现金)增加30 000元,使资产项目(银行存款)减少30 000元。资产项目此增彼减,总额不变,也不影响会计等式的平衡。

	资产	+	费用	=	负债	+	所有者权益	+	收入
变动前数额	150 000			=	50 000	+	100 000		
提取现金	+30 000								
	−30 000								
变动后数额	150 000			=	50 000	+	100 000		

例2-4 购买业务所需的桌椅等用具,价值8 000元,款项未付。

这笔经济业务的发生,使资产项目(低值易耗品)增加8 000元,使负债项目(应付账款)增加8 000元,等式两边同时增加8 000元,不影响等式的平衡。

	资产	+	费用	=	负债	+	所有者权益	+	收入
变动前数额	150 000			=	50 000	+	100 000		
购买桌椅	+8 000				+8 000				
变动后数额	158 000			=	58 000	+	100 000		

例2-5 用银行存款归还原欠账款8 000元。

这笔经济业务的发生,使资产项目(银行存款)减少8 000元,使负债项目(应付账款)减少8 000元,等式两边同时减少,不影响会计等式的平衡。

	资产	+	费用	=	负债	+	所有者权益	+	收入
变动前数额	158 000			=	58 000	+	100 000		
归还欠款	-8 000				-8 000				
变动后数额	150 000			=	50 000	+	100 000		

例2-6 公司用现金支付当月办公用电话费600元。

这笔经济业务的发生,使费用项目(管理费用)增加600元,使资产项目(库存现金)减少600元,等式左边一个项目增加另一个项目减少,会计等式仍保持平衡。

	资产	+	费用	=	负债	+	所有者权益	+	收入
变动前数额	150 000			=	50 000	+	100 000		
支付电话费	-600		+600						
变动后数额	149 400	+	600	=	50 000	+	100 000		

例2-7 对外销售材料,取得收入20 000元,款项存入银行。

这笔经济业务的发生,使收入项目(其他业务收入)增加20 000元,使资产项目(银行存款)增加20 000元,等式两边同时增加,不影响会计等式的平衡。

	资产	+	费用	=	负债	+	所有者权益	+	收入
变动前数额	149 400	+	600	=	50 000	+	100 000		
取得收入	+20 000							+	20 000
变动后数额	169 400	+	600	=	50 000	+	100 000	+	20 000

(三) 资金退出业务

资金退出业务主要有企业向国家缴纳税费、向投资者分配利润等。

例2-8 因特殊原因,经批准,公司退回乙投资者投入资本20 000元,以银行存款支付。

这笔经济业务的发生,使所有者权益项目(实收资本)减少20 000元,使资产项目(银行存款)减少20 000元,等式两边同时减少,不影响会计等式的平衡。

	资产	+	费用	=	负债	+	所有者权益	+	收入
变动前数额	169 400	+	600	=	50 000	+	100 000	+	20 000
退回投资	−20 000						−20 000		
变动后数额	149 400	+	600	=	50 000	+	80 000	+	2 000

通过对上述经济业务的分析,可以得出如下结论:

任何企业经济业务的发生,都会引起资产、负债和所有者权益发生变化,但这种变化不会破坏"资产=负债+所有者权益"这一会计等式的平衡关系。这是因为企业的经济业务多种多样,但所有经济业务对资产、负债和所有者权益的影响,都可概括为以下九种类型:

(1) 一项资产增加,一项所有者权益增加,增加的金额相等;
(2) 一项资产增加,一项负债增加,增加的金额相等;
(3) 一项资产增加,另一项资产减少,增减的金额相等;
(4) 一项负债减少,另一项负债增加,增减的金额相等;
(5) 一项负债减少,一项资产减少,减少的金额相等;
(6) 一项负债减少,一项所有者权益增加,增减的金额相等;
(7) 一项所有者权益减少,一项资产减少,减少的金额相等;
(8) 一项所有者权益减少,一项负债增加,增减的金额相等;
(9) 一项所有者权益减少,另一项所有者权益增加,增减的金额相等。

这九种类型的经济业务都会直接使资产、负债和所有者权益在数量上发生增减变化,但始终不会破坏会计等式的平衡关系。因此,会计等式又被称为会计恒等式。

第四节 会计科目与账户

一、会计科目的意义

会计六大要素是从总体上反映企业的财务状况和经营成果的,而对于企业外部信息使用者和内部管理者来说,只借助于六大会计要素是无法了解企业具体经营情况的。为满足信息使用者的需要,有必要在会计要素的基础上对会计对象进行再分类。如资产可进一步细分为库存现金、银行存款、原材料、固定资产等;负债也可再分为短期借款、长期借款、应付债券等。因此,会计科目就是对会计要素的具体内容进行分类核算的项目。通过设置会计科目,可以对纷繁复杂、性质不同的经济业务进行科学分类,给予性质相同的信息约定的代码,同时进行系统的记录和核算,从而为企业内部的经营管理者和外部的信息使用者提供所需要的会计资料。

二、会计科目的分类

会计科目反映的经济内容名目繁多,为便于掌握和运用会计科目,应将会计科目按一定的标准进行分类。我国《企业会计准则——应用指南》中将会计科目按反映的经济内容的性质不同,分为资产类、负债类、共同类、所有者权益类、成本类和损益类六大类,主要是依据会计要素来划分的。其中,共同类科目是针对金融企业设置的。由于本书以产品制造业为对象,不涉及此类会计科目,故在此不做列示和讲解。

会计科目按照提供核算指标的详细程度不同,可分为总分类科目和明细分类科目两大类。

总分类科目又称一级科目或总账科目,是总括反映会计要素具体内容的科目,如库存现金、银行存款、固定资产、生产成本等。明细分类科目又称二级科目或明细科目,是详细反映会计要素具体内容的科目,如"其他货币资金"下设"银行汇票""银行本票"等明细科目。按照管理和核算的需要,企业还可设置三级科目,对二级科目进行进一步说明。一般企业会计科目的主要内容如表2-1所示。

表2-1 会计科目表

顺序号	会计科目名称	顺序号	会计科目名称
	一、资产类	26	长期股权投资
1	库存现金	27	长期股权投资减值准备
2	银行存款	28	其他权益工具投资
3	其他货币资金	29	投资性房地产
4	交易性金融资产	30	长期应收款
5	应收票据	31	未实现融资收益
6	应收账款	32	固定资产
7	预付账款	33	累计折旧
8	应收股利	34	固定资产减值准备
9	应收利息	35	在建工程
10	其他应收款	36	工程物资
11	坏账准备	37	固定资产清理
12	材料采购	38	无形资产
13	在途物资	39	累计摊销
14	原材料	40	无形资产减值准备
15	材料成本差异	41	商誉
16	库存商品	42	递延所得税资产
17	发出商品	43	待处理财产损溢
18	商品进销差价		二、负债类
19	应收退货成本	44	短期借款
20	委托加工物资	45	交易性金融负债
21	周转材料	46	应付票据
22	存货跌价准备	47	应付账款
23	债权投资	48	预收账款
24	债权投资减值准备	49	合同负债
25	其他债权投资	50	应付职工薪酬

(续表)

顺序号	会计科目名称	顺序号	会计科目名称
51	应交税费	72	制造费用
52	应付股利	73	劳务成本
53	应付利息	74	研发支出
54	其他应付款	75	工程施工
55	递延收益		五、损益类
56	长期借款	76	主营业务收入
57	应付债券	77	其他业务收入
58	长期应付款	78	公允价值变动损益
59	未确认融资费用	79	投资收益
60	专项应付款	80	资产处置损益
61	预计负债	82	营业外收入
62	递延所得税负债	82	营业外收入
	三、所有者权益类	83	主营业务成本
63	实收资本(股本)	84	其他业务成本
64	其他权益工具	85	税金及附加
65	资本公积	86	销售费用
66	其他综合收益	87	管理费用
67	盈余公积	88	财务费用
68	本年利润	89	资产减值损失
69	利润分配	90	信用减值损失
70	库存股	91	营业外支出
	四、成本类	92	所得税费用
71	生产成本	93	以前年度损益调整

企业在不违反会计准则中关于确认、计量和报告的规定的前提下,可以根据本单位的实际情况自行增设、分拆、合并会计科目。对于明细科目,企业可以比照规定自行设置。

三、账户

(一) 账户与会计科目

会计科目只是对会计对象的具体内容(会计要素)进行分类的项目名称。为了全面、连续、系统地核算和监督会计要素的增减变动情况,还必须根据会计科目在账簿中开设账户。所谓账户,是指具有一定格式,用来分类、连续地记录经济业务,反映会计要素增减变化及其结果的一种工具,也是会计核算的一种专门方法。

账户是按照会计科目名称开设的,每一个账户都有一个名称,反映一定的经济内容,各个账户之间既有严格的界限,又有科学的联系。根据总分类科目设置的账户,称为总分类账户;根据明细分类科目设置的账户,称为明细分类账户。

在会计实际工作中,由于会计科目和账户之间存在着一一对应的关系,因此,人们常常把会计科目作为账户的同义语。

(二) 账户的结构

为了在账户中分类记录各项经济业务,每个账户不但要有明确的核算内容,而且还应该具有一定的结构。账户的结构是指账户要设置哪几个部分,每一部分反映什么内容。鉴于经济业务的发生对资产、负债、所有者权益、收入、费用和利润的影响,从数量方面看,不外乎是增加和减少两种变化。为反映这两种变化情况,账户在结构上相应地分为左右两个基本部分,一方记增加,另一方记减少。至于哪一方记增加,哪一方记减少,则取决于账户的性质和类型。账户的这种基本结构可用 T 形账户表示,如图 2-3 所示。

图 2-3 T 形账户

这种 T 形账户主要在会计教学中使用,它有易于演示、清晰明了的特点。

在账户中,登记本期增加的金额,称为本期增加额;登记本期减少的金额,称为本期减少额。增减相抵后的差额,称为余额。余额按时间不同,分为期初余额和期末余额。它们之间的关系可表示为:

期末余额 = 期初余额 + 本期增加发生额 − 本期减少发生额

账户要素的示意如图 2-4 所示。

银行存款			
期初余额:	20 000		
本期增加额:	5 000	本期减少额:	1 000
本期发生额:	5 000	本期发生额:	1 000
期末余额:	24 000		

图 2-4 账户要素

至于本期增加额和本期减少额是记在账户的左方还是右方,账户的余额是反映在左方还是右方,则取决于账户的性质和类型,这将在第三章中进行详尽的讲解,此处不再赘述。

章 后 习 题

一、思考题

1. 产品制造企业资金循环的过程有何特点?
2. 什么是会计要素?它包括哪些内容?

3. 举例说明收入与利得、费用与损失的不同。
4. 什么是会计等式？试述会计等式的基本原理。
5. 为什么企业各种经济业务的变化都不会破坏会计等式的平衡关系？
6. 什么是会计科目？什么是账户？
7. 试述账户的基本结构。
8. 资产要素的基本特征是什么？
9. 确认负债的基本条件有哪些？
10. 所有者权益包括哪些内容？

二、基础练习题

（一）单项选择题

1. 企业过去的交易或事项形成的、由企业拥有或控制的、预期会给企业带来未来经济利益的经济资源是（　　）。
   A. 资产　　　　B. 负债　　　　C. 收入　　　　D. 所有者权益
2. 以下属于非流动资产的是（　　）。
   A. 银行存款　　B. 应收账款　　C. 存货　　　　D. 无形资产
3. 既反映了会计要素间的基本数量关系，同时也是复式记账法的理论依据的是（　　）。
   A. 会计科目　　B. 会计等式　　C. 记账符号　　D. 账户
4. 企业的全部资产主要来自两个方面，一是投资者的投资及其增值，二是（　　）。
   A. 收入　　　　B. 费用　　　　C. 负债　　　　D. 利润
5. 下列经济业务中，会引起资产和负债同时减少的是（　　）。
   A. 以银行存款购买材料　　　　　B. 将材料投入生产
   C. 以银行存款归还银行借款　　　D. 收回客户前欠货款存入银行
6. 下列会引起资产和负债同时增加的经济业务是（　　）。
   A. 收到外单位捐赠的设备一台　　B. 从税后利润中提取盈余公积
   C. 以资本公积转增资本　　　　　D. 从银行取得短期借款
7. 下列会计科目属于所有者权益类的是（　　）。
   A. 实收资本　　B. 资本公积　　C. 所得税费用　　D. 其他业务收入
8. 本月用银行存款归还上月所欠购货款8 000元，此项业务对本月会计要素的影响是（　　）。
   A. 资产和负债均减少8 000元
   B. 资产和所有者权益均减少8 000元
   C. 资产和所有者权益均增加8 000元
   D. 费用增加8 000元，资产减少8 000元
9. 以下属于收入类会计要素的是（　　）

A. 实收资本　　　　B. 资本公积　　　　C. 所得税费用　　　D. 其他业务收入

10. 下列各项中,符合资产要素定义的是(　　)
A. 计划要购买的原材料　　　　　　B. 已毁损的商品
C. 已入账的预收账款　　　　　　　D. 已销售的产品

(二) 多项选择题

1. 下列各项中,属于资产基本特征的有(　　)。
A. 必须是有形的　　　　　　　　　B. 必须是企业拥有或控制的经济资源
C. 必须是投资者投入的　　　　　　D. 由过去的交易或事项形成的
E. 必须能够给企业带来未来经济利益

2. 会计要素包括(　　)。
A. 资产和费用　　　　　　　　　　B. 负债和收入
C. 利润和所有者权益　　　　　　　D. 会计科目和账户
E. 资金的占用状态和来源渠道

3. 下列项目中,属于资产的有(　　)。
A. 短期借款　　　B. 存货　　　C. 长期股权投资　　　D. 预付账款
E. 预收账款

4. 下列经济业务中,分别会引起会计等式两边同时发生增减变动的有(　　)。
A. 用银行存款偿还前欠购料款　　　B. 购进材料未付款
C. 从银行提取现金　　　　　　　　D. 向银行借款,存入银行
E. 车间领用材料

5. 账户的要素包括(　　)。
A. 期初余额　　　　　　　　　　　B. 期末余额
C. 本期减少发生额　　　　　　　　D. 本期增加发生额
E. 累计发生额

6. 下列项目中,属于期间费用的有(　　)
A. 制造费用　　　B. 财务费用　　　C. 销售费用　　　D. 管理费用
E. 营业外支出

7. 能够对企业利润总额产生影响的有(　　)
A. 营业收入　　　B. 财务费用　　　C. 销售费用　　　D. 固定资产
E. 营业外收入

8. 通常情况下,期末余额在贷方的账户有(　　)
A. 资产类账户　　B. 负债类账户　　C. 收入类账户　　D. 费用类账户
E. 所有者权益类账户

9. 下列业务中,只对会计等式一边有影响的业务有(　　)
A. 从银行提取现金　　　　　　　　B. 取得短期借款存入银行
C. 收到投资者投入的货币资金　　　D. 用银行存款购买材料

E. 销售商品取得销货款存入银行

10. 以下账户中,通常期末余额在借方的账户有( )

A. 原材料　　　　B. 库存现金　　　　C. 实收资本　　　　D. 固定资产

E. 销售费用

(三) 判断题

1. 会计要素是会计对象的具体化。( )
2. 资产和所有者权益在数量上始终是相等的。( )
3. 会计科目就是账户的名称,账户是根据会计科目设置的。( )
4. 应收账款和预收账款都是企业的债权。( )
5. 应付债券是流动负债项目。( )
6. 任何流入企业的资产都可以定义为企业的收入。( )
7. 企业可以根据自身需要灵活设置明细会计科目。( )
8. 购买设备增加了企业的固定资产,应记入"固定资产"账户的贷方。( )
9. 负债增加,对会计等式的影响是所有者权益也同时增加。( )
10. 收入与利得是相同的,有多少收入,就有多少利得。( )

三、实务练习题

习题一

[目的] 熟悉与掌握各会计要素的具体内容。

[资料] 长江公司有下列会计账户：

库存现金　　银行存款　　应收账款　　应付账款　　原材料
预付账款　　主营业务收入　预收账款　　管理费用　　利润分配
投资收益　　应交税费　　所得税费用　营业外收入　主营业务成本
实收资本　　短期借款　　盈余公积　　其他业务收入　固定资产
其他应收款　应付职工薪酬

[要求] 根据上述资料,分别列示出资产类、负债类、所有者权益类及损益类项目。

习题二

[目的] 练习对会计要素进行分类,并掌握它们之间的关系。

[资料] 某企业月末各项目余额如下：

1. 投资者投入资本 700 000 元；
2. 出纳处存放现金 2 000 元；
3. 向银行借入 2 年期的借款 300 000 元；
4. 应付外单位货款 20 000 元；
5. 机器设备价值 258 000 元；
6. 仓库里存放的原材料 20 000 元；

7. 在银行的存款 450 000 元;

8. 向银行借入半年期的借款 50 000 元;

9. 房屋及建筑物价值 300 000 元;

10. 应收外单位货款 40 000 元。

[要求]

1. 判断资料中各项目的类别(资产、负债、所有者权益),并将各项目金额逐项填入下表。

2. 计算表内资产总额、负债总额、所有者权益总额,并检验是否符合会计等式。

资产	业务序号	金额	负债和所有者权益	业务序号	金额
合计			合计		

习题三

[目的] 了解经济业务的发生所引起的资产、负债、所有者权益的增减变化及其平衡关系。

[资料] 华远公司 20××年4月30日的资产、权益状况如下(单位:元):

固定资产 110 000　　银行存款 60 000　　实收资本 100 000

应付账款 16 800　　原材料 35 000　　盈余公积 50 000

短期借款 46 000　　无形资产 77 000　　库存现金 5 000

预收账款 74 200

5月份发生以下经济业务:

1. 国家投入资本 25 000 元,存入银行。

2. 通过银行转账支付欠北方公司的货款 3 000 元。

3. 从银行提取现金 15 000 元,准备发放工资。

4. 收到预收账款 4 500 元,存入银行。

5. 以银行存款归还短期借款 10 000 元。

6. 购入材料 2 100 元,款未付。

7. 采购员预借差旅费 3 000 元,以现金支付。

8. 将现金 10 000 元存入银行。

[要求]

1. 根据4月30日的资料,编制公司4月末的资产和权益平衡表。

2. 根据5月份的经济业务,确定资产、负债、所有者权益项目的增减变化及其结果,并编制5月末的资产和权益平衡表。

四、案例分析题

先锋木材厂 20××年2月末及3月末有关资产、负债、所有者权益的账户余额如下

表所示(单位:元):

账户名称	20××年2月		20××年3月	
	借方	贷方	借方	贷方
库存现金	800		1 000	
银行存款	56 000		38 000	
原材料	30 000		45 000	
应收账款	6 000		20 000	
短期借款		20 000		10 000
应付账款		2 800		4 000
实收资本		60 000		60 000
本年利润		10 000		30 000
合计	92 800	92 800	104 000	104 000

[**要求**] 请根据2月和3月有关账户的变化情况,写出先锋木材厂3月份的经济业务,使每项经济业务具有合理性,并使各账户的余额与列示的3月末的余额相符。

第三章 复式记账

本章导航

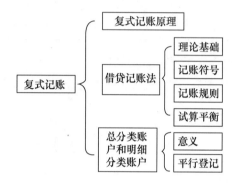

知识目标

- 复式记账法的原理;
- 借贷记账法的记账规则;
- 试算平衡的方法及特点。

能力目标

- 能够运用借贷记账法对企业基本经济业务进行账务处理;
- 能够运用平行登记法对总分类账户和明细分类账户进行登记;
- 能够描述出会计循环的主要过程。

导语

一个正在经营的企业每天会发生大量的经济业务,如购买原材料、购置生产用设备、从银行取得借款、支付电话费、销售产品等,这些经济业务的发生会引起企业的资金发生增减变化。每一项经济业务所引起的资金运动的变化及其结果,正是会计人员需要知道并对外提供的会计信息资料。因此,要明确采用怎样的方法记录资金运动的变化及其结果更加合理,就需要认识和了解科学的记账方法。

第一节　复式记账原理

一、复式记账的含义

记账方法是指经济业务发生以后,将业务记录在账户中的方法。记账方法有两类:一类是单式记账法,另一类是复式记账法。

单式记账法是对已发生的每项经济业务,只用一个账户进行登记,一般只登记库存现金和银行存款的收付业务以及应收应付的结算业务。例如,用现金500元购买材料,只记录库存现金账户减少500元,而不记录材料账户增加500元。这种方法的优点是手续简单,缺点是不能全面反映经济业务的来龙去脉,也不能明确各账户之间的对应关系,更不便于检查账户记录的正确性。因此,世界各国早已不采用这种记账方法。

复式记账法从单式记账法发展而来,它是随着经济的发展和人们对会计信息资料的需求而产生的。这种记账方法是对每项经济业务,从资金运动的内在联系出发,以相等的金额在两个或两个以上相互联系的账户中进行全面记录的一种方法。因此,复式记账法能够全面记录经济业务的来龙去脉,清楚地反映各相关账户之间的对应关系和账户之间的内在平衡关系,而且便于核对账户记录,检查记录的正确性,是一种十分科学的记账方法。例如,用现金500元购买材料一批,这项业务的发生,一方面使企业的库存现金减少了500元,另一方面使企业的材料增加了500元。在复式记账法下,这项经济业务涉及"库存现金"和"原材料"两个账户,应以相等的金额同时在这两个账户中进行登记,即"库存现金"账户登记减少500元,"原材料"账户登记增加500元。

二、复式记账法的内容

复式记账法包括多种具体的方法,有借贷记账法、增减记账法、收付记账法等。其中,借贷记账法是世界各国普遍采用的一种记账方法,也是我国应用最广泛的一种记账方法。我国《企业会计准则——基本准则》第十一条规定:"企业应当采用借贷记账法记账。"虽然存在不同的复式记账法,但每一种复式记账法都包含以下一些基本要素:记账平衡原理、记账符号、记账规则、试算平衡等。

（一）记账平衡原理

复式记账法是建立在会计等式基础之上的,受会计等式的平衡原理的制约,它对每一项经济业务都要求在两个或两个以上的账户中做对应记录,并且应符合会计等式的平衡关系。不同的复式记账法有不同的会计基本等式,即不同的平衡原理。

（二）记账符号

每一种复式记账法都有不同的记账符号,它是区分不同复式记账法的主要标志。如在借贷记账法下,以"借"和"贷"作为记账符号;在增减记账法下,以"增"和"减"作为记账符号;在收付记账法下,以"收"和"付"作为记账符号。

（三）记账规则

每一种复式记账法都有一定的记账规则,它是建立在会计基本等式平衡原理基础上,根据资金增减变化的客观规律制定的规则,以保证账户记录的正确性。记账规则是通过编制会计分录表现出来的。

（四）试算平衡

复式记账是建立在一定的平衡原理基础上的,如果账户记录违背了这种平衡关系,就表明账户记录发生了错误,从而我们可以通过平衡公式的试算来检查账户记录的正确性。不同的复式记账法有不同的试算平衡方法。

第二节　借贷记账法

借贷记账法是以"借"和"贷"二字作为记账符号记录会计要素增减变化情况的一种复式记账方法。学习借贷记账法,必须掌握它的理论基础、记账符号、记账规则和账户之间的平衡关系。

一、理论基础

会计的对象是社会再生产过程中的资金运动,具体表现为会计要素的增减变化过程和结果。如前所述,资产、负债和所有者权益是重要的会计要素,它们之间存在着客观的数量关系,即会计等式：

$$资产 = 负债 + 所有者权益$$

这个等式是借贷记账法的理论基础。当某个会计要素发生变化时,其他会计要素必然随之发生变化,使会计等式的平衡关系不被破坏。而要维持等式的平衡,就必须进行等额登记,保证记录经济业务的完整性。

二、记账符号

借贷记账法以"借"和"贷"作为记账符号,反映会计要素的增减变化。

"借"和"贷"最初的含义与债权、债务有关,后来逐步转化为抽象的记账符号,并获得了新的含义：第一,为记录每一个账户的增减变动,我们将账户分为左、右两方,"借"表示账户的左方,"贷"表示账户的右方；第二,用"借"和"贷"作为记账符号,并不能直接说明账户内容是增是减,当与不同性质的账户结合在一起时,就有了明确的含义,具体内容如图 3-1 所示。

借方	账户名称	贷方
资产的增加		资产的减少
费用的增加		费用的减少
负债的减少		负债的增加
所有者权益的减少		所有者权益的增加
收入、利润的减少		收入、利润的增加

图 3-1　记账方向示意

所谓"借",它表示:资产、费用的增加,负债、所有者权益、收入和利润的减少。进行账户记录时,上述内容应登记在账户的借方(左方)。

所谓"贷",它表示:资产、费用的减少,负债、所有者权益、收入和利润的增加。进行账户记录时,上述内容应登记在账户的贷方(右方)。

记账符号在不同账户表示的内容如下。

(一) 资产类账户

反映各项资产占用形态的账户称为资产类账户。资产类账户的结构是:借方登记资产的增加额,贷方登记资产的减少额。在一定会计期间(月、季、年)内,借方增加额合计数称为借方发生额,贷方减少额合计数称为贷方发生额,期末,借贷两方之间的差额称为期末余额,本期的期末余额结转到下期,即为下期的期初余额。资产类账户的结构如图3-2所示。

借方	资产类账户	贷方
期初余额: ×××		
本期增加额: ×××	本期减少额:	×××
本期发生额: ×××	本期发生额:	×××
期末余额: ×××		

图3-2 资产类账户结构

资产类账户的期末余额一般在借方,其计算公式为:

资产类账户的期末余额 = 期初借方余额 + 本期借方发生额 − 本期贷方发生额

(二) 负债及所有者权益类账户

反映企业各项债务情况的账户称为负债类账户,反映各项所有者权益状况的账户称为所有者权益类账户。按照会计平衡式"资产 = 负债 + 所有者权益"的原理以及经济业务变化的四种情况,负债及所有者权益类账户结构的内容与资产类账户结构的内容必须相反,这样才能保证既全面反映经济业务的全貌,又不影响会计等式。所以,对于负债及所有者权益类账户,贷方登记负债及所有者权益的增加额,借方登记减少额,如图3-3所示。

借方	负债及所有者权益类账户	贷方
	期初余额:	×××
本期减少额: ×××	本期增加额:	×××
本期发生额: ×××	本期发生额:	×××
	期末余额:	×××

图3-3 负债及所有者权益类账户结构

负债及所有者权益类账户的期末余额一般在贷方,计算公式为:

负债及所有者权益类账户的期末余额
 = 期初贷方余额 + 本期贷方发生额 − 本期借方发生额

(三) 费用类账户

费用类账户的结构与资产类账户的结构基本相同,借方登记费用支出的增加额,贷方登记费用支出的转出额(减少额),由于借方登记的费用支出增加额期末一般都要从贷方转出,以便确定一定期间的利润,因此该类账户通常没有期末余额,如图3-4所示。

借方	费用类账户	贷方
本期增加额: ×××		本期转出额: ×××
本期发生额: ×××		本期发生额: ×××

图 3-4　费用支出类账户结构

(四) 收入类账户

收入类账户的结构与负债及所有者权益类账户的结构基本相同,贷方登记收入的增加额,借方登记收入的转出额(减少额)。由于贷方登记的收入增加额期末一般都要从借方转出,以便确定一定期间的利润,因此该类账户通常也没有期末余额,可比照负债及所有者权益类账户进行登记,如图3-5所示。

借方	收入类账户	贷方
本期转出额: ×××		本期增加额: ×××
本期发生额: ×××		本期发生额: ×××

图 3-5　收入类账户结构

为正确计算企业一定期间的利润,期末,要将所有收入类账户、费用类账户的期末余额分别转入本年利润账户,收入、费用类账户的期末余额为零。因此,收入、费用类账户又称为虚账户;资产、负债及所有者权益类账户有期末余额,故又称为实账户。

(五) 利润类账户

利润类账户是反映企业利润的实现和分配情况的账户。主要核算由收入类账户及费用类账户转入的数额,若期末余额在贷方,则表示盈利,是企业自有资金形成的渠道之一,它使企业所有者权益数额增加;相反,若期末余额在借方,则表示亏损,它使企业的所有者权益数额减少,如图3-6所示。

借方	利润类账户	贷方
		期初余额: ×××
本期减少额: ×××		本期增加额: ×××
本期发生额: ×××		本期发生额: ×××
		期末余额: ×××

图 3-6　利润类账户结构

由此看出,收入类账户、费用类账户与所有者权益类账户之间有着密切的关系。

三、记账规则

账户的结构说明每个账户所记录的经济内容和记账方向,但将经济业务在有关账户中进行确认和计量,还必须遵循一定的记账规则。记账规则是指运用记账方法记录经济业务时应当遵守的规律,是记账方法本质特征的具体表现。记账规则必须符合"资产＝负债＋所有者权益"的平衡原理。由于借贷记账法是复式记账法的一种,对每一项经济业务都要在两个或两个以上相互联系的账户中进行分类记录,即记录一个账户的借方,必须同时记录另一个账户或几个账户的贷方;记录一个账户的贷方,必须同时记录另一个或几个账户的借方,且记入借方的金额与记入贷方的金额必须相等。因此,借贷记账法的记账规则是"有借必有贷,借贷必相等",如图3-7所示。

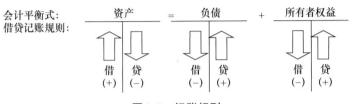

图3-7　记账规则

有了记账规则就可以对经济业务进行确认和计量,通常是通过编制会计分录来进行的。会计分录是指在经济业务被分类记录在账簿之前,运用复式记账原理,对经济业务首先确定应借应贷账户的名称,然后确定应记金额的一种记录。编制会计分录的目的是保证账户记录的正确性,以便于事后的检查和分析。每一笔会计分录应包括三个要素,即账户名称(会计科目)、记账方向(借方或贷方)、记账金额。在编制会计分录时,应遵守以下惯例:

（1）先记借方账户,后记贷方账户,即借方在上,贷方在下;

（2）书写贷方的文字和数字时要缩进一个字符;

（3）在一借多贷、一贷多借或多借多贷的情况下,借方或贷方的文字要对齐,借贷金额也应相等。

欣欣公司20××年3月发生的部分经济业务如下:

例3-1　公司为了扩大经营规模,新吸收投资100万元,款项存入银行。

分析:款项存入银行,表现为公司资产增加100万元;这100万元存款的来源渠道是吸收投资,即公司所有者权益增加100万元。它涉及"银行存款"和"实收资本"两个账户。由于资产类账户增加应记在借方,所有者权益类账户增加应记在贷方,因此对这项业务应编制如下会计分录:

借:银行存款　　　　　　　　　　　　　　　　　1 000 000
　　贷:实收资本　　　　　　　　　　　　　　　　　　1 000 000

例3-2　为及时组织货源,公司向当地工商银行取得半年期借款50万元,存入银行。

　　分析：款项存入银行，表现为公司资产增加50万元；取得的借款是公司的一项负债，表现为公司负债增加50万元。它涉及"银行存款"和"短期借款"两个账户。由于资产类账户增加应记在借方，负债类账户增加应记在贷方，因此对这项业务应编制如下会计分录：

　　借：银行存款　　　　　　　　　　　　　　　　　　　500 000
　　　　贷：短期借款　　　　　　　　　　　　　　　　　　　　500 000

例 3-3　公司签发现金支票，从银行提取现金20 000元备用。

　　分析：从银行提取现金，使公司的"银行存款"（资产）减少；同时，公司的"库存现金"（资产）增加；由于资产类账户增加记在借方，减少记在贷方，故编制会计分录如下：

　　借：库存现金　　　　　　　　　　　　　　　　　　　20 000
　　　　贷：银行存款　　　　　　　　　　　　　　　　　　　　20 000

例 3-4　公司用银行存款归还短期借款30万元。

　　分析：这项业务使"银行存款"（资产）减少30万元，"短期借款"（负债）也减少30万元；由于资产类账户减少记在贷方，负债类账户减少记在借方，因此编制会计分录如下：

　　借：短期借款　　　　　　　　　　　　　　　　　　　300 000
　　　　贷：银行存款　　　　　　　　　　　　　　　　　　　　300 000

例 3-5　从强力公司购入材料10 000元，其中6 000元货款已用银行存款支付，其余4 000元货款未付。

　　分析：公司购入材料使"原材料"（资产）增加10 000元，支付部分货款使"银行存款"（资产）减少6 000元，未付款使公司"应付账款"（负债）增加4 000元。根据资产类账户增加记借方、减少记贷方，负债类账户增加记贷方的方法，编制会计分录如下：

　　借：原材料　　　　　　　　　　　　　　　　　　　　10 000
　　　　贷：银行存款　　　　　　　　　　　　　　　　　　　　6 000
　　　　　　应付账款　　　　　　　　　　　　　　　　　　　　4 000

例 3-6　公司用银行存款204 000元，归还短期借款200 000元和前欠购料款4 000元。

　　分析：这项业务使"银行存款"（资产）减少204 000元，"短期借款"（负债）减少200 000元，"应付账款"（负债）减少4 000元。根据资产类账户减少记贷方，负债类账户减少记借方的方法，编制会计分录如下：

　　借：短期借款　　　　　　　　　　　　　　　　　　　200 000
　　　　应付账款　　　　　　　　　　　　　　　　　　　　4 000
　　　　贷：银行存款　　　　　　　　　　　　　　　　　　　　204 000

　　从上述举例中可以看出，运用借贷记账法在账户中登记经济业务后，在有关账户之间就形成了应借、应贷的关系。账户之间应借、应贷的关系，称为账户的对应关系。存在对应关系的账户,称为对应账户。

以上六项经济业务中,前四项经济业务编制的会计分录只涉及两个对应账户,我们称之为简单会计分录;第五、六项经济业务编制的会计分录涉及两个以上对应账户,我们称之为复合会计分录。简单会计分录都是一借一贷的形式,账户对应关系清楚。复合会计分录一般表现为一借多贷或一贷多借,它是由简单会计分录合并组成的,任何复合会计分录都能分解为几个简单会计分录。了解和掌握账户的对应关系,可以了解经济业务的内容和价值运动的来龙去脉,同时还可以检查经济业务的账务处理是否合理、合法。

四、试算平衡

试算平衡,就是根据会计等式的平衡关系来检查各类账户的记录是否正确。通常的做法是:对涉及的所有会计账户进行结算,计算出各账户本期发生额和期末余额,然后编制试算平衡表。

进行试算平衡,首先要将一定时期(如一个月)内全部经济业务的会计分录都分类记录到有关会计账户中,这一工作步骤叫"过账"。过账后,加计每个账户的本期发生额,并结出各账户的期末余额,这一工作步骤叫"结账"。试算平衡有发生额平衡和余额平衡两种方法。

(一) 发生额平衡

发生额平衡是用来检查本期记录的所有账户的借方和贷方金额是否正确的方法,其计算检验公式是:

全部账户本期借方发生额合计 = 全部账户本期贷方发生额合计

本期发生的经济业务按编制的会计分录全部过账后,应根据各账户的本期借、贷方发生额编制发生额试算平衡表进行试算平衡。如果借贷发生额平衡,则证明记入各账户的发生额是正确的。如果不平衡,则证明记账有错误,应对账户记录和过账内容进行检查。

(二) 余额平衡

余额平衡是用来检查经过账、结账等工作步骤后,各账户期末余额是否正确的一种方法,其计算检验公式是:

期末全部账户的借方余额合计 = 期末全部账户的贷方余额合计

在日常会计记账中,过账过程可能是正确的,但在计算账户的期末余额时可能发生错误。因此,为了保证整个账户记录及期末余额的正确性,除应检查发生额记录是否正确外,还须检查账户期末余额是否正确。它是通过编制余额试算表来完成的。

通过这两种方法进行检查,可以及时发现并纠正记账过程中的差错。如果发现所有账户在一定期间内借、贷方发生额合计不平衡或借、贷方余额合计不平衡,则可以肯定本期记账、过账或结账有错误。如果两者都平衡,则说明结果基本正确,它为编制财务会计报告提供了依据。但是,试算平衡也存在一定的局限性,它不能发现记账过程中不影响借、贷方平衡关系的错误和遗漏,如记账时重记和漏记整笔经济业务、对相互对应的账户都以大于或小于正确金额的金额进行记账、对应账户的同方向串户等,都无法通过试算平衡检查出来,因此,还必须通过其他的检查方法进行核对和检查。

例 3-7 现以上述六笔经济业务为例,说明如何进行试算平衡。假设该公司有关账户的期初余额如表3-1所示。

表 3-1 欣欣公司 20××年3月1日账户余额表   单位:元

账户名称	期初余额	
	借方	贷方
库存现金	2 000	
银行存款	200 000	
短期借款		82 000
实收资本		120 000
合　　计	202 000	202 000

基本步骤:

(1) 将每个账户的期初余额记入相关的账户中(开设账户);
(2) 将已完成的会计分录逐一过入T形账户中(过账);
(3) 结出各账户本期发生额和期末余额(结账),如图3-8所示;

借方	库存现金	贷方
期初余额:	2 000	
(3)	20 000	
本期发生额:	20 000	本期发生额:
期末余额:	22 000	

借方	原材料	贷方
(5)	10 000	
本期发生额:	10 000	本期发生额:
期末余额:	10 000	

借方	短期借款	贷方
(4)	300 000	期初余额: 82 000
(6)	200 000	(2) 500 000
本期发生额: 500 000		本期发生额: 500 000
		期末余额: 82 000

借方	银行存款	贷方
期初余额: 200 000		(3) 20 000
(1) 1 000 000		(4) 300 000
(2) 500 000		(5) 6 000
		(6) 204 000
本期发生额:1 500 000		本期发生额:530 000
期末余额: 1 170 000		

借方	实收资本	贷方
		期初余额: 120 000
		(1) 1 000 000
本期发生额:		本期发生额:1 000 000
		期末余额: 1 120 000

借方	应付账款	贷方
(6)	4 000	(5) 4 000
本期发生额:	4 000	本期发生额: 4 000
		期末余额: 0

图 3-8 T形账户

(4) 编制试算平衡表(见表3-2、表3-3、表3-4)。

表 3-2　发生额试算平衡表

20××年3月31日　　　　　　　　　　　　　　　　　　　　单位：元

账户名称	本期发生额	
	借方	贷方
库存现金	20 000	
银行存款	1 500 000	530 000
原材料	10 000	
短期借款	500 000	500 000
应付账款	4 000	4 000
实收资本		1 000 000
合　计	2 034 000	2 034 000

表 3-3　余额试算平衡表

20××年3月31日　　　　　　　　　　　　　　　　　　　　单位：元

账户名称	期末余额	
	借方	贷方
库存现金	22 000	
银行存款	1 170 000	
原材料	10 000	
短期借款		82 000
实收资本		1 120 000
合　计	1 202 000	1 202 000

还可以将以上两种试算平衡表合二为一，编制发生额及余额试算平衡表，如表3-4所示。

表 3-4　发生额及余额试算平衡表

20××年3月31日　　　　　　　　　　　　　　　　　　　　单位：元

账户名称	期初余额		本期发生额		期末余额	
	借方	贷方	借方	贷方	借方	贷方
库存现金	2 000		20 000		22 000	
银行存款	200 000		1 500 000	530 000	1 170 000	
原材料			10 000		10 000	
短期借款		82 000	500 000	500 000		82 000
应付账款			4 000	4 000		
实收资本		120 000		1 000 000		1 120 000
合　计	202 000	202 000	2 034 000	2 034 000	1 202 000	1 202 000

上述发生额及余额试算平衡表可以作为编制报表的依据。这样，通过开设账户、编制会计分录、过账、结账、试算平衡、编制报表等步骤，企业就把某一时点的财务状况或某一期间的经营成果全面、清晰地披露出来了。通常把这一系列步骤称作会计循环，也

就是说，企业会计人员必须定期按照以上会计循环步骤对经济业务进行核算，这样才能最终为会计信息使用者提供所需的资料。

第三节 总分类账户和明细分类账户

一、总分类账户和明细分类账户的意义

企业为了满足经营管理者和外部有关方面对会计信息的不同需要，不仅要提供总括的会计核算资料，而且在许多情况下，还要提供详细的核算资料。为此，在会计核算中既要设置总分类账户进行总分类核算，又要设置明细分类账户进行明细分类核算。

总分类账户又称总账账户。它是根据总分类会计科目设置的，是分类提供总括会计核算资料的账户，它采用货币计量反映经济业务，是对其所属明细分类账户资料的综合。

明细分类账户又称明细账户。它是根据明细分类科目设置的，主要提供明细会计核算资料，可以同时采用货币计量和实物计量，从数量和价值上反映经济业务，是对总分类账户的详细说明。

总分类账户是所属明细分类账户的总括，对所属明细分类账户起着统驭控制的作用，是明细分类账户的统驭账户，但它无法提供经济活动的详细资料。明细分类账户是对总分类账户的详细说明和具体化，是总分类账户的从属账户。两者的核算内容相同，都是核算同一交易或事项，只不过在核算内容的详细程度上有所不同。总分类账户核算总括情况，明细分类账户核算具体、详细的情况。两者可以相互补充，相互制约，相互核对。

二、总分类账户和明细分类账户的平行登记

根据总分类账户和明细分类账户之间的关系，在会计核算中对总分类账户和明细分类账户的记录是采用平行登记的方法进行的，即根据会计凭证登记总分类账户的同时，还应登记其所属的明细分类账户。

(一) 平行登记的内容

平行登记的内容主要有：

(1) 对每一项经济业务，一方面要记入有关总分类账户，进行总分类核算，即进行总括登记；另一方面要在其所属的明细分类账户中进行明细分类核算，即进行明细登记。

(2) 记入总分类账户和记入其所属的明细分类账户的方向应该一致，即在总分类账户中记借方的，在其所属的明细分类账户中也应记借方；在总分类账户中记贷方的，在其所属的明细分类账户中也应记贷方。

(3) 记入总分类账户的金额应该与记入其所属明细分类账户的金额相等。如果一个总分类账户同时涉及几个明细分类账户，则记入总分类账户的金额与记入其所属的

几个明细分类账户的金额之和应当相等。

平行登记的基本要点可以概括为:总分类账户和其所属明细分类账户两者登记的期间相同,登记的账户方向相同,登记的金额相等。

(二) 平行登记的结果

平行登记的结果使总账与其所属明细账之间存在以下关系:

总分类账户的期初余额 = 所属明细分类账户期初余额合计
总分类账户的本期发生额 = 所属明细分类账户本期发生额合计
总分类账户的期末余额 = 所属明细分类账户期末余额合计

例 3-8 江山公司 20××年 3 月 1 日"原材料"和"应付账款"总分类账户及所属明细分类账户余额如下:

"原材料"总分类账户期初余额为 38 000 元,所属明细分类账户期初余额为:甲材料 200 吨,每吨 150 元,计 30 000 元;乙材料 4 000 公斤,每公斤 2 元,计 8 000 元。

"应付账款"总分类账户期初余额为 35 000 元,所属明细分类账户期初余额为:欠荣华公司 15 000 元;欠光明公司 20 000 元。

本月发生以下业务(暂不考虑增值税):

(1) 3 月 6 日,向荣华公司购进甲种材料 50 吨,单价为 150 元,计 7 500 元;向光明公司购进乙材料 3 000 公斤,单价为 2 元,计 6 000 元,材料验收入库,货款尚未支付。

会计分录如下:

借:原材料——甲材料　　　　　　　　　　　　　　　　　7 500
　　　　——乙材料　　　　　　　　　　　　　　　　　　6 000
　贷:应付账款——荣华公司　　　　　　　　　　　　　　　7 500
　　　　　　——光明公司　　　　　　　　　　　　　　　　6 000

(2) 3 月 10 日,以银行存款偿还荣华公司货款 20 000 元;光明公司货款 10 000 元。

会计分录如下:

借:应付账款——荣华公司　　　　　　　　　　　　　　　20 000
　　　　　——光明公司　　　　　　　　　　　　　　　　10 000
　贷:银行存款　　　　　　　　　　　　　　　　　　　　30 000

(3) 3 月 18 日,向荣华公司购进甲材料 20 吨,单价为 150 元,计 3 000 元,货款未付,材料验收入库。会计分录如下:

借:原材料——甲材料　　　　　　　　　　　　　　　　　3 000
　贷:应付账款——荣华公司　　　　　　　　　　　　　　　3 000

(4) 3 月 24 日,车间生产产品领用甲材料 120 吨,价格为 150 元/吨,计 18 000 元;乙材料 2 000 公斤,价格为 2 元/公斤,计 4 000 元。编制会计分录如下:

借:生产成本　　　　　　　　　　　　　　　　　　　　22 000
　贷:原材料——甲材料　　　　　　　　　　　　　　　　18 000
　　　　——乙材料　　　　　　　　　　　　　　　　　　4 000

根据以上资料和会计分录,在"原材料"和"应付账款"两个总分类账户(见表 3-5、

表 3-6)及所属明细分类账户(见表 3-7 至表 3-10)中进行平行登记。

表 3-5 "原材料"总分类账

账户名称:原材料

20××年		凭证编号	摘要	发生额		借或贷	余额
月	日			借方	贷方		
3	1	略	期初余额			借	38 000
3	6		购入材料	13 500		借	51 500
3	18		购入材料	3 000		借	54 500
3	24		生产领用		22 000	借	32 500
3	31		本期发生额及期末余额	16 500	22 000		32 500

表 3-6 "应付账款"总分类账

账户名称:应付账款

20××年		凭证编号	摘要	发生额		借或贷	余额
月	日			借方	贷方		
3	1	略	期初余额			贷	35 000
3	6		购料欠款		13 500	贷	48 500
3	10		偿还账款	30 000		贷	18 500
3	18		购料欠款		3 000	贷	21 500
3	31		本期发生额及期末余额	30 000	16 500		21 500

表 3-7 "原材料"明细分类账

明细账户名称:甲材料

20××年		凭证编号	摘要	借方			贷方			结存		
月	日			数量	单价	金额	数量	单价	金额	数量	单价	金额
3	1	略	期初余额							200	150	30 000
3	6		购入	50	150	7 500				250	150	37 500
3	18		购入	20	150	3 000				270	150	40 500
3	24		生产领用				120	150	18 000	150	150	22 500
3	31		本期发生额及期末余额	70	150	10 500	120	150	18 000	150	150	22 500

表 3-8 "原材料"明细分类账

明细账户名称:乙材料

20××年		凭证编号	摘要	借方			贷方			结存		
月	日			数量	单价	金额	数量	单价	金额	数量	单价	金额
3	1	略	期初余额							4 000	2	8 000
3	6		购入	3 000	2	6 000				7 000	2	14 000
3	24		生产领用				2 000	2	4 000	5 000	2	10 000
3	31		本期发生额及期末余额	3 000	2	6 000	2 000	2	4 000	5 000	2	10 000

表 3-9 "应付账款"明细分类账

明细账户名称:荣华公司

20××年		凭证编号	摘要	发生额		借或贷	余额
月	日			借方	贷方		
3	1	略	期初余额			贷	15 000
3	6		购入甲材料		7 500	贷	22 500
3	10		偿还账款	20 000		贷	2 500
3	18		购入甲材料		3 000	贷	5 500
3	31		本期发生额及期末余额	20 000	10 500	贷	5 500

表 3-10 "应付账款"明细分类账

明细账户名称:光明公司

20××年		凭证编号	摘要	发生额		借或贷	余额
月	日			借方	贷方		
3	1	略	期初余额			贷	20 000
3	6		购入乙材料		6 000	贷	26 000
3	10		偿还账款	10 000		贷	16 000
3	31		本期发生额及期末余额	10 000	6 000	贷	16 000

从"原材料"及"应付账款"总分类账户和明细分类账户可以看出,各明细分类账户与其总分类账户的关系符合平行登记法的基本要点,两者登记的结果是:

总分类账户期初余额 = 所属明细分类账户期初余额合计

总分类账户本期发生额 = 所属明细分类账户本期发生额合计

总分类账户期末余额 = 所属明细分类账户期末余额合计

章后习题

一、思考题

1. 什么是复式记账法?复式记账法有哪些基本内容?
2. 什么是借贷记账法?借贷记账法的记账规则是什么?
3. 借贷记账法怎样试算平衡来保证账户记录的正确性?
4. 什么是总分类账户?什么是明细分类账户?
5. 总分类账户和明细分类账户如何进行平行登记?
6. 请解释"借方"和"贷方"在账户中的含义。
7. 试算平衡能检查出哪些记账错误,举例说明。
8. 简述借贷记账法的理论基础。
9. 什么是会计分录?编制会计分录的基本要求有哪些?

二、基础练习题

(一) 单项选择题

1. 采用复式记账的方法主要是为了(　　)。
   A. 便于登记账簿　　　　　　　　　B. 便于会计人员的分工协作
   C. 提高会计工作的效率　　　　　　D. 完整地反映经济业务的来龙去脉

2. 借贷记账法的记账规则是(　　)。
   A. 有增必有减,增减必相等　　　　B. 有收必有支,收支必相等
   C. 有借没有贷,借贷不相等　　　　D. 有借必有贷,借贷必相等

3. 在借贷记账法下,账户哪一方记增加,哪一方记减少,取决于(　　)。
   A. 账户的格式　　　　　　　　　　B. 账户的结构
   C. 账户的用途　　　　　　　　　　D. 账户记录的经济内容

4. 在借贷记账法下,账户的借方表示(　　)。
   A. 资产的增加和负债的减少　　　　B. 负债的增加和资产的减少
   C. 收入的增加和负债的减少　　　　D. 利润和所有者权益的增加

5. 对于费用类账户,以下表述正确的是(　　)。
   A. 借方表示增加　　　　　　　　　B. 贷方表示增加
   C. 期末余额在借方　　　　　　　　D. 期末余额在贷方

6. "原材料"账户的期初余额为8 000元,本期借方发生额为92 000元,本期贷方发生额为96 000元,则该账户期末余额为(　　)元。
   A. 2 000　　　　B. 4 000　　　　C. 6 000　　　　D. 8 000

7. "实收资本"账户的期初余额为80 000元,本期借方发生额为0元,本期贷方发生额为100 000元,则该账户期末贷方余额为(　　)元。
   A. 20 000　　　B. 80 000　　　C. 100 000　　　D. 180 000

8. 下列账户中,月末一般没有余额的是(　　)。
   A. 生产成本　　　B. 发出商品　　　C. 管理费用　　　D. 短期借款

9. 采用借贷记账法,账户的贷方登记的内容是(　　)
   A. 资产、成本类账户的增加　　　　B. 负债、所有者权益的减少
   C. 费用的减少或转销额　　　　　　D. 收入的减少或转销额

10. 我国规定的法定会计记账方法是(　　)
    A. 增减记账法　　B. 借贷记账法　　C. 收付记账法　　D. 单式记账法

11. 期末结账后,损益类账户一般(　　)
    A. 有借方余额
    B. 有贷方余额
    C. 没有余额
    D. 余额不固定,可能有借方,也可能有贷方

12. 为了检查总分类账户与明细分类账户平行登记后的结果是否正确,可以编

制( )
A. 总分类账户变动情况表　　　　B. 明细分类账户变动情况表
C. 试算平衡表　　　　　　　　　D. 资产负债表

(二) 多项选择题

1. 复式记账法的基本要素包括( )。
   A. 记账顺序　　B. 记账符号　　C. 记账规则　　D. 试算平衡法
   E. 记账平衡原理

2. 在借贷记账法下,账户的借方应登记的内容有( )。
   A. 资产的增加,负债的减少　　　B. 资产的减少,费用的增加
   C. 负债的增加,资产的减少　　　D. 收入的减少,费用的增加
   E. 负债和所有者权益的减少

3. 下列账户中,贷方登记本期减少发生额的账户有( )。
   A. 应收账款　　B. 银行存款　　C. 营业外收入　　D. 销售费用
   E. 本年利润

4. 试算平衡包括的平衡关系有( )。
   A. 会计分录平衡　　　　　　　B. 发生额平衡
   C. 余额平衡　　　　　　　　　D. 数量平衡
   E. 时间平衡

5. 运用平行登记法登记总分类账户和明细分类账户时,必须做到( )。
   A. 详简程度相同　　　　　　　B. 记账方向相同
   C. 记账金额相等　　　　　　　D. 记账期间相同
   E. 记账人员相同

6. 编制会计分录应具备的要素有( )
   A. 记账符号　　B. 账户名称　　C. 记账金额　　D. 账户性质
   E. 记账流程

7. 采用借贷记账法,会计分录的表现形式有( )
   A. 一借一贷　　B. 一借多贷　　C. 一贷多借　　D. 多借多贷
   E. 有借无贷

8. 借贷记账法的试算平衡原理是依据( )
   A. 会计等式的关系　　　　　　B. 借贷记账法的记账规则
   C. 平行登记法的要求　　　　　D. 会计科目的设置
   E. 会计账户的名称

9. 试算平衡表不能发现的错误有( )
   A. 账户名称错误　　　　　　　B. 借贷方向相反
   C. 借方少记、贷方多记的金额　D. 漏记整笔业务
   E. 业务被重复记录

10. 下列各项中,期末有贷方余额的账户有( )

A. 固定资产　　　　B. 应付票据　　　　C. 资本公积　　　　D. 营业外收入

E. 库存商品

(三) 判断题

1. 借贷记账法下,账户的左方为借方,登记资产的增加和权益的减少。(　　)

2. 复合会计分录是指不同类型经济业务合并编制的多借多贷会计分录。(　　)

3. 对于不同性质的账户,借贷的含义有所不同。(　　)

4. 如果试算平衡结果发现借贷是平衡的,则可以肯定记账没有错误。(　　)

5. 总分类账户与其所属明细分类账户必须在同一时点进行登记。(　　)

6. 由于总分类账户既能提供总括核算资料,又能提供详细核算资料,因此是十分重要的账户。(　　)

7. 编制会计分录时,应该先记借方会计科目,再记贷方会计科目。(　　)

8. 损益类账户期末结账后余额通常在借方。(　　)

9. 借贷记账法中的"借"表示增加,"贷"表示减少。(　　)

10. 我国事业单位采用的记账方法是增减记账法。(　　)

三、实务练习题

习题一

[目的]　练习借贷记账法的运用。

[资料]　建新工厂20××年3月发生的部分经济业务如下:

1. 国家投入资本20 000元,存入银行存款账户。

2. 购入原材料一批计3 500元,货款已用银行存款支付。

3. 从银行提取现金1 000元。

4. 向银行取得短期借款80 000元。

[要求]　根据上述资料编制简单会计分录。

习题二

[目的]　练习借贷记账法的运用。

[资料]　建新工厂20××年4月发生的部分经济业务如下:

1. 购入甲材料30 000元、乙材料5 000元,乙材料货款已用银行存款支付,甲材料货款暂未付。

2. 收到上月应收销货款35 000元。其中,20 000元用于归还短期借款,其余款项存入银行。

3. 接受投资者投入资本100 000元。其中,30 000元归还甲材料货款,70 000元存入银行。

4. 采购员出差返回,按规定报销差旅费5 400元,原预借6 000元,退回现金600元。

[要求]　根据上述资料编制复合会计分录。

习题三

[目的] 练习T形账户的登记。

[资料] 见第二章习题三的资料。

[要求]

1. 开设各有关账户,登记期初余额。
2. 根据华远公司5月份的经济业务,编制会计分录。
3. 根据已编制的会计分录,登入各有关账户。
4. 结出各账户的本期发生额和期末余额。
5. 编制本期发生额和期末余额试算平衡表。

习题四

[目的] 通过账户对应关系,了解经济业务的内容。

[资料] 欣欣公司20××年9月有关账户的记录如下:

借方	库存现金		贷方
期初余额:	2 600	1. 其他应收款	1 200
4. 银行存款	3 000	6. 银行存款	1 500
9. 银行存款	4 000	10. 原材料	860
11. 其他应收款	400		
本期发生额:	7 400	本期发生额:	3 560
期末余额:	6 440		

借方	银行存款		贷方
期初余额:	114 360	4. 库存现金	3 000
2. 应收账款	5 600	5. 其他应付款	6 020
3. 实收资本	42 000	8. 应付账款	28 600
6. 库存现金	1 500	9. 库存现金	4 000
7. 应收账款	20 620	12. 应付账款	2 000
13. 短期借款	10 000	15. 短期借款	24 000
		16. 固定资产	54 000
本期发生额:	79 720	本期发生额:	121 620
期末余额:	72 460		

借方	应收账款		贷方
期初余额:	30 800	2. 银行存款	5 600
		7. 银行存款	20 620
本期发生额:		本期发生额:	26 220
期末余额:	4 580		

借方	其他应收款		贷方
1. 库存现金	1 200	11. 库存现金	400
本期发生额:	1 200	本期发生额:	400
期末余额:	800		

借方	原材料		贷方
期初余额:	46 000		
10. 库存现金	860		
本期发生额:	860	本期发生额:	
期末余额:	46 860		

借方	生产成本		贷方
期初余额:	23 120		
本期发生额:		本期发生额:	
期末余额:	23 120		

借方	库存商品		贷方
期初余额:	18 940		
14. 实收资本	20 000		
本期发生额:	20 000	本期发生额:	
期末余额:	38 940		

借方	固定资产		贷方
期初余额:	360 000		
16. 银行存款	54 000		
本期发生额:	54 000	本期发生额:	
期末余额:	414 000		

借方	短期借款		贷方
		期初余额:	32 800
15. 银行存款	24 000	13. 银行存款	10 000
本期发生额:	24 000	本期发生额:	10 000
		期末余额:	18 800

借方	应付账款		贷方
8. 银行存款	28 600	期初余额:	56 600
12. 银行存款	2 000		
本期发生额:	30 600	本期发生额:	
		期末余额:	26 000

借方		其他应付款	贷方
5. 银行存款	6 020	期初余额:	6 420
本期发生额:	6 020	本期发生额:	
		期末余额:	400

借方		实收资本	贷方
		期初余额:	500 000
		3. 银行存款	42 000
		14. 库存商品	20 000
本期发生额:		本期发生额:	62 000
		期末余额:	562 000

[要求]

1. 根据上列资料,补编会计分录。
2. 按照账户的对应关系说明各单位经济业务的内容。

四、案例分析题

阳光图书公司是20××年3月创办的以零售为主的二人合伙制公司,20××年12月31日编制的余额试算表如下:

账户名称	借方	贷方
库存现金	500	
银行存款	20 000	
应收账款	300	
库存商品	12 000	
周转材料	5 000	
应付账款		4 000
实收资本		30 000
主营业务收入		16 000
主营业务成本	7 500	
销售费用	4 700	
合计	50 000	50 000

经会计师复核相关会计记录后,发现试算表有六处错误。

[要求] 请你设想出六笔不同类型差错的具体经济业务,且保证你的设想具有合理性和最终结果的正确性。

第四章 产品制造企业主要经济业务的核算

本章导航

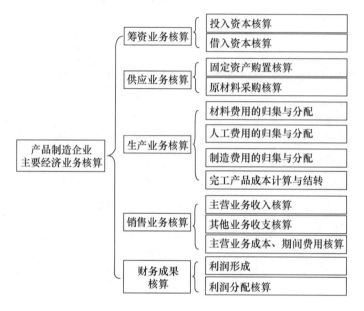

知识目标

- 企业筹资、供应、生产、销售、财务成果计算与分配的业务流程；
- 主要业务的账户设置方法、账户结构及账户间的对应关系；
- 企业供应、生产、销售及财务成果分配等主要经济业务的核算方法。

能力目标

- 能够描述企业的主要经济业务流程；
- 能够根据企业的主要经济业务内容选择并应用合适的会计账户，对业务进行完整、正确的记录。

导语

假设你要去一家制造企业财务部从事会计工作，你非常想了解这个企业的性质、经营范围、生产产品的类别、生产销售状况以及利润水平等。要取得这些信息，你可以查阅企业的营业执照、财务会计报告等文件。除此之外，你还必须知道企业会计人员在经济管理中充当怎样的角色、你的日常工作有哪些。要想了解这些信息，你必须从认识和了解产品制造企业的经营活动开始，运用会计核算方法对企业资金运动全过程进行核算和监督，并最终编制财务会计报告，为会计信息使用者提供用于决策的信息。

第一节 产品制造企业主要经济业务的内容

企业经济业务的发生，根源于企业的生产经营活动。产品制造企业的主要经营活动由供应过程、生产过程和销售过程构成。企业除主要经营活动外，还有筹资、分配财务成果等活动。这些活动的发生决定了产品制造企业经济业务的类型。因此，产品制造企业的主要经济业务有：(1) 资金筹集业务；(2) 固定资产购置业务和材料采购业务；(3) 产品生产业务；(4) 产品销售业务；(5) 财务成果计算与分配业务。这五个方面的经济业务，也是产品制造企业日常会计核算的主要内容。

为了连续、系统、全面地核算和监督产品制造企业的主要经济业务，企业必须根据各项经济业务的具体内容和管理上的要求，设置不同的会计账户，应用借贷记账法对发生的全部经济业务进行确认、计量和记录，并编制财务会计报告。

本章将以兴业公司20××年12月份发生的经济活动（例4-1至例4-52）为例，说明产品制造企业主要经济业务的内容和核算方法。

兴业公司20××年11月30日各账户余额如表4-1所示。

表4-1 兴业公司账户余额表

20××年11月30日　　　　　　　　　　　　　　　　　　　　　　　　单位：元

账户名称	借方余额	账户名称	贷方余额
库存现金	1 692	短期借款	150 000
银行存款	194 000	应付账款	28 000
应收账款	15 000	其他应付款	4 500
其他应收款	2 440	应付职工薪酬	7 200
原材料	82 708	应交税费	30 374
生产成本	27 000	应付利息	1 400
库存商品	80 060	实收资本	532 000
预付账款	7 000	资本公积	24 334
固定资产	719 500	盈余公积	80 000
		本年利润	65 180
		利润分配	26 412
		累计折旧	180 000
合计	1 129 400	合计	1 129 400

有关明细账户期初余额如下：原材料——甲材料 70 吨，计 35 700 元，乙材料 52 吨，计 47 008 元；生产成本——A 产品 18 000 元，B 产品 9 000 元；库存商品——A 产品 200 件，计 52 000 元，B 产品 100 件，计 28 060 元；应交税费——应交增值税 30 374 元；应收账款 15 000 元，为应收东方公司销货款；应付账款 28 000 元，为应付恒利公司购货款。

第二节　资金筹集业务的核算

任何企业从事生产经营活动都必须拥有一定数量的资金，因此，资金筹集业务成为各类企业必不可少的基本经济业务。企业资金主要从以下渠道获取：一是吸收所有者的投资，这是可供企业长期无偿使用的资金；二是向银行等金融机构申请借款，这部分资金仅供企业在一定时期内使用，并可能需要支付利息。企业吸收所有者投资，构成企业的所有者权益；向金融机构借款，构成企业的负债，属于债权人权益。

一、投入资本的核算

按照国家相关法律的规定，企业申请开业，必须具备符合国家规定并与其生产经营和服务规模相适应的资金数额。因此，投资者设立企业必须先投入资本。企业的资本按照投资主体的不同，可以分为国家投入资本、法人投入资本、个人投入资本和外商投入资本等。按照投入资本的不同物质形态，可以分为货币投资、实物投资和无形资产投资等。

（一）投入资本业务的账户设置

企业为反映从投资者处筹集的资金，应分别设置"库存现金""银行存款""实收资本""资本公积"等账户进行核算。

1."实收资本"账户

该账户是所有者权益类账户，用来核算按照企业章程的规定，投资者投入企业的资本（股份公司为股本）。该账户的贷方核算企业实际收到的投资者投入的资本；借方核算企业按法定程序报经批准减少的注册资本；期末余额在贷方，反映企业实有的资本或股本数额。该账户可按投资者设置明细账户，进行明细核算。

该账户结构如图 4-1 所示。

图 4-1　"实收资本"账户结构

企业收到投资者的投资，应按其在注册资本或股本中所占份额入账。企业在生产经营过程中所取得的收入和利得、所发生的费用和损失,不得直接增减实收资本。

2. "资本公积"账户

该账户是所有者权益类账户,用来核算企业收到的投资者出资超过其在注册资本或股本中所占份额的部分以及直接计入所有者权益的利得和损失等。该账户的贷方核算企业因资本溢价等原因增加的资本公积;借方核算因转增注册资本等原因减少的资本公积;期末余额在贷方,表示企业资本公积的结余数。该账户可按"资本溢价(或股本溢价)""其他资本公积"进行明细核算。该账户结构如图4-2所示。

借方	资本公积	贷方
资本公积的减少	期初余额 资本公积的增加 期末余额:资本公积的结余数额	

图 4-2 "资本公积"账户结构

(二) 投资者投入资本业务的会计处理

投资者投入资本业务的会计处理,主要涉及实收资本、资本公积的形成等。

例 4-1 企业收到国家投资 2 000 000 元,款项存入银行。

该项经济业务的发生,一方面使企业的银行存款增加 2 000 000 元,另一方面使国家对企业的投资增加 2 000 000 元,因此,该项业务涉及"银行存款"和"实收资本"两个账户。银行存款增加是企业资产的增加,应记入"银行存款"账户的借方;国家对企业投资的增加是所有者权益的增加,应记入"实收资本"账户的贷方。会计分录如下:

借:银行存款　　　　　　　　　　　　　　　　　　2 000 000
　　贷:实收资本——国家投入　　　　　　　　　　　　　　2 000 000

例 4-2 企业收到 A 单位投资设备一台,双方确认价值为 80 000 元。

该项经济业务的发生,一方面使企业的固定资产增加 80 000 元,另一方面使 A 公司对企业的投资增加 80 000 元。因此,此项业务涉及"固定资产"和"实收资本"两个账户。固定资产的增加是企业资产的增加,应记入"固定资产"账户的借方,A 企业对企业投资的增加是所有者权益的增加,应记入"实收资本"账户的贷方。会计分录如下:

借:固定资产　　　　　　　　　　　　　　　　　　80 000
　　贷:实收资本——法人投入　　　　　　　　　　　　　　80 000

例 4-3 企业收到外商投入的机器设备 3 台,每台设备确认价值 360 万元。合同约定外商的注册资本为 1 000 万元。

该项经济业务的发生,一方面使企业固定资产增加 1 080 万元,另一方面使企业所有者权益增加 1 080 万元。此项业务涉及"固定资产""实收资本""资本公积"三个账户。固定资产的增加是企业资产的增加,应记入"固定资产"账户的借方,外商投入资本的增加是所有者权益的增加,应按合同约定的注册资本 1 000 万元记入"实收资本"账户的贷方,超出部分增加资本公积,记入"资本公积"账户的贷方。会计分录如下:

借:固定资产　　　　　　　　　　　　　　　　　　　　　10 800 000
　　贷:实收资本——外商投入　　　　　　　　　　　　　　10 000 000
　　　　资本公积——资本溢价　　　　　　　　　　　　　　　800 000

对于股份有限公司,公司的资本总额划分为金额相等的股份,公司可以通过发行股票的方式筹集资金。股份公司发行股票,应设置"股本"等账户进行核算。

例如,某股份有限公司经有关部门批准发行股票1 000 000股,每股面值1元,实际每股发行价3.2元,股款已经全部存入银行(假定不考虑其他因素)。

该项经济业务的发生,一方面使企业银行存款增加3 200 000元,另一方面使企业所有者权益增加3 200 000元。此项业务涉及"银行存款""股本""资本公积"三个账户。银行存款的增加是企业资产的增加,应记入"银行存款"账户的借方,股东对公司投资增加是所有者权益的增加,应按股票的面值1 000 000元记入"股本"账户的贷方,超过股票面值部分的股票发行溢价款2 200 000元,记入"资本公积"账户的贷方。会计分录如下:

借:固定资产　　　　　　　　　　　　　　　　　　　　　 3 200 000
　　贷:股本　　　　　　　　　　　　　　　　　　　　　　 1 000 000
　　　　资本公积——股本溢价　　　　　　　　　　　　　　2 200 000

二、借入资本的核算

企业在生产经营过程中,为弥补资金的不足,可以向银行或其他金融机构等债权人借入资金。按借款期限的长短,分为短期借款和长期借款。企业借入款项,必须按照规定办理借款手续,支付利息并到期偿还本金。

(一)借入资本业务的账户设置

企业为反映借入资本业务,应分别设置"短期借款""长期借款""财务费用""应付利息"等账户进行核算。

1. "短期借款"账户

该账户是负债类账户,用来核算企业向银行或其他金融机构借入的期限在一年以下(含一年)的各种借款。该账户的贷方核算企业借入的各种短期借款;借方核算企业归还的短期借款;期末余额在贷方,表示尚未归还的短期借款。该账户可按借款种类、贷款人和币种设置明细账户,进行明细核算。该账户结构如图4-3所示。

借方	短期借款	贷方
归还的短期借款	期初余额 借入的短期借款	
	期末余额:尚未归还的短期借款	

图4-3 "短期借款"账户结构

2."长期借款"账户

该账户是负债类账户,用来核算企业向银行或其他金融机构借入的期限在一年以上(不含一年)的各种借款。该账户的贷方核算企业借入的各种长期借款;借方核算企业归还的长期借款;期末余额在贷方,表示尚未归还的长期借款。该账户可按借款种类、贷款人和币种设置明细账户,进行明细核算。该账户结构如图4-4所示。

借方	长期借款	贷方
归还的长期借款	期初余额	
	借入的长期借款	
	期末余额:尚未归还的长期借款	

图 4-4 "长期借款"账户结构

3."财务费用"账户

该账户是损益类账户,用来核算企业为筹集生产经营所需资金等而发生的筹资费用,包括利息支出(减利息收入)、汇兑损益以及相关的手续费等。该账户的借方核算企业发生的各种财务费用;贷方核算企业月末发生的应冲减财务费用的利息收入、汇兑损益和转入"本年利润"账户的财务费用等;期末结转后该账户无余额。该账户可按费用项目设置明细账户,进行明细核算。"财务费用"账户结构如图4-5所示。

借方	财务费用	贷方
发生的各项财务费用	收回的利息收入、汇兑损益等	
	转入"本年利润"账户的财务费用	

图 4-5 "财务费用"账户结构

4."应付利息"账户

该账户是负债类账户,用来核算企业按照贷款合同约定应支付的利息,包括短期借款及分期付息到期还本的长期借款当期计提的利息。该账户的贷方核算企业应付未付的利息;借方核算企业实际支付的利息;期末余额在贷方,表示尚未支付的利息。该账户可按贷款人设置明细账户,进行明细核算。该账户结构如图4-6所示。

借方	应付利息	贷方
实际支付的利息	期初余额	
	当期计提应支付的利息	
	期末余额:应付未付的利息	

图 4-6 "应付利息"账户结构

(二) 借入资本业务的会计处理

借入资本业务的会计处理,主要涉及取得借款、计提利息、归还本金及利息等。

例 4-4 企业向银行借入为期 6 个月的借款 300 000 元,款项存入银行。

该项经济业务的发生,一方面使银行存款增加 300 000 元;另一方面使短期借款增加 300 000 元。因此,此项业务涉及"银行存款"和"短期借款"两个账户。银行存款的增加应记入"银行存款"账户的借方,短期借款的增加是企业负债的增加,应记入"短期借款"账户的贷方。会计分录如下:

  借:银行存款   300 000
   贷:短期借款   300 000

例 4-5 企业向银行借入 2 年期,到期一次还本、分期付息的款项 1 200 000 元,已存入银行。

该项经济业务的发生,一方面使银行存款增加 1 200 000 元,另一方面使长期借款增加 1 200 000 元。因此,此项业务涉及"银行存款"和"长期借款"两个账户。银行存款的增加应记入"银行存款"账户的借方,长期借款的增加是企业负债的增加,应记入"长期借款"账户的贷方。会计分录如下:

  借:银行存款   1 200 000
   贷:长期借款   1 200 000

例 4-6 企业计算应由本期负担以后支付的借款利息 9 800 元。

该项经济业务的发生,一方面使财务费用增加 9 800 元,另一方面使应付利息增加 9 800 元。因此,此项业务涉及"财务费用"和"应付利息"两个账户。财务费用的增加是企业费用的增加,应记入"财务费用"账户的借方,应付利息的增加是企业负债的增加,应记入"应付利息"账户的贷方。会计分录如下:

  借:财务费用   9 800
   贷:应付利息   9 800

例 4-7 企业本月一项短期借款到期,归还本金 60 000 元及应付未付的利息 1 400 元,已通过银行存款支付。

该项经济业务的发生,一方面使负债减少 61 400 元,另一方面使银行存款减少 61 400 元。因此,此项业务涉及"短期借款""应付利息"和"银行存款"三个账户。归还本金和利息是企业负债的减少,应分别按偿还本金的金额记入"短期借款"账户的借方,按偿还利息的金额记入"应付利息"账户的借方;银行存款的减少是资产的减少,应记入"银行存款"账户的贷方。会计分录如下:

  借:短期借款   60 000
    应付利息   1 400
   贷:银行存款   61 400

第三节 固定资产购置及材料采购业务的核算

企业的经营过程包括供应过程、生产过程和销售过程。供应过程是产品制造企业经营过程的第一个阶段,也是为生产产品做准备的阶段。企业为了进行产品生产,必须购置或建造厂房、建筑物和机器设备等固定资产,以及采购用于生产的原材料。

一、固定资产购置业务的核算

固定资产是指同时具有下列特征的有形资产:① 为生产商品、提供劳务、出租或经营管理而持有;② 使用寿命超过一个会计年度。它通常指房屋、建筑物、机器、运输工具,以及其他与生产经营有关的设备、器具、工具等。

固定资产应按其取得时的成本入账,固定资产取得时的成本包括买价、相关税费、运输费、装卸费、安装费以及专业人员服务费等为使固定资产达到预定可使用状态的必要支出。

(一) 固定资产购置业务的账户设置

1. "固定资产"账户

该账户是资产类账户,用来核算企业固定资产的原价。该账户的借方核算不需要经过建造、安装即可使用的固定资产增加的原值,自行建造完成以及符合固定资产确认条件的固定资产增加值;贷方核算减少的固定资产原值;期末余额在借方,反映企业固定资产的原值。该账户可按固定资产类别和项目设置明细账户,进行明细核算。该账户结构如图4-7 所示。

借方	固定资产	贷方
期初余额		
固定资产原值增加数	固定资产原值减少数	
期末余额:企业固定资产的原值		

图 4-7 "固定资产"账户结构

2. "在建工程"账户

该账户是资产类账户,用来核算企业基建、更新改造等在建工程发生的支出。该账户的借方核算建造、安装过程中所发生的全部支出;贷方核算结转完工工程的实际成本;期末余额在借方,反映企业尚未达到预定可使用状态的在建工程的成本。该账户可按"建筑工程""安装工程""在安装设备""待摊支出"等设置明细账户,进行明细核算。该账户结构如图4-8 所示。

借方	在建工程	贷方
期初余额		
建造、安装过程中的全部支出	结转完工工程的实际成本	
期末余额:在建工程的成本		

图 4-8 "在建工程"账户结构

3. "应交税费"账户

该账户是负债类账户,用来核算企业按照税法等法律的规定应计交的各种税费,包括增值税、消费税、所得税、城市维护建设税、教育费附加等。该账户的贷方核算按规定应计交的各种税费,借方核算交纳的各种税费。若期末余额在贷方,则表示企业尚未交纳的税费;若期末余额在借方,则表示企业多交或尚未抵扣的税费。该账户结构如图 4-9 所示。

借方	应交税费	贷方
	期初余额	
实际交纳的各种税费	应交的各种税费	
期末余额:多交或尚未抵扣的税费	期末余额:尚未交纳的税费	

图 4-9 "应交税费"账户结构

增值税是对我国境内销售货物或者提供劳务以及进口货物的单位和个人,就其取得的货物或应税劳务的销售额计算税款,并实行税款抵扣制的一种流转税。[①] 纳税人销售货物或者提供应税劳务,应纳税额为当期销项税额抵扣当期进项税额后的余额。其计算公式为:

$$应纳增值税额 = 当期销项税额 - 当期进项税额$$

该账户可按应交的税费项目设置明细账户,进行明细核算。其中"应交税费——应交增值税"是核算企业应交和实交增值税结算情况的账户。企业在采购环节支付给供货方的增值税记入该账户借方"进项税额"专栏;在销售环节向购货单位收取的增值税记入该账户贷方"销项税额"专栏。期末,"销项税额"减去"进项税额"后,如为贷方余额即为本期应交纳的增值税额,如为借方余额即为留待下期抵扣的税额。

(二) 固定资产购置业务的会计处理

下面以机器设备购置为例说明固定资产购置业务的会计处理(本章涉及的运费均不考虑增值税抵扣问题)。

例 4-8 企业购置不需要安装的机器设备一台,买价 80 000 元,增值税税率 13%,增值税进项税额 10 400 元,另支付运输费 1 500 元、装卸费 600 元,全部款项用银行存款支付,设备已交付使用。

该项经济业务的发生,一方面使固定资产增加 82 100 元,可以抵扣的增值税进项税额增加 10 400 元;另一方面使银行存款减少 92 500 元。因此,此项业务涉及"固定资产""应交税费"和"银行存款"账户。固定资产增加是企业的资产增加,应按其购入的实际成本记入"固定资产"账户的借方;可以抵扣的增值税进项税额增加,应记入"应交税费"账户的借方;银行存款的减少是企业资产的减少,应记入"银行存款"账户的贷

[①] 我国制造业等行业一般纳税人的增值税税率自 2018 年 5 月 1 日起从 17% 降至 16%,自 2019 年 4 月 1 日起降至 13%。

方。会计分录如下：

  借：固定资产   82 100
    应交税费——应交增值税(进项税额)   10 400
   贷：银行存款   92 500

例 4-9 购入需要安装的机器设备一台，买价 50 000 元，增值税税率 13%，增值税进项税额 6 500 元，均以银行存款支付；另外，以银行存款支付运输费 1 200 元，该设备投入安装。

该项经济业务的发生，一方面使在建工程增加 51 200 元，应记入"在建工程"账户的借方，可以抵扣的增值税进项税额增加 6 500 元，应记入"应交税费"账户的借方；另一方面使企业银行存款减少 57 700 元，应记入"银行存款"账户的贷方。会计分录如下：

  借：在建工程   51 200
    应交税费——应交增值税(进项税额)   6 500
   贷：银行存款   57 700

例 4-10 上述所购设备在安装过程中发生人工费 7 200 元。

该项经济业务的发生，一方面使在建工程增加 7 200 元，应记入"在建工程"账户的借方；另一方面使应付职工薪酬增加 7 200 元，应记入"应付职工薪酬"账户的贷方。会计分录如下：

  借：在建工程   7 200
   贷：应付职工薪酬   7 200

例 4-11 上述所购设备安装完毕，经验收合格交付使用，结转安装工程成本。

该项经济业务的发生，使固定资产增加，应记入"固定资产"账户的借方；结转完工工程成本，在建工程减少，记入"在建工程"账户的贷方。会计分录如下：

  借：固定资产   58 400
   贷：在建工程   58 400

二、材料采购业务的核算

企业要进行正常的生产经营活动，就必须购买和储备一定品种及数量的材料。在材料采购过程中，一方面，企业用货币资金从供应单位购进各种材料物资作为生产储备，保证生产的需要；另一方面，企业要支付材料的买价和各种采购费用，并与供应单位发生货款结算关系。

企业购进的材料经验收入库即为可供生产领用的库存材料。材料是生产过程中必不可少的物质要素，是产品成本的重要组成部分。材料采购业务，主要是核算材料采购成本。材料采购成本一般由买价、相关税费、运输费、装卸费、保险费以及其他可直接归属于材料采购成本的费用构成。

(1) 买价，也称采购价格，是指企业购入材料时，供应单位开具的购货发票上标明的价格，不包括增值税专用发票上注明的可以抵扣的增值税额。

(2) 相关税费,指的是企业从境外购入材料应缴纳的关税或企业购买、自制、委托加工时应缴纳的消费税、资源税以及其他费用等。

(3) 其他可直接归属于材料采购成本的费用,是指采购成本中除上述各项以外的可直接归属于材料采购成本的费用,如在采购过程中发生的仓储费、包装费、大宗材料的市内运杂费、运输途中的合理损耗、入库前的整理挑选费等。

材料的买价,一般属于直接费用,应直接计入相应材料的采购成本。相关的采购费用,凡是能直接分清受益对象的,应直接计入相应原材料的采购成本;凡是不能直接分清受益对象,但费用金额较大的,应选择按所采购材料的重量、买价或体积等标准进行分配,再计入相应材料的采购成本。供应部门或材料仓库所发生的经常性费用、采购人员的差旅费、采购机构经费及市内小额运杂费等,一般不易分清具体的受益对象,且费用金额小,对材料采购成本影响不大,可作为期间费用,直接计入当期损益。

在实际工作中,企业可以根据实际需要选择实际成本法或计划成本法对材料进行收、发、结存的核算。随着会计信息技术的发展,实际成本法的应用越来越普遍。本书主要介绍实际成本法下的核算。

(一) 材料采购业务的账户设置

为加强对材料采购业务的管理,核算和监督库存材料的增减变动和结存情况,以及因采购材料而与供应单位发生的债权债务结算关系,核算中应设置如下账户:

1. "在途物资"账户

该账户是资产类账户,用来核算企业采用实际成本进行材料、商品等物资的日常核算、货款已付但尚未验收入库的在途物资的采购成本。该账户的借方核算外购材料的采购成本(买价和采购费用);贷方核算已验收入库材料的采购成本;期末余额在借方,表示企业在途物资的采购成本。

该账户可按供应单位和物资品种设置明细账户,进行明细核算。该账户结构如图4-10所示。

图4-10 "在途物资"账户结构

2. "原材料"账户

该账户是资产类账户,用来核算企业库存的各种材料包括原材料及主要材料、辅助材料、燃料等的实际成本。该账户的借方核算购入并已验收入库材料的实际成本;贷方核算发出材料的实际成本;期末余额在借方,表示企业库存材料的实际成本。该账户可按材料的类别、品种和规格设置明细账户,进行明细核算。该账户结构如图 4-11 所示。

借方	原材料	贷方
期初余额 购入并验收入库材料的实际成本		发出材料的实际成本
期末余额:库存材料的实际成本		

图 4-11 "原材料"账户结构

3. "应付账款"账户

该账户是负债类账户,用来核算企业因购买材料、商品和接受劳务供应等经营活动应支付给供应单位的款项。该账户的贷方核算因购买材料、商品和接受劳务供应等而发生的应付未付的款项;借方核算支付给供应单位的款项;期末余额一般在贷方,表示企业尚未支付的应付账款余额。该账户可按债权人设置明细账户,进行明细核算。该账户结构如图 4-12 所示。

借方	应付账款	贷方
支付给债权人的款项		期初余额 应付未付给债权人的款项
		期末余额:尚未支付的应付账款

图 4-12 "应付账款"账户结构

4. "应付票据"账户

该账户是负债类账户,用来核算企业购买材料、商品和接受劳务供应等而开出、承兑的商业汇票,包括商业承兑汇票和银行承兑汇票。该账户的贷方核算企业开出、承兑的商业汇票;借方核算汇票到期实际支付的款项;期末余额在贷方,表示企业尚未到期的商业汇票的票面金额。该账户可按债权人设置明细账户,进行明细核算。该账户结构如图 4-13 所示。

借方	应付票据	贷方
汇票到期实际支付的票款		期初余额 已开出、承兑的商业汇票的票面金额
		期末余额:尚未到期的商业汇票的票面金额

图 4-13 "应付票据"账户结构

5. "预付账款"账户

该账户是资产类账户,用来核算企业按照合同规定预付的款项。该账户的借方核算按照合同规定预付的货款和补付的货款;贷方核算收到已预付货款的材料应支付的金额和退回多付的货款;若期末余额在借方,表示企业预付的款项;若期末余额在贷方,则表示企业尚未补付的款项。该账户结构如图4-14所示。

借方	预付账款	贷方
期初余额 (1) 实际预付的货款 (2) 补付的货款		(1) 收到已预付货款的材料金额 (2) 退回多付的货款
期末余额:企业预付的款项		期末余额:企业尚未补付的款项

图 4-14 "预付账款"账户结构

该账户可按供应单位设置明细账户,进行明细核算。预付款项不多的企业也可将预付的款项直接记入"应付账款"账户,不设置本账户。

(二) 材料采购业务的会计处理

材料采购业务的会计处理,主要涉及收料和付款两个方面。收料由材料仓库办理收料手续,会计部门根据材料仓库转来的收料单和供应单位开出的发票、账单等办理付款并登记入账。

例 4-12 企业从恒利公司购入甲、乙两种材料,其中,甲材料150吨,每吨500元,共计75 000元;乙材料50吨,每吨900元,共计45 000元;增值税税率13%,增值税进项税额15 600元,价税合计135 600元。购入两种材料的运杂费为2 400元。全部款项均以银行存款支付。材料尚未验收入库。

甲、乙材料的买价应直接计入材料的采购成本,运杂费为2 400元应分配计入甲、乙材料的采购成本。假定企业以材料重量为分配标准对运杂费进行分配。甲、乙材料应负担的运杂费计算如下:

(1) 计算采购费用分配率。

  采购费用分配率 = 应分配的采购费用总额 / 分配标准(材料重量)

  分配率 = 2 400/(150 + 50) = 12

(2) 计算某种材料应负担的采购费用。

  某种材料应负担的采购费用 = 某种材料的分配标准 × 采购费用分配率

  甲材料应负担的运杂费 = 150 × 12 = 1 800(元)

  乙材料应负担的运杂费 = 50 × 12 = 600(元)

该项经济业务的发生,一方面使材料的采购成本增加122 400元,其中甲材料增加76 800元,乙材料增加45 600元,应记入"在途物资"账户的借方,同时因购买材料所支付的增值税进项税额20 400元,应记入"应交税费——应交增值税(进项税额)"账户的借方;另一方面使银行存款减少138 000元,记入"银行存款"账户的贷方。会计分录如下:

借:在途物资——甲材料 76 800
　　　　——乙材料 45 600
　　应交税费——应交增值税(进项税额) 15 600
　贷:银行存款 138 000

例 4-13　企业从丰达公司购进甲材料 120 吨,每吨 500 元,增值税进项税额 7 800 元,运杂费 900 元,材料尚未入库,款项尚未支付。

该项经济业务的发生,一方面使材料采购成本增加 60 900 元,应记入"在途物资"账户的借方,因购买材料所支付的增值税进项税额 7 800 元,应记入"应交税费——应交增值税(进项税额)"账户的借方;另一方面购货款尚未支付,使得企业负债增加 68 700 元,应记入"应付账款"账户的贷方。会计分录如下:

借:在途物资——甲材料 60 900
　　应交税费——应交增值税(进项税额) 7 800
　贷:应付账款 68 700

例 4-14　企业根据合同规定,以银行存款 30 510 元预付东方公司购买乙材料款。

该项经济业务的发生,一方面使预付账款增加 30 510 元,应记入"预付账款"账户的借方;另一方面使银行存款减少 30 510 元,应记入"银行存款"账户的贷方。会计分录如下:

借:预付账款 30 510
　贷:银行存款 30 510

例 4-15　企业从东方公司购买的 30 吨乙材料已到,每吨 900 元,增值税进项税额 4 590 元,尚未验收入库。

该项经济业务的发生,一方面使材料采购成本增加 27 000 元,应记入"在途物资"账户的借方,因购买材料所支付的增值税进项税额 4 590 元,应记入"应交税费——应交增值税(进项税额)"账户的借方;另一方面购买乙材料的款项 30 510 元已预付给供应单位,应减少预付账款,记入"预付账款"账户的贷方。会计分录如下:

借:在途物资——乙材料 27 000
　　应交税费——应交增值税(进项税额) 3 510
　贷:预付账款 30 510

例 4-16　企业从长庆公司购买乙材料 20 吨,每吨 890 元,增值税进项税额 2 314 元,货款采用商业承兑汇票结算,材料尚未办理入库手续。

该项经济业务的发生,一方面使材料采购成本增加 17 800 元,应记入"在途物资"账户的借方,因购买材料所支付的增值税进项税额 2 314 元,应记入"应交税费——应交增值税(进项税额)"账户的借方;另一方面开出商业承兑汇票使得企业负债增加 20 114 元,应记入"应付票据"账户的贷方。会计分录如下:

借:在途物资——乙材料 17 800
　　应交税费——应交增值税(进项税额) 2 314
　贷:应付票据 20 114

例 4-17　上述材料全部验收入库,计算并结转本月购进材料的采购成本。

结转实际采购成本就是将通过"在途物资"账户归集的各种材料的采购成本结转入"原材料"账户。结转材料实际成本之前,应先计算出各种材料的采购成本,以便于进行结转。材料采购成本可以通过编制"材料采购成本计算表"来确定。根据"在途物资"明细分类账户所归集的资料,编制甲、乙材料的材料采购成本计算表,如表 4-2 所示。

表 4-2　材料采购成本计算表

	甲材料(270 吨)		乙材料(100 吨)	
	总成本(元)	单位成本(元/吨)	总成本(元)	单位成本(元/吨)
买价	135 000	500	89 800	898
采购费用	2 700	10	600	6
采购成本合计	137 700	510	90 400	904

该项经济业务的发生,一方面使甲材料增加 137 700 元,使乙材料增加 90 400 元,应记入"原材料"账户的借方;另一方面结转材料采购成本,在途物资减少,应记入"在途物资"账户的贷方。会计分录如下:

借:原材料——甲材料　　　　　　　　　　　　　　　　137 700
　　　　　——乙材料　　　　　　　　　　　　　　　　 90 400
　贷:在途物资——甲材料　　　　　　　　　　　　　　 137 700
　　　　　　——乙材料　　　　　　　　　　　　　　　 90 400

结转验收入库材料的实际采购成本可以在每笔材料验收入库时逐笔结转,但在实际工作中,由于材料采购业务发生频繁,且各种采购费用可能在材料验收入库后才陆续到账,因此,结转已验收材料实际采购成本的会计处理往往在月末汇总进行。

第四节　产品生产业务的核算和产品成本的计算

生产过程是产品制造企业经营活动的主要过程,是联结采购和销售过程的中心环节。这一过程主要是人力、物力、财力的耗费过程,因此,生产过程业务的核算包括生产费用的核算和产品成本的计算。

一、产品生产业务的主要内容

企业生产经营过程中发生的各项耗费统称为费用。生产费用是企业在产品生产过程中所发生的各项费用,这些费用要按一定种类的产品进行归集和分配,以计算产品的生产成本。也就是说,企业为生产一定种类、一定数量的产品所支出的各种生产费用的总和对象化于产品就形成了产品的生产成本。

费用和成本有着密切的联系,费用的发生就是成本的形成过程,费用是产品成本形成的基础。但费用是在一定期间为了进行生产经营活动而发生的各项耗费,与发生的期间直接相关,强调"期间";而成本则是为了生产某一产品或提供某一劳务所消耗的费用,与负担者直接相关,强调"对象",成本是对象化的费用。

生产过程中发生的应计入产品生产成本的生产费用应按其经济用途进行归集,并计入相应的成本项目。产品成本一般由以下项目组成:

(1) 直接材料。直接材料是指企业在产品生产过程中,直接用于产品生产、构成产品实体的材料,如产品生产过程中耗用的原材料及主要材料、辅助材料、备品备件、外购半成品、燃料、动力、包装物、低值易耗品及其他直接材料等。

(2) 直接人工。直接人工是指企业在生产产品过程中,直接从事产品生产的工人的工资、奖金、津贴、补贴和福利等职工薪酬。

(3) 制造费用。制造费用是指企业为生产产品和提供劳务而发生的各项间接费用,包括机物料消耗、车间管理人员的工资、生产车间计提的固定资产折旧费、支付的车间办公费和水电费,以及其他不能直接计入产品生产成本的生产费用等。

直接材料和直接人工又称直接费用,发生时就能确定其产品归属并能直接计入各种产品成本之中。制造费用又称间接费用,发生时与多种产品生产有关,不能直接计入某一产品的成本中,需要先通过专门账户归集,以后按一定的标准分配计入各种产品成本。

企业在某生产经营期间发生或支出的、为了维持一定生产经营能力、符合费用要素定义、不能构成产品成本的费用,称为期间费用。期间费用包括管理费用、财务费用和销售费用。

管理费用是指企业为组织和管理生产经营所发生的费用,包括行政管理部门在企业经营管理过程中发生的或应由企业统一负担的行政管理部门职工的工资和福利费、折旧费、修理费、物料消耗、低值易耗品摊销、办公费和差旅费、咨询费、诉讼费、业务招待费、房产税、车船使用税、土地使用税、印花税、技术转让费等。

财务费用是指企业为筹集生产经营所需资金等而发生的筹资费用,包括利息净支出、汇兑损益以及相关的手续费、企业发生的现金折扣或收到的现金折扣等。

销售费用是指企业在销售商品和提供劳务过程中发生的各种费用,包括保险费、包装费、展览费和广告费、商品维修费、预计产品质量保证损失、运输费、装卸费等,以及为销售本企业商品而专设的销售机构(含销售网点、售后服务网点等)的职工薪酬、业务费、折旧费等经营费用。

按照产品制造企业成本核算的要求,直接费用和间接费用构成产品的生产成本,并计入产品成本的不同成本项目中。期间费用不构成产品的生产成本,发生时应直接计入当期损益。费用的关系如图4-15所示。

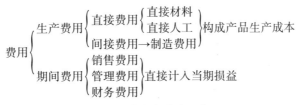

图4-15 产品制造企业费用

二、产品生产业务的账户设置

为正确核算企业生产过程中发生的各种费用,计算产品的生产成本,应设置和运用一系列账户。

(一)"生产成本"账户

该账户是成本类账户,用来核算企业进行工业性生产发生的各项生产成本,包括生产各种产品(产成品、自制半成品等)、自制材料、自制工具、自制设备等。该账户的借方核算为生产产品所发生的生产费用,包括材料、燃料、工资、福利费、制造费用等;贷方核算生产完工并已验收入库的产成品、自制半成品等的成本;期末余额在借方,表示企业尚未加工完成的在产品成本。

该账户可按"基本生产成本"和"辅助生产成本"设置明细账户,进行明细核算;同时还可在"基本生产成本"账户下,按成本核算对象设置三级明细账,并按规定的成本项目设置专栏。该账户结构如图4-16所示。

图4-16 "生产成本"账户结构

(二)"制造费用"账户

该账户是成本类账户,用来核算企业生产车间(部门)为生产产品和提供劳务而发生的各项间接费用,包括发生的生产车间管理人员工资等职工薪酬、折旧费、修理费、办公费、水电费、物料消耗、季节性停工损失等。该账户的借方核算生产车间实际发生的制造费用;贷方核算分配计入有关成本核算对象的制造费用;期末应无余额。该账户可按不同的生产车间、部门和费用项目设置明细账户,进行明细核算。该账户结构如图4-17所示。

图4-17 "制造费用"账户结构

(三)"应付职工薪酬"账户

该账户是负债类账户,用来核算企业根据有关规定应付给职工的各种薪酬。该账户的贷方核算企业发生的应付职工薪酬总额;借方核算实际向职工支付的薪酬及代扣款项;期末余额在贷方,表示企业应付未付的职工薪酬。

该账户可按"工资""职工福利""社会保险费""住房公积金""工会经费""职工教育经费"等设置明细账户,进行明细核算。该账户结构如图4-18所示。

图4-18 "应付职工薪酬"账户结构

(四)"累计折旧"账户

该账户是资产类账户,用来核算企业固定资产的累计折旧。该账户的贷方核算企业按期计提的固定资产折旧;借方核算处置固定资产同时结转的累计折旧;期末余额在贷方,表示企业固定资产的累计折旧额。

该账户可按固定资产的类别或项目进行明细核算。该账户结构如图4-19所示。

借方	累计折旧	贷方
处置固定资产同时结转的累计折旧	期初余额 按期计提的固定资产折旧	
	期末余额:固定资产的累计折旧额	

图4-19 "累计折旧"账户结构

设置和应用"累计折旧"账户,是为了适应固定资产的特点和管理的需要。固定资产在长期使用过程中原有的实物形态基本不变,尽管会因使用而发生价值损耗,但在报废清理前总有一部分价值相对存在于资产的实物形态上。为了方便考核固定资产的原始价值及使用期间的净值,必须设置"累计折旧"账户核算固定资产的磨损值,作为固定资产原始价值的抵减,因此,用"固定资产"账户借方余额的原始价值减去"累计折旧"账户贷方余额的累计折旧,就是固定资产净值。

(五)"库存商品"账户

该账户是资产类账户,用来核算企业库存的各种商品的实际成本或计划成本,包括库存产成品、外购商品、存放在门市部准备出售的商品、发出展览的商品以及寄存在外的商品等。

库存商品采用实际成本核算时,该账户的借方核算验收入库商品的实际成本;贷方核算发出商品的实际成本;期末余额在借方,表示库存商品的实际成本。

该账户可按商品的种类、品种和规格设置明细账户,进行明细核算。该账户结构如

图 4-20 所示。

借方	库存商品	贷方
期初余额		
验收入库商品的实际成本	发出商品的实际成本	
期末余额：库存商品的实际成本		

图 4-20 "库存商品"账户结构

三、产品生产业务的会计处理

产品生产业务的会计处理，主要是归集和分配所发生的各项费用，以及按一定种类的产品汇集各项费用总额，据以计算产品成本。

（一）材料费用的归集与分配

产品制造企业在生产经营过程中会发生大量的材料费用。通常，生产部门或其他部门在领用材料时需要填写领料单，仓库部门根据领料单发出材料，会计部门对领料单进行汇总计算，按照各部门及不同用途将领用材料的数额分别计入有关账户。

例 4-18 企业根据本期领料凭证，编制领料汇总表，如表 4-3 所示。

表 4-3 领料汇总表

用途	甲材料			乙材料			金额合计（元）
	数量（吨）	单价（元/吨）	金额（元）	数量（吨）	单价（元/吨）	金额（元）	
制造产品耗用：							
A 产品	280	510	142 800				142 800
B 产品				80	904	72 320	72 320
生产车间一般耗用				2	904	1 808	1 808
行政管理部门耗用	1	510	510				510
合计	281	510	143 310	82	904	74 128	217 438

由于企业所采购原材料的采购时间不同，采购地、采购单价、运费等条件不同，即使同一种原材料，不同批次的采购成本往往也是不同的，因此就需要选择适当的方法计算确定领用原材料的单位成本。企业应当采用先进先出法、加权平均法或者个别计价法确定发出存货的实际成本，计入相关成本或者当期损益。本例中企业采用加权平均法作为发出存货的计价方法。

根据领料汇总表可知，本月原材料发出合计 217 438 元，其中，甲材料 143 310 元，乙材料 74 128 元。一方面使企业库存材料减少，记入"原材料"账户的贷方；另一方面使生产费用增加 216 928 元，其中，直接用于生产 A 产品的 142 800 元、用于生产 B 产品的 72 320 元应直接记入"生产成本——A 产品""生产成本——B 产品"账户的借方，生产车间一般耗用 1 808 元应记入"制造费用"账户的借方，行政管理部门为组织和管理企

业经营耗用的材料不构成产品成本,应增加期间费用510元,记入"管理费用"账户的借方。会计分录如下:

```
借:生产成本——A产品                    142 800
       ——B产品                         72 320
   制造费用                              1 808
   管理费用                                510
   贷:原材料——甲材料                          143 310
           ——乙材料                           74 128
```

(二) 人工费用的归集与分配

人工费用包括企业付给职工的各种薪酬,包括工资费用和福利费用等。工资费用指企业支付给职工的工资、奖金、各种津贴和补贴等。福利费用指除工资费用之外的职工福利费、医疗保险费、工伤保险费、生育保险费等。实际工作中,人工费用的分配是依据企业员工工资单编制"职工薪酬分配表"进行的。

例4-19 企业对发生的职工薪酬按用途分配,如表4-4所示。

表4-4 职工薪酬分配表

用途	金额(元)
生产工人工资:	
A产品	28 600
B产品	24 200
生产车间管理人员工资	17 800
行政管理人员工资	25 000
合计	95 600

该项经济业务的发生,使生产费用增加70 600元,其中,生产工人的工资是直接费用,应分别记入"生产成本——A产品""生产成本——B产品"账户的借方,生产车间管理人员工资是间接费用,应记入"制造费用"账户的借方;行政管理人员工资不构成产品成本,应增加期间费用25 000元,记入"管理费用"账户的借方;同时,应付企业职工薪酬增加,应记入"应付职工薪酬"账户的贷方,会计分录如下:

```
借:生产成本——A产品                     28 600
       ——B产品                         24 200
   制造费用                             17 800
   管理费用                             25 000
   贷:应付职工薪酬——工资                        95 600
```

例4-20 企业分配社会保险费13 384元。其中,A产品4 004元,B产品3 388元;生产车间管理人员2 492元;行政管理人员3 500元。

该项经济业务的发生,使生产费用增加9 884元,其中,生产工人的社会保险费是直接费用,应分别记入"生产成本——A产品""生产成本——B产品"账户的借方,生产车间管理人员的2 492元,属于间接费用,应记入"制造费用"账户的借方;行政管理人员的3 500元,属于期间费用,应记入"管理费用"账户的借方;同时,分配的社会保险费13 384元是企业的债务,应记入"应付职工薪酬——社会保险费"账户的贷方。会计分录如下:

  借:生产成本——A产品   4 004
      ——B产品   3 388
   制造费用   2 492
   管理费用   3 500
   贷:应付职工薪酬——社会保险费   13 384

(三)制造费用的归集与分配

  为组织和管理生产活动而发生的各项费用,不能直接计入产品成本的,需先将这些费用通过"制造费用"账户进行归集,然后再按一定标准将其分配计入有关产品的生产成本。

  例4-21 企业以银行存款支付生产车间办公费1 480元,水电费2 000元。

  该项经济业务的发生,使制造部门的费用增加3 480元,应记入"制造费用"账户的借方;同时,使银行存款减少3 480元,应记入"银行存款"账户的贷方。会计分录如下:

  借:制造费用   3 480
   贷:银行存款   3 480

  例4-22 生产车间向瀚海公司购买办公用品500元,款未付。

  该项经济业务的发生,使生产车间办公费增加500元,记入"制造费用"账户的借方;同时,使企业负债增加500元,记入"应付账款"账户的贷方。会计分录如下:

  借:制造费用   500
   贷:应付账款   500

  例4-23 企业生产车间租用设备一台,租期3个月,预付租金1 200元,款项以转账支票付讫。

  该项经济业务的发生,使企业的预付款增加,应记入"预付账款"账户的借方;同时,使银行存款减少,记入"银行存款"账户的贷方。会计分录如下:

  借:预付账款   1 200
   贷:银行存款   1 200

  例4-24 月末计算应由本月负担的设备租金。

  该项经济业务的发生,使生产车间当期的设备租金费用增加400元(1 200÷3),记入"制造费用"账户的借方;同时,使预付账款减少400元,记入"预付账款"账户的贷方。会计分录如下:

  借:制造费用   400
   贷:预付账款   400

  例4-25 月末计提固定资产折旧12 368元。其中,生产车间8 368元,行政管理部门4 000元。

固定资产因在使用过程中逐渐损耗而转移到产品中的那部分价值称为固定资产折旧,固定资产折旧记入有关成本、费用项目,称为折旧费。计提固定资产折旧,通常是根据期初使用中的固定资产原价和规定的折旧率按月计算提取。

该项经济业务的发生,使生产车间的折旧费增加8 368元,记入"制造费用"账户的借方,行政管理部门折旧费增加4 000元,记入"管理费用"账户的借方;同时,使固定资产损耗价值增加12 368元,记入"累计折旧"账户的贷方。会计分录如下:

借:制造费用　　　　　　　　　　　　　　　　　　　　　　8 368
　　管理费用　　　　　　　　　　　　　　　　　　　　　　4 000
　　贷:累计折旧　　　　　　　　　　　　　　　　　　　　　　12 368

例 4-26　月末,将本月发生的制造费用总额34 848元,以生产工人工资为标准分配转入生产成本。

归集在"制造费用"账户内的各种间接费用,月末终了时,可以采用生产工人工资、生产工时、定额工时等适当分配标准在各成本对象之间进行分配,计入有关的产品成本。

例4-18至例4-25经济业务中归集的制造费用共计34 848元,以生产工人工资的比例进行分配的过程如下:

(1) 计算制造费用分配率。

　　制造费用分配率 = 制造费用总额 / 分配标准(生产工人工资总额)
　　　　　　　　　= 34 848/(28 600 + 24 200) = 0.66

(2) 计算某产品应负担的制造费用。

　　某产品应负担的制造费用 = 某种产品的分配标准 × 制造费用分配率
　　A 产品应负担的制造费用 = 28 600 × 0.66 = 18 876(元)
　　B 产品应负担的制造费用 = 24 200 × 0.66 = 15 972(元)

制造费用的分配一般是通过编制制造费用分配表来进行的,其格式和内容如表4-5所示。

表4-5　制造费用分配表

应借科目	明细科目	分配标准(元) (生产工人工资)	分配率	分配金额 (元)
生产成本	A 产品	28 600	0.66	18 876
	B 产品	24 200	0.66	15 972
合计		52 800	—	34 848

因此,该项经济业务的发生,使生产费用增加34 848元,其中,分配至A产品18 876元,分配至B产品15 972元,分别记入"生产成本——A产品""生产成本——B产品"账户的借方;同时,使制造费用减少,记入"制造费用"账户的贷方。会计分录如下:

借:生产成本——A产品　　　　　　　　　　　　　　　　　18 876
　　　　　　——B产品　　　　　　　　　　　　　　　　　15 972
　　贷:制造费用　　　　　　　　　　　　　　　　　　　　　34 848

(四) 完工产品生产成本的计算与结转

企业在产品生产过程中,不断归集发生的生产费用,目的是正确计算完工产品的成本。如果月末某种产品全部完工,那么该种产品成本明细分类账所归集的费用总额就是完工产品的总成本,该总成本再除以该种产品的总产量即可计算出该种产品的单位成本;如果月末某种产品全部未完工,那么该种产品成本明细分类账所归集的费用总额就是在产品的总成本;如果月末某种产品部分完工,部分未完工,那么归集在产品成本明细分类账中的费用总额,还要采用适当的分配方法在完工产品和在产品之间进行分配,然后才能分别计算出完工产品和在产品的总成本及单位成本。生产费用如何在完工产品和在产品之间进行分配是成本计算中的一个既重要又复杂的问题,关于这方面的内容将在成本会计课程中详细讲述。

现仍以前述产品生产业务核算的实例说明产品生产成本的计算。

企业期初在产品资料如表 4-6 所示。

表 4-6 期初在产品资料　　　　　　　　　　　单位:元

产品名称	直接材料	直接人工	制造费用	合计
A	9 000	7 980	1 020	18 000
B	5 000	3 648	352	9 000
合计	14 000	11 628	1 372	27 000

根据例 4-18 至例 4-26 各笔经济业务,本月发生的各项生产费用如表 4-7 所示。

表 4-7 生产费用表　　　　　　　　　　　单位:元

产品名称	直接材料	直接人工	制造费用	合计
A	142 800	32 604	18 876	194 280
B	72 320	27 588	15 972	115 880
合计	215 120	60 192	34 848	310 160

例 4-27　月末,计算并结转已完工入库产品的实际生产成本,本月 A 产品 1 000 件,全部完工并验收入库,B 产品均为在产品。

根据上述资料,A、B 产品生产成本的计算方法如下:

(1) 根据期初在产品成本资料,分别登记在 A、B 产品"生产成本明细分类账"中的相应成本项目内,如表 4-8、表 4-9 所示。

(2) 根据本月发生的直接生产费用,将其中的直接材料、直接人工分别登记在 A、B 两种产品生产成本明细分类账的相应成本项目内。

(3) 根据本月归集的制造费用,采用一定的分配方法,分配计入 A、B 两种产品的成本。具体过程如表 4-5 所示。

(4) 根据 A、B 产品生产成本明细分类账中的各成本项目记录和在产品资料,计算 A、B 两种产品的总成本和单位成本,编制完工产品成本计算表,如表 4-10 所示。

对于已完工产品,在会计期末应按在生产过程中归集、分配的费用从"生产成本"账户转入"库存商品"账户,以便后期出售。

表 4-8 "生产成本"明细分类账

产品名称:A 产品

年		凭证号	摘要	借方			
月	日			直接材料	直接人工	制造费用	合计
略	略	略	期初在产品成本	9 000	7 980	1 020	18 000
			材料费用	142 800			142 800
			生产工人工资薪酬		32 604		32 604
			分配制造费用			18 876	18 876
			本期发生额	142 800	32 604	18 876	194 280
			结转完工产品成本 (1 000 件)	151 800	40 584	19 896	212 280

表 4-9 "生产成本"明细分类账

产品名称:B 产品

年		凭证号	摘要	借方			
月	日			直接材料	直接人工	制造费用	合计
略	略	略	期初在产品成本	5 000	3 648	352	9 000
			材料费用	72 320			72 320
			生产工人工资薪酬		27 588		27 588
			分配制造费用			15 972	15 972
			本期发生额	72 320	27 588	15 972	115 880
			月末在产品成本	77 320	31 236	16 324	124 880

表 4-10 完工产品成本计算表

成本项目	A 产品	
	总成本(1 000 件)	单位成本(元/件)
直接材料	151 800	151.80
直接工资	40 584	40.58
制造费用	19 896	19.90
合计	212 280	212.28

因此,该项经济业务的发生,使 A 产品增加 212 280 元,记入"库存商品——A 产品"账户的借方;同时,使 A 产品的生产成本减少,记入"生产成本——A 产品"账户的贷方。会计分录如下:

借:库存商品——A 产品　　　　　　　　　　　　　212 280
　　贷:生产成本——A 产品　　　　　　　　　　　　　　212 280

第五节　产品销售业务的核算

产品销售过程是企业生产经营活动的最后阶段。产品制造企业通过产品销售收回货币资金,以保证企业再生产的顺利进行。在销售过程中,企业要根据权责发生制确认当期实现的营业收入,计算和结转当期的营业成本,支付销售费用,计算交纳当期应负担的税金及附加,最后计算企业的当期损益,如图4-21所示。

$$
\begin{aligned}
&营业收入\begin{cases}主营业务收入\\其他业务收入\end{cases}\\
&减:营业成本\begin{cases}主营业务成本\\其他业务成本\end{cases}\\
&减:税金及附加\\
&减:期间费用\\
&营业利润\\
&加:利得——营业外收入\\
&减:损失——营业外支出\\
&利润总额\\
&减:所得税费用\\
&净利润
\end{aligned}
$$

图 4-21　利润计算步骤

一、主营业务收入的核算

(一) 账户设置

1. "主营业务收入"账户

该账户是损益类账户,用来核算企业确认的销售商品、提供劳务等主营业务的收入。该账户的贷方核算企业销售商品、提供劳务实现的营业收入;借方核算发生的销售退回或销售折让应冲减的营业收入;期末,应将本账户余额转入"本年利润"账户,结转后本账户应无余额。

该账户可按主营业务的种类设置明细账户,进行明细核算。该账户结构如图4-22所示。

图 4-22　"主营业务收入"账户结构

2. "应收票据"账户

该账户是资产类账户,用来核算企业因销售商品、提供劳务等而收到的商业汇票。该账户的借方核算企业销售商品、提供劳务等而收到的商业汇票的票面金额;贷方核算商业汇票到期收回的票面金额和持未到期票据向银行贴现的票面金额;期末余额在借方,表示企业持有的商业汇票的票面金额。

该账户可按开出、承兑商业汇票的单位设置明细账,进行明细核算,并可设置"应收票据备查簿",逐笔登记商业汇票的种类、号数和出票日期、票面金额、交易合同号、付款人、承兑人、背书人的姓名或单位名称、到期日、背书转让日、贴现日、贴现率和贴现净额、收款日期和收回金额、退票情况等信息。商业汇票到期结清票款或退票后,在备查簿中应予注销。该账户结构如图4-23所示。

借方	应收票据	贷方
期初余额 收到的商业汇票的票面金额		到期收回的票面金额 持未到期票据向银行贴现的票面金额
期末余额:持有的商业汇票的票面金额		

图 4-23 "应收票据"账户结构

3. "应收账款"账户

该账户是资产类账户,用来核算企业因销售商品、提供劳务等经营活动应收取的款项。该账户的借方核算企业由于销售商品、提供劳务等发生的应收账款;贷方核算已经收回的应收账款;期末余额在借方,表示尚未收回的应收账款;若期末余额在贷方,则表示企业预收的账款。

该账户可按债务人设置明细账户,进行明细核算。"应收账款"账户结构如图4-24所示。

借方	应收账款	贷方
期初余额 发生的应收账款		收回的应收账款
期末余额:尚未收回的应收账款		期末余额:预收的账款

图 4-24 "应收账款"账户结构

4. "预收账款"账户

该账户是负债类账户,用来核算企业按照合同规定预收的款项。该账户的贷方核算企业向购货单位预收的款项,借方核算因销售而实现的收入。期末余额在贷方,表示企业预收的款项;若期末余额在借方,则表示企业尚未转销的款项。预收账款情况不多的,可以将预收的款项直接记入"应收账款"账户,不设置本账户。①

该账户可按购货单位设置明细账户,进行明细核算。"预收账款"账户结构如图4-25所示。

---

① 在2018年财政部颁布的新收入准则中,企业因转让商品收到的预收款设置"合同负债"账户进行核算,其账户结构及明细账户设置与"预收账款"账户相同。本部分仍使用"预收账款"账户核算企业预收款业务。

借方	预收账款	贷方
因销售而实现的收入		期初余额 向购货单位预收的款项
期末余额:尚未转销的款项		期末余额:预收的款项

图 4-25 "预收账款"账户结构

(二) 主营业务收入的会计处理

主营业务收入的会计处理,主要涉及销售收入的实现和销售货款的收取。

例 4-28 企业销售 A 产品 200 件,每件售价 320 元,增值税税率 13%,增值税销项税额 8 320 元,货税款均已存入银行。

该项经济业务的发生,使企业实现收入 64 000 元,应记入"主营业务收入"账户的贷方;应交增值税增加 8 320 元,记入"应交税费——应交增值税(销项税额)"账户的贷方;同时,货税款存入银行使得银行存款增加 72 320 元,应记入"银行存款"账户的借方。会计分录如下:

借:银行存款　　　　　　　　　　　　　　　　　　　　　　72 320
　贷:主营业务收入　　　　　　　　　　　　　　　　　　　　　　64 000
　　　应交税费——应交增值税(销项税额)　　　　　　　　　　　　 8 320

例 4-29 企业向东方公司销售 B 产品 90 件,每件售价 400 元,增值税税率 13%,增值税销项税额 4 680 元,货税款尚未收到。

该项经济业务的发生,使企业实现收入 36 000 元,应记入"主营业务收入"账户的贷方;应交增值税增加 4 680 元,记入"应交税费——应交增值税(销项税额)"的贷方;同时,货税款尚未收到使企业的债权增加 40 680 元,应记入"应收账款"账户的借方。会计分录如下:

借:应收账款　　　　　　　　　　　　　　　　　　　　　　40 680
　贷:主营业务收入　　　　　　　　　　　　　　　　　　　　　　36 000
　　　应交税费——应交增值税(销项税额)　　　　　　　　　　　　 4 680

例 4-30 企业收到上述销售 B 产品的货税款 40 680 元。

该项经济业务的发生,使企业银行存款增加 40 680 元,应记入"银行存款"账户的借方;同时,企业债权减少 40 680 元,应记入"应收账款"账户的贷方。会计分录如下:

借:银行存款　　　　　　　　　　　　　　　　　　　　　　40 680
　贷:应收账款　　　　　　　　　　　　　　　　　　　　　　　　40 680

例 4-31 企业销售 A 产品 500 件,每件售价 320 元,增值税销项税额 20 800 元,收到购货单位开出的商业汇票一张,金额为 180 800 元。

该项经济业务的发生,使企业实现收入 160 000 元,应记入"主营业务收入"账户的贷方;应交增值税增加 20 800 元,记入"应交税费——应交增值税(销项税额)"的贷方;同时,企业收到商业汇票使企业的债权增加 180 800 元,应记入"应收票据"账户的借方。会计分录如下:

借：应收票据 180 800
　　贷：主营业务收入 160 000
　　　　应交税费——应交增值税(销项税额) 20 800

例4-32 企业预收沪光公司购买A产品货款10 848元。

该项经济业务的发生,使企业银行存款增加10 848元,应记入"银行存款"账户的借方;同时,企业负债增加10 848元,应记入"预收账款"账户的贷方。会计分录如下：

借：银行存款 10 848
　　贷：预收账款 10 848

例4-33 根据合同规定,企业向上述预付款的沪光公司发出A产品30件,每件320元,增值税销项税额1 248元。

该项经济业务的发生,使企业实现收入9 600元,应记入"主营业务收入"账户的贷方;应交增值税增加1 248元,应记入"应交税费——应交增值税(销项税额)"的贷方;同时,企业的预收账款减少10 848元,应记入"预收账款"账户的借方。会计分录如下：

借：预收账款 10 848
　　贷：主营业务收入 9 600
　　　　应交税费——应交增值税(销项税额) 1 248

二、其他业务收支的核算

采购材料、生产和销售产品是产品制造企业的主营业务活动,除此以外,企业可能还会发生一些其他经营活动,取得其他业务收入和发生其他业务成本。

（一）其他业务收支核算的账户设置

1. "其他业务收入"账户

该账户是损益类账户,用来核算企业确认的除主营业务活动以外的其他经营活动实现的收入,包括出租固定资产、销售材料、出租包装物等实现的收入。

该账户的贷方核算企业确认的其他业务收入;借方核算期末结转到"本年利润"账户的其他业务收入;期末结转后,该账户应无余额。该账户可按其他业务收入的种类设置明细账户,进行明细核算。该账户结构如图4-26所示。

图4-26 "其他业务收入"账户结构

2. "其他业务成本"账户

该账户是损益类账户,用来核算企业确认的除主营业务活动以外的其他经营活动所发生的支出,包括销售材料的成本、出租固定资产的折旧额等。该账户的借方核算企业发生的其他业务成本;贷方核算期末结转到"本年利润"账户的其他业务成本;结转后该账户无余额。

该账户可按其他业务成本种类设置明细账户,进行明细核算。该账户结构如图4-27所示。

图 4-27 "其他业务成本"账户结构

(二) 其他业务收支的会计处理

其他业务收支的核算,涉及其他业务收入和其他业务成本的确认。

例 4-34 企业出售甲材料 100 吨,价款 5 400 元,增值税税率 13%,增值税销项税额 702 元,款项存入银行。

该项经济业务的发生,使企业存款增加 6 102 元,应记入"银行存款"账户的借方;同时,销售材料使企业其他业务收入增加 5 400 元,应记入"其他业务收入"账户的贷方,应交增值税增加 702 元,应记入"应交税费——应交增值税(销项税额)"的贷方。会计分录如下:

借:银行存款　　　　　　　　　　　　　　　　　　6 102
　　贷:其他业务收入　　　　　　　　　　　　　　　　　　5 400
　　　　应交税费——应交增值税(销项税额)　　　　　　　　702

例 4-35 结转上项已售材料成本 5 100 元。

该项经济业务的发生,使企业库存材料减少 5 100 元,应记入"原材料"账户的贷方;同时,企业的其他业务成本增加,应记入"其他业务成本"账户的借方。会计分录如下:

借:其他业务成本　　　　　　　　　　　　　　　　5 100
　　贷:原材料　　　　　　　　　　　　　　　　　　　　5 100

三、主营业务成本、费用的核算

(一) 账户设置

1. "主营业务成本"账户

该账户是损益类账户,用来核算企业确认销售商品、提供劳务等主营业务收入时应结转的成本。该账户的借方核算企业本期应结转的主营业务成本;贷方核算当月发生的已结转销售成本的销售退回及期末转入"本年利润"账户的主营业务成本;期末结转后,该账户无余额。该账户可按主营业务的种类设置明细账户,进行明细核算。"主营业务成本"账户结构如图 4-28 所示。

借方	主营业务成本	贷方
本期应结转的主营业务成本		当月发生的已结转销售成本的销售退回 期末转入"本年利润"账户的主营业务成本

图 4-28 "主营业务成本"账户结构

2. "税金及附加"账户

该账户是损益类账户,用来核算企业经营活动发生的消费税、城市维护建设税、教育费附加、资源税、房产税、城镇土地使用税、车船税、印花税等相关税费。该账户的借方核算按规定计算确定的与经营活动相关的税费;贷方核算期末转入"本年利润"账户的税费;期末结转后,该账户无余额。"税金及附加"账户结构如图 4-29 所示。

借方	税金及附加	贷方
按规定计算确定的相关税费		期末转入"本年利润"账户的税费

图 4-29 "税金及附加"账户结构

3. "销售费用"账户

该账户是损益类账户,用来核算企业销售商品和材料、提供劳务的过程中发生的各种费用,包括保险费、包装费、展览费和广告费、商品维修费、预计产品质量保证损失、运输费、装卸费等,还包括为销售本企业商品而专设的销售机构(含销售网点、售后服务网点等)的职工薪酬、业务费、折旧费等经营费用。该账户的借方核算发生的各种销售费用;贷方核算转入"本年利润"账户的销售费用;期末结转后,该账户无余额。

该账户可按费用项目设置明细账户,进行明细核算。"销售费用"账户结构如图 4-30 所示。

借方	销售费用	贷方
发生的各种销售费用		期末转入"本年利润"账户的销售费用

图 4-30 "销售费用"账户结构

(二) 主营业务成本、费用的会计处理

主营业务成本、费用的会计处理,主要涉及销售费用的确认、税金及附加的计算与交纳、销售成本的确定与结转以及损益的确定等。

例 4-36 用银行存款支付销售产品的广告费 3 000 元。

该项经济业务的发生,使银行存款减少 3 000 元,应记入"银行存款"账户的贷方;

同时,广告费增加3 000元,应记入"销售费用"账户的借方。会计分录如下:

  借:销售费用   3 000
   贷:银行存款   3 000

例4-37 若本月应交增值税为20 000元,分别按照7%和3%计算应交城市维护建设税及教育费附加。

$$应交城市维护建设税 = 20\,000 \times 7\% = 1\,400(元)$$
$$应交教育费附加 = 20\,000 \times 3\% = 600(元)$$

该项经济业务的发生,使企业应负担的税金及附加增加2 000元,应记入"税金及附加"账户的借方;同时,城市维护建设税增加1 400元,教育费附加增加600元,应分别记入"应交税费——应交城市维护建设税"和"应交税费——应交教育费附加"账户的贷方。会计分录如下:

  借:税金及附加   2 000
   贷:应交税费——应交城市维护建设税   1 400
      ——应交教育费附加   600

例4-38 月末计算并结转已售A、B产品的产品销售成本。假设本期销售A产品730件,全部为本期完工入库产品;销售的B产品为期初存货。

产品销售成本指已售产品的生产成本。由于本月销售的产品不一定是本月生产的,各个月份生产的同一种产品的单位成本可能不相同,因此,要计算本月销售产品的实际成本,必须采用一定的存货计价方法,如先进先出法、加权平均法等,确定已销售产品的成本。本例中企业采用加权平均法作为发出存货的计价方法。

以前述销售业务为例,A、B两种库存商品的成本资料如表4-11、表4-12所示。

表4-11 "库存商品"明细分类账

产品名称:A产品

年		摘要	收入			发出			结存		
月	日		数量	单价	金额	数量	单价	金额	数量	单价	金额
		期初余额							200	260.00	52 000
略	略	本月完工入库	1 000	212.28	212 280				1 200	220.23	264 280
		本月销售				730	220.23	160 767.90	470	220.23	103 512.10
		本期发生额及期末余额	1 000		212 280	730		160 767.90	470	220.23	103 512.10

表4-12 "库存商品"明细分类账

产品名称:B产品

年		摘要	收入			发出			结存		
月	日		数量	单价	金额	数量	单价	金额	数量	单价	金额
		期初余额							100	280.60	28 060
略	略	本月销售				90	280.60	25 254	10	280.60	2 806
		本期发生额及期末余额				90		25 254	10	280.60	2 806

根据A、B两种产品的单位生产成本和已售数量,即可求得A、B两种产品的销售成本。

A产品销售成本 = 730 × 220.23 = 160 767.90(元)

B产品销售成本 = 90 × 280.60 = 25 254(元)

合计为:160 767.90 + 25 254 = 186 021.90(元)

该项经济业务的发生,使得已售产品成本增加186 021.90元,应记入"主营业务成本"账户的借方;库存商品减少,应记入"库存商品"账户的贷方。会计分录如下:

借:主营业务成本　　　　　　　　　　　　　　　　186 021.90
　贷:库存商品——A产品　　　　　　　　　　　　　160 767.90
　　　　　　——B产品　　　　　　　　　　　　　　25 254.00

第六节　财务成果的核算

产品制造企业的财务成果就是通常所说的企业盈亏。正确计算企业盈亏的关键在于正确确认一个会计期间的收入和费用,通过收入与费用的配比来确定该会计期间企业的财务成果。与财务成果有关的业务包括确定企业实现的利润及对利润进行分配。

一、利润的核算

利润是企业一定会计期间的经营成果,包括收入减去费用后的净额、直接计入当期利润的利得和损失等。

利润是衡量企业经营管理的主要综合指标之一,也是企业和整个社会积累资金进行扩大再生产的源泉。在社会主义市场经济条件下,企业生产经营活动的主要目的就是要不断提高企业的盈利水平,增强获利能力,取得最大限度的利润。

(一)利润的组成

在利润表中,利润分为营业利润、利润总额和净利润三个层次。基本计算公式为:

(1) 营业利润 = 营业收入 – 营业成本 – 税金及附加 – 销售费用 – 管理费用 – 财务费用 – 资产减值损失 + 投资收益 + 资产处置收益

(2) 利润总额 = 营业利润 + 营业外收入 – 营业外支出

(3) 净利润 = 利润总额 – 所得税费用

(二)账户的设置

1. "本年利润"账户

该账户是所有者权益类账户,用来核算企业当年实现的净利润(或发生的净亏损)。该账户的贷方核算期末从"主营业务收入""其他业务收入""营业外收入"等收入类账户的转入数;借方核算从"主营业务成本""税金及附加""其他业务成本""销售费用""管理费用""财务费用""营业外支出""所得税费用"等费用类账户的转入数;结转后如为贷方余额,表示企业当期实现的净利润;如为借方余额,表示企业当期的净亏损。

年度终了,应将本年收入和支出相抵后结出的本年实现的净利润(净亏损),转入"利润分配——未分配利润"账户,结转后该账户应无余额。"本年利润"账户结构如图4-31所示。

借方	本年利润	贷方
费用类账户转入数 (1) 主营业务成本 (2) 税金及附加 (3) 其他业务成本 (4) 销售费用 (5) 管理费用 (6) 财务费用 (7) 营业外支出 (8) 所得税费用		收入类账户转入数 (1) 主营业务收入 (2) 其他业务收入 (3) 营业外收入
余额:发生的净亏损		余额:实现的净利润

图4-31 "本年利润"账户结构

2. "管理费用"账户

该账户是损益类账户,用来核算企业为组织和管理生产经营所发生的管理费用,包括企业在筹建期间发生的开办费、董事会和行政管理部门职工工资及福利费、办公费、差旅费、物料消耗、工会经费等由行政管理部门发生的或者由企业统一负担的费用。该账户的借方核算企业发生的各种管理费用;贷方核算转入"本年利润"账户的管理费用;期末结转后,该账户无余额。

该账户可按费用项目设置明细账户,进行明细核算。该账户结构如图4-32所示。

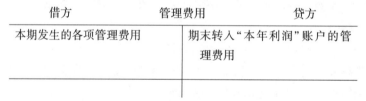

图4-32 "管理费用"账户结构

3. "营业外收入"账户

该账户是损益类账户,用来核算企业发生的与企业日常经营没有直接关系的各项收益,主要包括债务重组利得、与企业日常活动无关的政府补助、盘盈利得、捐赠利得等。该账户的贷方核算企业发生的各项营业外收入;借方核算期末转入"本年利润"账户的营业外收入;期末结转后,该账户无余额。

该账户可按营业外收入项目设置明细账户,进行明细核算。"营业外收入"账户结构如图4-33所示。

借方	营业外收入	贷方
期末转入"本年利润"账户的营业外收入	发生的各项营业外收入	

图 4-33 "营业外收入"账户结构

4."营业外支出"账户

该账户是损益类账户,用来核算企业发生的与企业日常经营没有直接关系的各项支出,主要包括债务重组损失、公益性捐赠支出、非常损失、盘亏损失、非流动资产毁损报废损失等。该账户的借方核算企业发生的各项营业外支出;贷方核算期末转入"本年利润"账户的营业外支出;期末结转后该账户无余额。

该账户可按支出项目设置明细账户,进行明细核算。"营业外支出"账户结构如图4-34所示。

借方	营业外支出	贷方
发生的各项营业外支出	期末转入"本年利润"账户的营业外支出	

图 4-34 "营业外支出"账户结构

5."所得税费用"账户

该账户是损益类账户,用来核算企业确认的应从当期利润总额中扣除的所得税费用。该账户的借方核算企业按税法规定计算确定的当期应交所得税;贷方核算期末转入"本年利润"账户的所得税;期末结转后,该账户无余额。

"所得税费用"账户结构如图4-35所示。

借方	所得税费用	贷方
当期发生的所得税费用	期末转入"本年利润"账户的所得税	

图 4-35 "所得税费用"账户结构

(三) 利润的会计处理

利润的会计处理,主要涉及期间费用、营业外收支的核算,以及各种收入、费用账户的结转等。

例 4-39 企业用银行存款支付业务招待费5 000元。

该项经济业务的发生,使企业管理费用增加5 000元,应记入"管理费用"账户的借

方;同时,银行存款减少 5 000 元,应记入"银行存款"账户的贷方。会计分录如下:

  借:管理费用   5 000
    贷:银行存款   5 000

例 4-40 李立报销差旅费 1 040 元,原预借 440 元,多余部分以现金付讫。

  该项经济业务的发生,使企业管理费用增加 1 040 元,应记入"管理费用"账户的借方;同时,企业的债权减少 440 元,应记入"其他应收款"账户的贷方,现金减少 600 元,应记入"库存现金"账户的贷方。会计分录如下:

  借:管理费用   1 040
    贷:其他应收款   440
      库存现金   600

例 4-41 用银行存款支付公益性捐赠 5 000 元。

  该项经济业务的发生,使企业营业外支出增加 5 000 元,应记入"营业外支出"账户的借方;同时,企业的银行存款减少 5 000 元,应记入"银行存款"账户的贷方。会计分录如下:

  借:营业外支出   5 000
    贷:银行存款   5 000

例 4-42 企业以银行存款 97 700 元发放本月工资。

  该项经济业务的发生,使企业对职工的负债减少,应记入"应付职工薪酬"账户的借方;银行存款减少,应记入"银行存款"账户的贷方。会计分录如下:

  借:应付职工薪酬——工资   97 700
    贷:银行存款   97 700

  企业也可以先提现金后发工资,会计分录如下:

  (1) 提取现金时:
  借:库存现金   97 700
    贷:银行存款   97 700

  (2) 发放工资时:
  借:应付职工薪酬——工资   97 700
    贷:库存现金   97 700

例 4-43 企业接受捐赠 40 000 元,款项存入银行。

  该项经济业务的发生,使企业银行存款增加 40 000 元,应记入"银行存款"账户的借方;同时,"营业外收入"增加 40 000 元,应记入"营业外收入"账户的贷方。会计分录如下:

  借:银行存款   40 000
    贷:营业外收入   40 000

例 4-44 期末,将各收入类账户转入"本年利润"账户。

  该项经济业务的发生,使企业本年利润增加 315 000 元,应记入"本年利润"账户的贷方;同时,记入"主营业务收入""其他业务收入""营业外收入"账户的借方。会计分录如下：

　　借：主营业务收入　　　　　　　　　　　　　　　　　269 600
　　　　其他业务收入　　　　　　　　　　　　　　　　　　5 400
　　　　营业外收入　　　　　　　　　　　　　　　　　　 40 000
　　　贷：本年利润　　　　　　　　　　　　　　　　　　　　　　315 000

例 4-45　期末，将各费用类账户转入"本年利润"账户。

该项经济业务的发生，使企业本年利润减少 235 658.40 元，记入"本年利润"账户的借方；同时，记入"主营业务成本""税金及附加""销售费用""管理费用""财务费用""其他业务成本""营业外支出"账户的贷方。会计分录如下：

　　借：本年利润　　　　　　　　　　　　　　　　　249 971.90
　　　贷：主营业务成本　　　　　　　　　　　　　　　　　　186 021.90
　　　　　税金及附加　　　　　　　　　　　　　　　　　　　　2 000
　　　　　其他业务成本　　　　　　　　　　　　　　　　　　　5 100
　　　　　销售费用　　　　　　　　　　　　　　　　　　　　　3 000
　　　　　管理费用　　　　　　　　　　　　　　　　　　　　 39 050
　　　　　财务费用　　　　　　　　　　　　　　　　　　　　　9 800
　　　　　营业外支出　　　　　　　　　　　　　　　　　　　　5 000

例 4-46　若企业应纳税所得额为 65 028.10 元，按 25% 的税率计算应交所得税 16 257.03 元。

根据税法规定：应纳所得税额 = 应纳税所得额 × 适用税率

该项经济业务的发生，使企业的所得税费用增加 16 257.03 元，应分别记入"所得税费用"账户的借方和"应交税费——应交所得税"账户的贷方。会计分录如下：

　　借：所得税费用　　　　　　　　　　　　　　　　　 16 257.03
　　　贷：应交税费——应交所得税　　　　　　　　　　　　　　16 257.03

例 4-47　期末结转所得税费用。

该项经济业务的发生，使企业的本年利润减少 16 257.03 元，应记入"本年利润"账户的借方和"所得税费用"账户的贷方。会计分录如下：

　　借：本年利润　　　　　　　　　　　　　　　　　　 16 257.03
　　　贷：所得税费用　　　　　　　　　　　　　　　　　　　 16 257.03

二、利润分配的核算

(一) 利润分配的原则

利润分配是将企业实现的净利润按照国家规定或企业董事会决议提请股东大会批准的年度利润分配方案进行合理分配。企业当期实现的净利润，加上年初未分配利润（或减去年初未弥补亏损）后的余额，为可供分配的利润。

可供分配的利润按下列顺序分配：

(1) 提取法定盈余公积，通常是企业根据有关法律的规定，按净利润的 10% 提取；

公司法定盈余公积累计额达到公司注册资本的50%以上的,可不再提取。

(2) 提取任意盈余公积,通常是经股东会或者股东大会决议提取的任意盈余公积。

(3) 向投资者分配股利,可供分配的利润减去提取的法定盈余公积、任意盈余公积后,为可供投资者分配的利润。企业按照利润分配方案可以向投资者分配利润或向股东支付现金股利,也可以用利润转增资本或向股东分派股票股利。

可供分配的利润经分配后,如有剩余则为未分配利润。未分配利润可留待以后年度进行分配。

企业如果当期发生了亏损,则可以用以后年度的税前利润进行弥补;连续五年未弥补完的亏损,应采用税后利润进行弥补。企业当期发生的亏损,也可以用盈余公积弥补。

(二) 账户的设置

1. "利润分配"账户

该账户是所有者权益类账户,用来核算企业利润的分配(或亏损的弥补)和历年分配(或弥补)后的余额。

该账户的借方核算按规定实际分配的利润或年终时从"本年利润"账户转入的本年亏损总额;贷方核算用盈余公积补亏及年终时从"本年利润"账户转入的本年实现的净利润;年终余额在贷方,表示企业的未分配利润;如余额在借方,表示企业的未弥补亏损。

该账户应当分别设置"提取法定盈余公积""提取任意盈余公积""应付现金股利或利润""转作股本的股利""盈余公积补亏"和"未分配利润"等项目进行明细核算。"利润分配"账户结构如图4-36所示。

借方	利润分配	贷方
		期初余额
(1) 提取法定盈余公积		(1) 盈余公积补亏
(2) 提取任意盈余公积		(2) 年末从"本年利润"账户转入的本年实现的净利润
(3) 分配给投资者的利润		
(4) 年末从"本年利润"账户转入的本年亏损总额		
期末余额:企业的未弥补亏损		期末余额:企业的未分配利润

图4-36 "利润分配"账户结构

2. "盈余公积"账户

该账户是所有者权益账户,用来核算企业从净利润中提取的盈余公积。该账户的贷方核算企业按规定提取的盈余公积;借方核算用盈余公积弥补亏损或转增资本的数额;期末余额在贷方,表示企业的盈余公积。

该账户应当分别设置"法定盈余公积""任意盈余公积"等项目进行明细核算。"盈余公积"账户结构如图4-37所示。

借方	盈余公积	贷方
（1）用盈余公积弥补亏损 （2）用盈余公积转增资本	期初余额 按规定提取的盈余公积	
	期末余额：企业的盈余公积	

图 4-37 "盈余公积"账户结构

3. "应付股利"账户

该账户是负债类账户，用来核算企业分配的现金股利或利润。该账户的贷方核算企业根据已审议批准的利润分配方案应支付的现金股利或利润；借方核算实际支付的现金股利或利润；期末余额在贷方，表示企业应付未付的现金股利或利润。

该账户可按投资者设置明细账户，进行明细核算。"应付股利"账户结构如图 4-38 所示。

借方	应付股利	贷方
实际支付的现金股利或利润	期初余额 应支付的现金股利或利润	
	期末余额：应付未付的现金股利或利润	

图 4-38 "应付股利"账户结构

（三）利润分配的会计处理

例 4-48 年终，企业将实现的全年净利润 113 951.07 元转入"利润分配"账户。

该项经济业务是将企业全年实现的净利润 113 951.07 元从"本年利润"账户转入"利润分配——未分配利润"账户的贷方，结转后"本年利润"账户无余额。会计分录如下：

借：本年利润　　　　　　　　　　　　　113 951.07
　　贷：利润分配——未分配利润　　　　　　　　　　113 951.07

例 4-49 企业按净利润的 10% 提取法定盈余公积 11 395.11 元。

该项经济业务的发生，使利润分配增加 11 395.11 元，可供分配的利润减少是所有者权益的减少，应记入"利润分配"账户的借方；同时，盈余公积增加 11 395.11 元，记入"盈余公积"账户的贷方。会计分录如下：

借：利润分配——提取法定盈余公积　　　　11 395.11
　　贷：盈余公积——法定盈余公积　　　　　　　　　11 395.11

例 4-50 企业按净利润的 5% 提取任意盈余公积 5 697.55 元。

该项经济业务的发生，使利润分配增加 5 697.55 元，应记入"利润分配"账户的借方；同时，盈余公积增加 5 697.55 元，记入"盈余公积"账户的贷方。会计分录如下：

借:利润分配——提取任意盈余公积　　　　　　　　　　　5 697.55
　　　贷:盈余公积——任意盈余公积　　　　　　　　　　　　　5 697.55

例 4-51　企业按已批准的分配方案,向投资者分配现金股利60 000元。

该项经济业务的发生,使利润分配增加60 000元,应记入"利润分配"账户的借方;同时,应分配的现金股利在未实际支付之前使企业负债增加60 000元,记入"应付股利"账户的贷方。会计分录如下:

　　借:利润分配——应付现金股利　　　　　　　　　　　　60 000
　　　贷:应付股利　　　　　　　　　　　　　　　　　　　　60 000

例 4-52　年终,将"利润分配"账户所属各明细账户转入"利润分配——未分配利润"账户的借方。

此项经济业务是将"利润分配"账户所属各明细账户(未分配利润除外)转入"利润分配——未分配利润"账户的借方。年终结转后"利润分配"账户除"利润分配——未分配利润"账户外,其他明细账户均无余额。会计分录如下:

　　借:利润分配——未分配利润　　　　　　　　　　　　77 092.66
　　　贷:利润分配——提取法定盈余公积　　　　　　　　　11 395.11
　　　　　　　　——提取任意盈余公积　　　　　　　　　　5 697.55
　　　　　　　　——应付现金股利　　　　　　　　　　　60 000.00

根据例4-1至例4-52所示的52笔经济业务,将所有会计分录分类过入相关T形账户中,计算各账户期末余额如下:

产品制造企业主要经济业务的总分类核算

实收资本

期初余额:	532 000
(1)	2 000 000
(2)	80 000
(3)	10 000 000
本期发生额:	12 080 000
期末余额:	12 612 000

固定资产

期初余额:	719 500
(2)	80 000
(3)	10 800 000
(8)	82 100
(11)	58 400
本期发生额:	11 020 500
期末余额:	11 740 000

应交税费

(8)	10 400	期初余额：	30 374
(9)	6 500	(28)	8 320
(12)	15 600	(29)	4 680
(13)	7 800	(31)	20 800
(15)	3 510	(33)	1 248
(16)	2 314	(34)	702
		(37)	2 000
		(46)	16 257.03
本期发生额：	46 124	本期发生额：	54 007.03
		期末余额：	38 257.03

生产成本

期初余额：	27 000	(27)	212 280
(18)	215 120		
(19)	52 800		
(20)	7 392		
(26)	34 848		
本期发生额：	310 160	本期发生额：	212 280
期末余额：	124 880		

制造费用

(18)	1 808	(26)	34 848
(19)	17 800		
(20)	2 492		
(21)	3 480		
(22)	500		
(24)	400		
(25)	8 368		
本期发生额：	34 848	本期发生额：	34 848

银行存款

期初余额：	194 000	(7)	61 400
(1)	2 000 000	(8)	92 500
(4)	300 000	(9)	57 700
(5)	1 200 000	(12)	138 000
(28)	72 320	(14)	30 510
(30)	40 680	(21)	3 480
(32)	10 848	(23)	1 200
(34)	6 102	(36)	3 000
(43)	40 000	(39)	5 000
		(41)	5 000
		(42)	97 700
本期发生额：	3 669 950	本期发生额：	495 490
期末余额：	3 368 460		

资本公积

期初余额：	24 334
（3）	800 000
本期发生额：	800 000
期末余额：	824 334

短期借款

		期初余额：	150 000
（7）	60 000	（4）	300 000
本期发生额：	60 000	本期发生额：	300 000
		期末余额：	390 000

长期借款

（5）	1 200 000
本期发生额：	1 200 000
期末余额：	1 200 000

原材料

期初余额：	82 708	（18）	217 438
（17）	228 100	（35）	5 100
本期发生额：	228 100	本期发生额：	222 538
期末余额：	88 270		

应付账款

		期初余额：	28 000
		（13）	68 700
		（22）	500
		本期发生额：	69 200
		期末余额：	97 200

在途物资

（12）	122 400	（17）	228 100
（13）	60 900		
（15）	27 000		
（16）	17 800		
本期发生额：	228 100	本期发生额：	228 100

在建工程

（9）	51 200	（11）	58 400
（10）	7 200		
本期发生额：	58 400	本期发生额：	58 400

应付利息

		期初余额：	1 400
(7)	1 400	(6)	9 800
本期发生额：	1 400	本期发生额：	9 800
		期末余额：	9 800

应收账款

期初余额：	15 000		
(29)	40 680	(30)	40 680
本期发生额：	40 680	本期发生额：	40 680
期末余额：	15 000		

预付账款

期初余额：	7 000	(15)	30 510
(14)	30 510	(24)	400
(23)	1 200		
本期发生额：	31 710	本期发生额：	30 910
期末余额：	7 800		

销售费用

(36)	3 000	(45)	3 000
本期发生额：	3 000	本期发生额：	3 000

营业外支出

(41)	5 000	(45)	5 000
本期发生额：	5 000	本期发生额：	5 000

其他业务成本

(35)	5 100	(45)	5 100
本期发生额：	5 100	本期发生额：	5 100

盈余公积

		期初余额：	80 000.00
		(49)	11 395.11
		(50)	5 697.55
		本期发生额：	17 092.66
		期末余额：	97 092.66

财务费用

(6)	9 800	(45)	9 800
本期发生额：	9 800	本期发生额：	9 800

累计折旧

		期初余额：	180 000
		(25)	12 368
		本期发生额：	12 368
		期末余额：	192 368

预收账款

(33)	10 848	(32)	10 848
本期发生额：	10 848	本期发生额：	10 848

其他应收款

期初余额：	2 440	(40)	440
		本期发生额：	440
期末余额：	2 000		

本年利润

		期初余额：	65 180
(45)	249 971.90	(44)	315 000
(47)	16 257.03		
(48)	113 951.07		
本期发生额：	380 180.00	本期发生额：	315 000

其他业务收入

(44)	5 400	(34)	5 400
本期发生额：	5 400	本期发生额：	5 400

所得税费用

(46)	16 257.03	(47)	16 257.03
本期发生额：	16 257.03	本期发生额：	16 257.03

库存商品

期初余额：	80 060.00		
(27)	212 280.00	(38)	186 021.90
本期发生额	212 280.00	本期发生额：	186 021.90
期末余额：	106 318.10		

主营业务成本

(38)	186 021.90	(45)	186 021.90
本期发生额：	186 021.90	本期发生额：	186 021.90

税金及附加

(37)	2 000	(45)	2 000
本期发生额：	2 000	本期发生额：	2 000

应付股利

		(51)	60 000
		本期发生额：	60 000
		期末余额：	60 000

主营业务收入

(44)	269 600	(28)	64 000
		(29)	36 000
		(31)	160 000
		(33)	9 600
本期发生额：	269 600	本期发生额：	269 600

利润分配

(49)	11 395.11	期初余额：	26 412.00
(50)	5 697.55	(48)	113 951.07
(51)	60 000.00	(52)	11 395.11
(52)	77 092.66	(52)	5 697.55
		(52)	60 000.00
本期发生额：	154 185.32	本期发生额：	191 043.73
		期末余额：	63 270.41

应付票据

		(16)	20 114
		本期发生额：	20 114
		期末余额：	20 114

营业外收入

(44)	40 000	(43)	40 000
本期发生额：	40 000	本期发生额：	40 000

应收票据

(31)	180 800		
本期发生额：	180 800		
期末余额：	180 800		

管理费用

(18)	510	(45)	39 050
(19)	25 000		
(20)	3 500		
(25)	4 000		
(39)	5 000		
(40)	1 040		
本期发生额：	39 050	本期发生额：	39 050

库存现金

期初余额：	1 692	(40)	600
		本期发生额：	600
期末余额：	1 092		

应付职工薪酬

		期初余额：	7 200
(42)	97 700	(10)	7 200
		(19)	95 600
		(20)	13 384
本期发生额：	97 700	本期发生额：	116 184
		期末余额：	25 684

其他应付款

		期初余额：	4 500
		期末余额：	4 500

  为使各个账户计算结果正确无误，除保证每一笔会计分录都遵循"有借必有贷、借贷必相等"的记账规则外，还可以通过发生额和余额试算平衡，检查账户记录的正确性。表4-13是依据上述T形账户的期初余额、本期发生额和期末余额编制的试算平衡表。

表 4-13 兴业公司发生额及余额试算平衡表 单位:元

账户名称	期初余额		本期发生额		期末余额	
	借方	贷方	借方	贷方	借方	贷方
库存现金	1 692			600.00	1 092.00	
银行存款	194 000		3 669 950.00	495 490.00	3 368 460.00	
应收票据			180 800.00		180 800.00	
应收账款	15 000		40 680.00	40 680.00	15 000.00	
其他应收款	2 440			440.00	2 000.00	
预付账款	7 000		31 710.00	30 910.00	7 800.00	
在途物资			228 100.00	228 100.00		
原材料	82 708		228 100.00	222 538.00	88 270.00	
生产成本	27 000		310 160.00	212 280.00	124 880.00	
制造费用			34 848.00	34 848.00		
库存商品	80 060		212 280.00	186 021.90	106 318.10	
固定资产	719 500		11 020 500.00		11 740 000.00	
累计折旧		180 000		12 368.00		192 368.00
在建工程			58 400.00	58 400.00		
短期借款		150 000	60 000.00	300 000.00		390 000.00
长期借款				1 200 000.00		1 200 000.00
应付票据				20 114.00		20 114.00
应付账款		28 000		69 200.00		97 200.00
其他应付款		4 500				4 500.00
预收账款			10 848.00	10 848.00		
应付职工薪酬		7 200	97 700.00	116 184.00		25 684.00
应交税费		30 374	46 124.00	54 007.03		38 257.03
应付利息		1 400	1 400.00	9 800.00		9 800.00
应付股利				60 000.00		60 000.00
实收资本		532 000		12 080 000.00		12 612 000.00
资本公积		24 334		800 000.00		824 334.00
盈余公积		80 000		17 092.66		97 092.66
利润分配		26 412	154 185.32	191 043.73		63 270.41
主营业务收入			269 600.00	269 600.00		
其他业务收入			5 400.00	5 400.00		
营业外收入			40 000.00	40 000.00		
主营业务成本			186 021.90	186 021.90		
其他业务成本			5 100.00	5 100.00		
销售费用			3 000.00	3 000.00		
财务费用			9 800.00	9 800.00		
管理费用			39 050.00	39 050.00		
营业外支出			5 000.00	5 000.00		
税金及附加			2 000.00	2 000.00		
所得税费用			16 257.03	16 257.03		
本年利润		65 180	380 180.00	315 000.00		
合计	1 129 400	1 129 400	17 347 194.25	17 347 194.25	15 634 620.10	15 634 620.10

章后习题

一、思考题

1. 简述产品制造企业生产经营过程的主要内容。
2. 筹资业务核算的主要内容是什么？需要设置哪些主要账户？各账户的核算内容及结构如何？
3. 材料采购业务核算的主要内容是什么？需要设置哪些主要账户？各账户的核算内容及结构如何？
4. 产品生产业务核算的主要内容是什么？需要设置哪些主要账户？各账户的核算内容及结构如何？
5. 产品销售业务核算的主要内容是什么？需要设置哪些主要账户？各账户的核算内容及结构如何？
6. 财务成果核算的主要内容是什么？需要设置哪些主要账户？各账户的核算内容及结构如何？
7. 什么是产品的生产成本？产品生产成本的构成是怎样的？
8. 简述财务成果分配的顺序。
9. 什么是直接费用、间接费用、期间费用？各自包括的内容有哪些？
10. 购置固定资产时的入账价值是怎样确定的？

二、基础练习题

（一）单项选择题

1. 购进材料未付款时，这笔未结算款项应作为一项（   ）加以确认。
   A. 资产　　　　　B. 负债　　　　　C. 费用　　　　　D. 收入
2. 企业销售产品实现了收入，应（   ）。
   A. 贷记"主营业务收入"账户　　　B. 贷记"其他业务收入"账户
   C. 贷记"本年利润"账户　　　　　D. 贷记"营业外收入"账户
3. 企业期末结转已完工产品的生产成本时，应（   ）。
   A. 借记"主营业务成本"账户　　　B. 借记"生产成本"账户
   C. 借记"库存商品"账户　　　　　D. 借记"本年利润"账户
4. 期间费用账户期末应（   ）。
   A. 无余额　　　　　　　　　　　B. 有借方余额
   C. 有贷方余额　　　　　　　　　D. 可能有借方余额，也可能有贷方余额
5. 下列各项中，不应直接计入当期损益的是（   ）。
   A. 所得税费用　　B. 管理费用　　C. 制造费用　　D. 财务费用
6. "本年利润"账户的贷方余额表示（   ）。
   A. 营业净利润　　B. 利润总额　　C. 未分配利润　　D. 亏损总额

7. 计提固定资产折旧时,应贷记( )。
   A. 固定资产　　　B. 累计折旧　　　C. 管理费用　　　D. 制造费用
8. 企业购买材料一批,买价2 000元,支付的增值税进项税额为260元,发生相关采购费用200元,则该批材料的采购成本为( )元。
   A. 2 000　　　B. 2 200　　　C. 2 260　　　D. 2 460
9. 生产成本的期末借方余额表示( )。
   A. 库存商品成本　　　　　　B. 期末在产品成本
   C. 完工产品成本　　　　　　D. 本月生产费用合计
10. "管理费用"账户期末应( )。
    A. 无余额　　　　　　　　　B. 有借方余额
    C. 有贷方余额　　　　　　　D. 余额可能在借方,也可能在贷方
11. 下列费用不属于销售费用的是( )。
    A. 产品广告费　　　　　　　B. 销售机构日常办公费
    C. 合同违约费　　　　　　　D. 产品展览费
12. "主营业务成本"账户的借方登记从( )账户中结转的本期已售产品的生产成本。
    A. 库存商品　　　B. 生产成本　　　C. 管理费用　　　D. 原材料
13. 下列项目中,不属于管理费用的是( )。
    A. 车间管理人员工资　　　　B. 厂部管理人员工资
    C. 厂部耗用材料　　　　　　D. 厂部办公用房租金
14. 期末结转后可能有余额的账户是( )。
    A. 制造费用　　　B. 税金及附加　　　C. 生产成本　　　D. 财务费用
15. 下列项目中不属于利润分配形式的是( )。
    A. 应付投资者利润　　　　　B. 提取公积金
    C. 所得税　　　　　　　　　D. 未分配利润

(二) 多项选择题

1. 产品成本项目包括( )。
   A. 直接材料　　　B. 直接人工　　　C. 制造费用　　　D. 管理费用
   E. 销售费用
2. 期间费用包括( )。
   A. 制造费用　　　B. 管理费用　　　C. 财务费用　　　D. 销售费用
   E. 生产成本
3. 下列各项中,属于外购材料采购成本的有( )。
   A. 材料买价　　　　　　　　B. 运输费
   C. 采购人员差旅费　　　　　D. 运输途中合理损耗
   E. 入库前整理挑选费
4. 影响企业营业利润的项目有( )。

A. 主营业务收入 B. 税金及附加
C. 其他业务收入 D. 财务费用
E. 营业外收入

5. 期末结转到"本年利润"账户借方的有( )。
A. 其他业务收入 B. 主营业务成本
C. 所得税费用 D. 销售费用
E. 营业外支出

6. "生产成本"账户的借方应登记( )。
A. 管理费用 B. 直接人工费用
C. 分配计入的制造费用 D. 直接材料费用
E. 间接材料耗费

7. 企业销售过程中使用的账户包括( )。
A. 预付账款 B. 应收账款 C. 应收票据 D. 生产成本
E. 销售费用

8. 下列费用中,属于生产过程中发生的费用有( )。
A. 车间机器设备折旧费 B. 材料采购费用
C. 生产工人工资 D. 生产产品耗用的材料
E. 车间照明用电费

9. 关于"制造费用"账户,下列说法中正确的有( )。
A. 借方登记实际发生的各项制造费用
B. 贷方登记分配计入产品成本的制造费用
C. 期末余额有时在借方,有时在贷方
D. 期末结转后一般无余额
E. 制造费用属于损益类科目,不构成产品成本

10. 下列账户中,在期末结转利润后无余额的有( )。
A. 应交税费 B. 税金及附加 C. 所得税费用 D. 生产成本
E. 主营业务成本

(三) 判断题

1. "累计折旧"账户所反映的是固定资产价值的损耗。( )
2. 财务费用是企业在筹集资金等财务活动中发生的费用。( )
3. 制造费用可能是直接费用,也可能是间接费用。( )
4. 主营业务成本指已售产品的销售成本。( )
5. 管理费用是企业生产车间为生产产品和提供劳务而发生的各项间接费用。( )
6. 年终,企业要将全年实现的净利润转入"利润分配"账户。( )
7. 企业筹集资金的主要渠道,一是投资者投入,二是从债权人处借入资金。( )

8. 结转完工入库产品的生产成本后,"生产成本"账户应无余额。(   )

9. 在采购过程中支付的各项采购费用,不构成材料的采购成本,应将其计入"管理费用"账户。(   )

10. 财务成果是企业生产经营活动的最终成果,即利润或亏损。(   )

三、实务练习题

习题一

[目的]　练习采购业务的总分类核算。

[资料]　永新公司20××年6月发生下列经济业务:

1. 向红达公司购入甲种材料500公斤,共计买价5 000元,增值税650元。货款未付,材料尚未验收入库。

2. 从银行提取现金800元。

3. 采购员陈洋暂借差旅费1 000元,以现金付讫。

4. 从远大公司购入乙种材料1 000公斤,计50 000元,增值税6 500元。以银行存款付讫,材料未达。

5. 上项甲、乙两种材料验收入库,结转其采购成本。

6. 向中信公司购入丙材料50公斤,货款2 500元,增值税325元。以银行存款支付。材料当即验收入库。

7. 以银行存款偿还前欠红达公司货款5 850元。

8. 采购员陈洋出差回来报销差旅费(预借1 000元),实际报销差旅费1 200元,以现金补付差额。

[要求]　根据上述经济业务编制会计分录。

习题二

[目的]　练习材料采购成本的计算。

[资料]

1. 前锋公司20××年9月从外地的永安公司购入下列材料:

品种	数量(公斤)	单价(元/公斤)	买价(元)	增值税(元)
甲材料	4 000	29.50	118 000	16 510
乙材料	1 000	9.00	9 000	
合计			127 000	16 510

2. 为购买上述材料,共支付运杂费如下:

水、陆运输费(元)	2 500
装卸、搬运费(元)	500
合计	3 000

[要求]

1. 以材料数量为标准,分配材料采购的采购费用。
2. 填制下列材料采购成本计算表。

材料采购成本计算表

支出项目	甲材料(4 000 公斤)		乙材料(1 000 公斤)	
	总成本（元）	单位成本（元/公斤）	总成本（元）	单位成本（元/公斤）
买价				
水、陆运输费				
装卸、搬运费				
材料采购成本				

习题三

[目的] 练习生产业务的总分类核算。

[资料] 新兴公司20××年6月发生下列经济业务:

1. 以现金发放本月职工工资26 080元。
2. 从利华公司购入乙材料2 000公斤,买价79 000元,增值税10 270元,对方公司代垫运输费2 000元,款项尚未支付。
3. 上述乙材料验收入库,结转采购成本。
4. 生产A产品领用甲材料800公斤,每公斤50元;生产B产品领用乙材料1 200公斤,每公斤40元。
5. 计提本月公司应负担的短期借款利息800元。
6. 分配本月应付职工工资。其用途和金额如下:

单位:元

制造A产品工人工资	4 000
制造B产品工人工资	8 000
车间管理人员工资	9 000
厂部管理人员工资	5 080
合计	26 080

7. 向银行借入短期借款60 000元,存入银行。
8. 按规定计提本月固定资产折旧12 000元,其中,生产车间7 900元,企业管理部门4 100元。
9. 签发转账支票支付购买办公用品款2 450元。
10. 以银行存款支付短期借款利息2 400元。
11. 以银行存款归还利华公司货款91 530元。
12. 将本月发生的制造费用以生产工时为标准分配计入生产成本(A产品生产工时100小时,B产品生产工时300小时)。
13. A产品50件和B产品100件全部完工验收入库。分别结转A产品和B产品的生产成本。

[要求] 根据上述经济业务编制有关会计分录。

习题四

[目的] 练习产品生产成本的计算。

[资料] 京华公司20××年7月生产丙产品2 000件、丁产品500件,该厂月初、月末均无在产品。

7月发生生产费用如下所示。

1. 原材料消耗:

单位:元

用途	金额
丙产品	52 000
丁产品	12 000
车间	8 000
厂部	1 500

2. 工资支出:

单位:元

用途	金额
丙产品生产工人工资	10 000
丁产品生产工人工资	2 000
车间管理人员工资	9 800
厂部管理人员工资	4 400

3. 分配生产丙、丁产品耗用的电费7 400元。本月丙产品定额耗电量为60 000度,丁产品定额耗电量为14 000度,款项已支付。

4. 生产车间固定资产应计提折旧6 200元,厂部固定资产应计提折旧2 300元。

[要求]

1. 根据以上经济业务编制会计分录。

2. 以产品定额耗电量为标准分配电费,并编制电费分配表。

电费分配表

年　月

产品名称	分配标准(定额耗电度数)	分配率	分配金额(元)
合计			

3. 以生产工人工资为标准,分配制造费用,并编制制造费用分配表。

制造费用分配表

年　月

产品名称	分配标准(生产工人工资)	制造费用	
		分配率	分配金额(元)
合计			

4. 编制产品成本计算表。

产品成本计算表

年　月

项目	(　)产品		(　)产品	
	总成本(元)	单位成本(元/件)	总成本(元)	单位成本(元/件)
直接材料				
直接人工				
燃料和动力				
制造费用				
合计				

习题五

[目的]　练习销售阶段的总分类核算。

[资料]　新利公司20××年9月发生的部分经济业务如下：

1. 向金华公司出售A产品100件，货款80 000元及增值税10 400元尚未收到。

2. 以银行存款3 200元支付本月产品广告费。

3. 收到金华公司货款90 400元，存入银行。

4. 向南山公司出售B产品100件，当即收到货款60 000元及增值税7 800元，存入银行。

5. 以银行存款支付销售产品发生的包装、运杂费1 200元。

6. 结转本月出售产品的生产成本。其中，A产品52 000元，B产品35 000元。

7. 以银行存款交纳本月增值税12 000元。

8. 计算税金及附加1 200元，其中，城市维护建设税840元，教育费附加360元。

9. 以现金支付本月业务招待费1 500元。

10. 收到大发公司付来罚款2 000元，作为营业外收入，存入银行。

11. 计提本月财务费用3 000元。

12. 将本月"主营业务成本""销售费用""税金及附加""管理费用""财务费用"等转入"本年利润"账户。

13. 将本月"主营业务收入""营业外收入"等转入"本年利润"账户。

14. 按规定计算并结转所得税费用 11 225 元。

[要求]　根据上述经济业务编制有关会计分录。

习题六

[目的]　练习制造企业主要经营过程的核算。

[资料]

(一) 永新公司 20××年 8 月 31 日总分类账户的余额如下：

借方科目余额		贷方科目余额	
库存现金	700	短期借款	40 000
银行存款	40 000	应付利息	200
原材料	127 300	实收资本	1 000 000
预付账款	800	盈余公积	73 600
固定资产	1 455 000	本年利润	370 000
库存商品	60 000	累计折旧	200 000
合计	1 683 800	合计	1 683 800

(二) 该公司 20××年 9 月发生下列经济业务：

1. 2 日，向星光公司采购甲材料 4 吨，每吨 1 000 元；乙材料 6 吨，每吨 1 500 元。以银行存款支付货款 13 000 元，增值税 1 690 元，货未到。

2. 5 日，上项向星光公司采购的甲、乙材料到达本公司并验收入库，按其实际采购成本转账。

3. 11 日，向新华公司购入乙材料 20 吨，每吨 1 500 元，货款 30 000 元及增值税 3 900 元尚未支付，该材料已验收入库，按其实际采购成本入账。

4. 13 日，以银行存款归还新华公司货款 33 900 元。

5. 14 日，从银行提取现金 12 100 元，备发工资。

6. 15 日，以现金发放职工工资 12 100 元。

7. 18 日，以银行存款预付下半年财产保险费 12 000 元。

8. 20 日，向光明公司出售 A 产品 200 件，每件售价 800 元，增值税 20 800 元，货款及税款存入银行。

9. 27 日，以银行存款支付 A 产品广告费 4 000 元。

10. 30 日，本月职工工资 12 100 元，其用途如下（单位：元）：

　　　　A 产品生产工人工资　　5 550
　　　　B 产品生产工人工资　　3 330
　　　　车间管理人员工资　　　2 110
　　　　厂部管理人员工资　　　1 110

11. 30 日，本月应提固定资产折旧如下（单位：元）：

　　　　　　生产车间固定资产折旧　　　3 000
　　　　　　企业管理部门固定资产折旧　1 000

12. 30日,计提本月应负担的短期借款利息900元。
13. 30日,计算本月应负担的财产保险费2 000元,其中,制造费用负担1 400元,管理费用负担600元。
14. 30日,汇总本月材料发出情况如下(甲材料30 000元,乙材料14 300元,单位:元):

　　　　　　A产品生产领用　　　28 450
　　　　　　B产品生产领用　　　13 670
　　　　　　车间一般耗用　　　　 1 590
　　　　　　企业管理部门耗用　　　 590
　　　　　　合　　计　　　　　　44 300

15. 30日,按本月A、B产品的生产工时比例分配结转制造费用,A、B产品本月生产工时数分别为10 125小时和6 075小时。
16. 30日,投产的A产品100件,已全部完工并验收入库,结转完工产品的生产成本39 062.50元。B产品尚未完工。
17. 30日,结转已售产品的生产成本80 000元。
18. 30日,以银行存款交纳增值税16 000元。
19. 计算税金及附加1 600元,其中,城市维护建设税1 120元,教育费附加480元。
20. 将本月"主营业务收入""主营业务成本""税金及附加""管理费用"与"财务费用"等转入"本年利润"账户。
21. 30日,按规定计算结转所得税费用17 550元。

[要求]

1. 根据资料(一),开设有关总分类账户,登记期初余额。
2. 根据资料(二),编制有关会计分录,并据以登记总账。
3. 结出各总分类账户的本期发生额及期末余额,并编制试算平衡表。

四、案例分析题

　　税务专管员刘杰辉到明州公司检查其20××年8月的纳税情况,会计张宏提供了下述有关资料。
　　存货项目的账户期初、期末余额为(单位:元):

	8月1日	8月31日
原材料	137 600	124 000
在产品	6 450	7 680
库存商品	82 180	94 450

本月发生的各项收入与支出如下(单位:元):

生产工人的工资	73 600
车间管理人员的工资	27 500
行政管理人员的工资	14 320
车间一般消耗材料	14 800
折旧费用——机器设备	16 500
——生产部门房屋	11 000
——行政办公用房	8 500
本期购入材料	356 200
本期销售收入	596 920
保险费用	520
利息费用	2 400
销售费用	6 450
邮电费用	100
税金及附加	29 130
差旅费	600
所得税费用(税率25%)	8 920

经过查对,税务专管员刘杰辉认为该企业的所得税计算有错误。

[要求] 请帮助会计张宏找出错误所在。正确的所得税额应该是多少?

第五章 会计凭证

本章导航

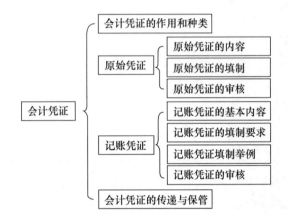

知识目标

- 会计凭证的作用和种类；
- 原始凭证、记账凭证的填制要求和审核内容；
- 会计凭证传递和保管的一般要求。

能力目标

- 能够正确选择记账凭证；
- 能够依据原始凭证正确编制记账凭证。

导语

在企业开展经营活动的过程中,每天都要发生大量的经济业务,如购买原材料、支付水电费、发放工资、销售商品等,每一项经济业务都会导致会计要素发生变动,这些变动最终影响和决定了企业财务会计报告的信息。因此,会计人员的基本职责是将企业发生的每一项经济业务用科学、清晰、可靠的方法描述出来。因此,在经济业务发生时,有必要专门记录每项经济业务所导致的会计要素的变化,并将证明该项经济业务发生的凭据与业务记录一起保留下来,以便以后能够随时了解和稽核企业当时经济业务的情况。这些记录每一项经济业务发生情况及证明该项经济业务发生的凭据都是会计凭证。

第一节　会计凭证的作用和种类

一、会计凭证的作用

会计凭证,简称凭证,是记录经济业务发生和完成情况、明确经济责任的书面证明,也是登记账簿的依据。填制和审核会计凭证,是会计工作的开始,也是对经济业务进行日常监督的重要环节。

会计凭证作为会计核算的重要资料,在整个会计核算中具有重要作用。它不仅能够及时、正确地反映各项经济业务的完成情况,还能够明确经济责任,并有效发挥会计的监督作用。

二、会计凭证的种类

会计凭证多种多样,按其填制程序及用途可以分为原始凭证和记账凭证。

(一)原始凭证

原始凭证是在经济业务发生或完成时取得或填制的,用以记录或证明经济业务的发生或完成情况的原始凭据。它是填制记账凭证或登记账簿的原始依据。

1. 原始凭证按其取得的来源不同,可以分为自制原始凭证和外来原始凭证两类

(1) 自制原始凭证。自制原始凭证是由本单位内部经办业务的部门或人员在执行或完成某项经济业务时填制的、仅供本单位内部使用的原始凭证,如领料单,具体格式如表5-1所示。

表5-1　(单位)领料单

领料单位:一车间
用途:制造A产品　　　　　　　　20××年12月　　　　　　　　仓库:1号库

材料类别	材料编号	材料名称及规格	计量单位	数量		单价	金额
				请领	实发		
略	0320	甲材料	公斤	280	280	510	142 800
						合计	142 800

记账:××　　　　发料:××　　　　领料单位负责人:××　　　　领料人:××

(2) 外来原始凭证。外来原始凭证是指在经济业务发生或完成时,从其他单位或个人取得的原始凭证,如增值税专用发票(具体格式见表5-2)、运费发票、银行结算凭证等。

表 5-2　增值税专用发票

购买方	名　　　称：北京美华公司 纳税人识别号：3556241110884 地　址、电　话：北京市海淀区 46 号 88665521 开户行及账号：建行海淀支行 0529474123450			密码区		
货物或应税劳务、服务名称	规格型号	单位	数量	单价	金额	税率	税额
甲产品		件	500	600	300 000.00	13%	39 000.00
合计					¥30 000.00		¥39 000.00
价税合计(大写)	⊗叁拾叁万玖仟零佰零元零角零分			(小写) ¥339 000.00		
销售方	名　　　称：北京新天化工产品有限责任公司 纳税人识别号：10175324182235 地　址、电　话：北京大兴黄村 81292230 开户行及账号：工行大兴分理处 29031126663			备注		

收款人：　　　　复核：　　　　开票人：王刚　　　　销售方：(章)

2. 原始凭证按其填制手续和内容的不同,可分为一次凭证、累计凭证和汇总凭证

(1) 一次凭证。一次凭证是指只记录一笔经济业务,填制手续一次完成的原始凭证。领料单、入库单等都是一次凭证。一次凭证能反映一笔经济业务的内容,使用方便灵活,但在业务量较大时,使用凭证的数量较多,核算比较麻烦。

(2) 累计凭证。累计凭证是指在一定时期内多次记录发生的同类经济业务的原始凭证,其填制手续是随经济业务的发生而分次进行的。限额领料单就是累计凭证,具体格式如表 5-3 所示。

表 5-3　兴业公司限额领料单

领料单位：一车间
用途：制造 B 产品　　　　　　　　20××年12月　　　　　　　　仓库：1 号库

材料类别	材料编号	材料名称及规格	计量单位	单价	领用限额	全月实领	
						数量	金额
略	0321	乙材料	公斤	904	100	80	72 320
日期	请领		实发			退料			限额结余
	数量	领料单位负责人	数量	发料人	领料人	数量	退料人	收料人	
2	20	×××	20	××	×××				80
10	30	×××	30	××	×××				50
21	20	×××	20	××	×××				30
25	10	×××	10	××	×××				20
合计	80		80						

供应部门　　　　　　　　　　　　生产计划部门　　　　　　　　仓库
负责人：××　　　　　　　　　　负责人：××　　　　　　　　负责人：××

(3) 汇总凭证。汇总凭证是指对一定时期内反映经济业务内容相同的若干张原始凭证,按照一定标准综合填制的原始凭证,如工资结算汇总表、发出材料汇总表(具体格式如

表 5-4 所示)等,汇总凭证可以简化编制记账凭证的手续,但它本身不具备法律效力。

表 5-4 (单位)发出材料汇总表
20××年12月

应借科目	应贷科目			发料合计
	原材料			
	1—10 日	11—20 日	21—31 日	
生产成本	142 800	72 320		215 120
制造费用			1 808	1 808
管理费用			510	510
合计	142 800	72 320	2 318	217 438

会计主管:×× 记账:×× 复核:×× 填制:××

(二) 记账凭证

记账凭证是会计人员根据审核无误的原始凭证进行归类、整理,并据以确定会计分录后所填制的会计凭证,是登记账簿的直接依据。

由于原始凭证来自不同的单位,种类繁多,格式不一,因此不便于填制应借应贷的会计科目和金额,不利于记账和查账。为了方便登记账簿,需要将原始凭证加以归类、整理,填制具有统一格式的记账凭证,并将有关的原始凭证附在记账凭证后面。这样既可简化记账工作,避免记账差错,又有利于原始凭证的保管,便于对账和查账,从而提高会计工作质量。

1. 记账凭证按其所反映的经济内容不同,分为专用记账凭证和通用记账凭证两类

(1) 专用记账凭证。专用记账凭证是专门记录某些经济业务的记账凭证,按其所记录的经济业务是否与库存现金、银行存款有关,可分为收款凭证、付款凭证和转账凭证。

收款凭证是指用于记录库存现金和银行存款收款业务的记账凭证。它又可分为库存现金收款凭证和银行存款收款凭证两种。收款凭证的格式如表 5-5 所示。

表 5-5 收款凭证

借方科目			年 月 日								收字第 号	
摘 要	贷方总账科目	明细科目	金 额									
			千	百	十	万	千	百	十	元	角	分
合 计												

财务主管: 记账: 出纳: 审核: 制单:

付款凭证是指用于记录库存现金和银行存款付款业务的记账凭证。它又可分为库存现金付款凭证和银行存款付款凭证两种。付款凭证的格式如表 5-6 所示。

表 5-6　付款凭证

贷方科目			年　月　日									付字第　号	
摘要	借方总账科目	明细科目	金　额										
			千	百	十	万	千	百	十	元	角	分	
													附单据　张
合计													

财务主管：　　记账：　　出纳：　　审核：　　制单：

转账凭证是指用于记录不涉及库存现金和银行存款增减变化业务的记账凭证。转账凭证的格式如表 5-7 所示。

表 5-7　转账凭证

年　月　日　　　　　　　　　　　转字第　号

摘要	总账科目	明细科目	借方金额									贷方金额									
			千	百	十	万	千	百	十	元	角	分	千	百	十	万	千	百	十	元	角	分
																							附单据　张

财务主管：　　记账：　　出纳：　　审核：　　制单：

(2) 通用记账凭证。通用记账凭证是用一种格式记录全部经济业务的记账凭证。对于经济业务量较少的小企业，可以使用通用记账凭证来代替收款凭证、付款凭证和转账凭证。其格式如表 5-8 所示。

表 5-8　通用记账凭证

年　月　日　　　　　　　　　　　顺序第　号

摘要	总账科目	明细科目	借方金额									贷方金额									
			千	百	十	万	千	百	十	元	角	分	千	百	十	万	千	百	十	元	角	分
																							附单据　张

财务主管：　　记账：　　出纳：　　审核：　　制单：

2. 记账凭证按其填列会计科目是否单一,又分为复式凭证和单式凭证

(1) 复式凭证。复式凭证是指将每一笔经济业务所涉及的全部会计科目及其发生额均在同一张记账凭证中反映的凭证。其特点是便于完整地反映一笔经济业务的全貌,且减少填制记账凭证的工作量,但不便于科目汇总及分工记账。

(2) 单式凭证。单式凭证是指每一张记账凭证只填列经济业务所涉及的一个会计科目和金额的记账凭证。其特点是便于对会计科目进行汇总,但一张凭证不能反映每一项经济业务的全貌。

原始凭证与记账凭证之间存在着十分密切的联系,记账凭证是根据原始凭证编制的。在实际工作中,原始凭证附在记账凭证的后面,作为记账凭证的附件,记账凭证是原始凭证内容的概括和说明。

综上所述,会计凭证的分类如图 5-1 所示。

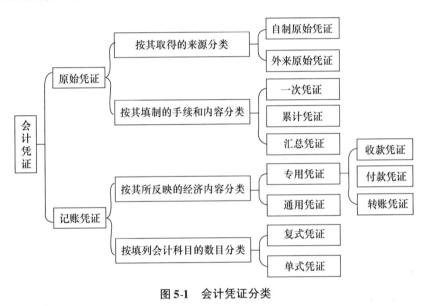

图 5-1 会计凭证分类

第二节 原 始 凭 证

一、原始凭证的内容

经济业务是多种多样的,因而用于记录经济业务的原始凭证的名称、内容和格式也不尽相同。但每一种原始凭证都必须客观、真实地记录经济业务的发生、完成情况,都必须明确有关单位和人员的责任。这就要求原始凭证必须具备以下基本内容:

(1) 原始凭证的名称;
(2) 填制凭证的日期;
(3) 填制凭证的编号;

(4) 接受凭证单位的名称;

(5) 经济业务的基本内容(数量、单价、金额);

(6) 填制单位及经办人员的签章。

此外,有的原始凭证为了满足计划、业务、统计等职能部门管理的需要,还需要列入计划、定额、合同号码等项目。对于一定范围内经常发生的同类经济业务,应由主管部门制定统一的凭证格式,如由交通部门统一印刷的运单、客票,由税务部门印制的发货票和收款收据等。这样既可使同类经济业务的原始凭证内容在全国统一,便于加强监督管理,又可节省印刷费用。

二、原始凭证的填制

自制原始凭证的填制有三种情况:一是根据实际发生或完成的经济业务,由经办人员直接填制,如领料单、入库单、限额领料单等;二是根据若干张反映同类经济业务的原始凭证定期汇总填制,如发出材料汇总表、收料单汇总表等;三是根据账簿记录对有关经济业务加以归类、整理填制,如制造费用分配表等。

外来原始凭证虽然由其他单位或个人填制,但它必须具备证明经济业务完成情况和明确经济责任所必需的内容。

尽管各种原始凭证的具体填制依据和方法不尽相同,但都应遵循以下要求:

(一) 记录要真实

原始凭证上反映的经济业务必须符合国家有关政策、法令、法规、制度的要求;原始凭证上填制的内容、数字必须真实可靠,符合实际情况,不允许弄虚作假。应注意:原始凭证上填制的日期、业务内容、数量、金额等,必须与实际情况完全符合,确保凭证所反映的经济业务真实可靠。从外单位取得的原始凭证如有遗失,应当取得原开出单位盖有公章的证明,并注明原来凭证的号码、金额和内容等,由经办单位会计机构负责人、会计主管人员和单位领导人批准后,才能代作原始凭证。如果确实无法取得证明的,如火车、轮船、飞机票等凭证,由当事人写出详细情况,由经办单位会计机构负责人、会计主管人员和单位领导人批准后,也可代作原始凭证。

(二) 填制要及时

每笔经济业务发生或完成后,经办业务的有关部门和人员必须及时填制原始凭证,并按规定的程序将其送至会计部门。

(三) 内容要齐全

凭证中的基本内容和补充内容要填写齐全,不得遗漏;文字说明及数字要填写清楚,数量、单价、金额要计算正确。为了明确责任,原始凭证必须由经办部门和人员签章。外来原始凭证要有填制单位的财务专用章,自制原始凭证要有经办部门负责人或指定人员的签章或盖章等。

(四) 手续要完备

原始凭证的填制手续,必须符合内部控制的要求。凡是填有大写和小写金额的原始凭证,大写和小写金额必须相符;购买实物的原始凭证,必须有验收证明;支付款项的原始凭证,必须有收款方的收款凭证;销货退回时,除填制退货发票外,必须取得对方的收款收据或开户行的汇款凭证;各种借款凭证,必须附在记账凭证之后,收回借款时,应当另开收据或者退还借款副本,不得退回原借款收据。一式多联的原始凭证,应当注明各联次的用途,只能以一联作为报销凭证;一式多联的发票和收据,必须用双面复写纸套写,连续编号;作废时应当加盖"作废"戳记,连同存根一起保存,不得撕毁。

(五)书写要规范

各种凭证的书写要用蓝黑墨水(套写可用圆珠笔);文字要简要,字迹要清楚,不得使用未经国务院公布的简化字;对阿拉伯数字要逐个写清楚,不得连笔写;在数字前应填写货币币种符号,如人民币符号"￥",币种符号与阿拉伯金额数字之间不得留有空白;所有以元为单位的阿拉伯数字,除表示单价等情况外,一律填写到角分;无角分的,角位和分位可写"00",或者符号"——";有角无分的,分位应当写"0",不得用符号"——"代替;汉字大写金额数字,一律用正楷字或行书字书写,如零、壹、贰、叁、肆、伍、陆、柒、捌、玖、拾、佰、仟、万、亿等,不得用0或一、二、三、四、五、六、七、八、九、十等简化字代替,不得任意自造简化字。大写金额数字到元或角为止的,在"元"或者"角"字之后应当写"整"或者"正"字;大写金额数字有分的,分后面不写"整"或者"正"字;阿拉伯金额数字中间有"0"时,汉字大写金额要写"零"字,如￥204.50,汉字大写金额应写人民币贰佰零肆元伍角整;阿拉伯金额数字中间连续有几个"0"时,汉字大写金额中可以只写一个"零"字,如3 006.78,汉字大写金额应写成人民币叁仟零陆元柒角捌分;阿拉伯金额数字元位是"0",或者数字中间连续有几个"0",但角位不是"0"时,汉字大写金额可以只写一个"零",也可以不写"零"字,如￥9 340.65,汉字大写金额应写成人民币玖仟叁佰肆拾元零陆角伍分,或人民币玖仟叁佰肆拾元陆角伍分。

原始凭证不得随意涂改、刮擦、挖补,发现原始凭证有错误的,应当由开出单位重开或更正。填写支票必须使用碳素笔,对提交银行的各种结算凭证的大小写金额,一律不准更改,如果填写错误,应加盖"作废"戳记重新填写。

各种原始凭证还必须连续编号以便查证,如果凭证已预先印有编号,在写坏作废时,应加盖"作废"戳记,妥善保存,不得撕毁。

三、原始凭证的审核

原始凭证的审核是会计工作中最基本的一环,也是保证会计信息可靠的根本前提。为了保证原始凭证内容的真实性和合法性,防止不符合填制要求的原始凭证影响会计信息的质量,必须由会计部门对原始凭证进行严格的审核。

(一)审核原始凭证的合法性和合理性

主要是要求审核原始凭证所记录的企业的经济活动是否符合国家有关法律、法规的要求,是否违反政府制定的各种经济政策。同时,审核原始凭证所记录的经济业务是否依照企业相关管理部门设定的经济活动计划进行,是否符合经济性和效益性原则。

(二)审核原始凭证内容的真实性和准确性

会计人员应当注意审核原始凭证所反映的经济业务是否真实,是否存在弄虚作假或舞弊行为。同时,还应检查原始凭证对经济业务内容的描述是否准确,数量关系是否清晰、正确。

(三)审核原始凭证的合规性

审核原始凭证的填制是否符合规定的要求,包括审核原始凭证上各项目的填列是否齐全、规范、正确,相关责任人是否明确等。

原始凭证的审核,必须坚持原则,依法办事。对于不合法、不真实的原始凭证,会计人员有权不予受理,并要求向单位负责人报告;对于记录不完整、不准确的原始凭证应予以退回,并要求按照国家有关规定进行更正、补充。原始凭证经审核无误后,方可作为编制记账凭证和登记明细分类账的依据。

第三节 记账凭证

一、记账凭证的基本内容

记账凭证种类甚多,格式不一,但其主要作用都在于对原始凭证进行分类、整理,按照复式记账的要求,运用会计科目,编制会计分录,据以登记账簿。因此,记账凭证必须具备以下基本内容:

(1)填制单位的名称;
(2)记账凭证的名称;
(3)记账凭证的日期和编号;
(4)经济业务的内容摘要;
(5)账户名称(包括一级、二级和明细账)、记账方向和金额;
(6)所附原始凭证的张数;
(7)填制、审核、记账、会计主管等有关人员的签章。

二、记账凭证的填制要求

各种记账凭证的填制,除应严格遵循原始凭证的填制要求外,还应注意以下几点:

(一)摘要简明

记账凭证的摘要应简明、扼要地概括出经济业务的主要内容。

(二)会计科目运用准确

应按照企业会计准则的要求使用会计科目,且应借应贷的账户对应关系必须清楚。

(三)连续编号

记账凭证在一个月内应当连续编号,以便查核。采用通用记账凭证的,可按全部经济业务发生的先后顺序编号;采用专用记账凭证的,可按凭证类别分类编号;若一笔经济业务要填制多张记账凭证,可采用"分数编号法",即按该项经济业务的记账凭证数量编列分号。例如,某笔经济业务要编制三张转账凭证,凭证的顺序号是 25 时,这三张凭证的编号应分别为转字第 25$\frac{1}{3}$号、25$\frac{2}{3}$号、25$\frac{3}{3}$号,每月末最后一张记账凭证的号旁要加注"全"字,以免凭证散失。

(四)附件齐全

记账凭证所附的原始凭证必须完整无缺,在记账凭证上要注明所附原始凭证的张数,以便查核。若两张或两张以上的记账凭证依据同一原始凭证填制,则应在未附原始凭证的记账凭证上注明"原始凭证 X 张,附于第 Y 号凭证之后",以便日后查阅。

三、记账凭证的填制举例

(一)填制收款、付款和转账凭证

根据第四章例 4-28、例 4-12、例 4-38 编制收款凭证、付款凭证、转账凭证(见表 5-9、表 5-10、表 5-11)。

表 5-9 收款凭证

借方科目 银行存款　　　20××年 12 月 25 日　　　收字第 1 号

摘要	贷方总账科目	明细科目	金额 千 百 十 万 千 百 十 元 角 分	附单据张
出售 A 产品	主营业务收入	A 产品	6 4 0 0 0 0	
	应交税费	应交增值税	8 3 2 0 0	
合计			¥　　7 2 3 2 0 0	

财务主管:×× 　记账:×× 　出纳:×× 　审核:×× 　制单:××

表 5-10 付款凭证

贷方科目 银行存款　　　20××年 12 月 6 日　　　付字第 3 号

摘要	借方总账科目	明细科目	金额 千 百 十 万 千 百 十 元 角 分	附单据张
购买材料	在途物资	甲材料	7 6 8 0 0 0	
支付货款	在途物资	乙材料	4 5 6 0 0 0	
	应交税费	应交增值税	1 5 6 0 0 0	
合计			¥　1 3 8 0 0 0 0	

财务主管:×× 　记账:×× 　出纳:×× 　审核:×× 　制单:××

表 5-11　转账凭证

20××年12月31日　　　　　　　　　　　　　　　　　转字第 7 号

摘　要	总账科目	明细科目	借方金额 千 百 十 万 千 百 十 元 角 分	贷方金额 千 百 十 万 千 百 十 元 角 分	
结转产品	主营业务成本		1 8 6 0 2 1 9 0		附单据
销售成本	库存商品	A产品		1 6 0 7 6 7 9 0	
	库存商品	B产品		2 5 2 5 4 0 0	张
合　计			¥1 8 6 0 2 1 9 0	¥1 8 6 0 2 1 9 0	

财务主管：××　　记账：××　　出纳：××　　审核：××　　制单：××

（二）填制通用记账凭证

通用记账凭证常用的格式与转账凭证基本相同，填制方法见表 5-11。

四、记账凭证的审核

记账凭证是登记账簿的直接依据。为保证账簿记录的正确性以及会计信息的质量，记账前必须由专人对已编制的记账凭证进行认真、严格的审核。审核内容如下：

（一）合法性

审核记账凭证后是否附有原始凭证，所附原始凭证是否齐全，内容是否合法，记账凭证的内容与所附原始凭证的内容是否相符、金额是否一致。

（二）正确性

审核记账凭证中应借应贷的科目是否正确，二级或明细科目是否齐全，账户对应关系是否清晰，金额计算是否准确无误。

（三）完整性

审核记账凭证的日期、摘要、凭证号等要素是否填写清楚，项目填写是否齐全，有关人员是否签名盖章等。

在审核中若发现记账凭证的编制有差错或不完整，应查明原因，予以重填或及时更正。只有经过审核无误的记账凭证，才能据以记账。

第四节　会计凭证的传递与保管

一、会计凭证的传递

会计凭证的传递是指凭证从取得或填制时起，经过审核、记账、装订到收档保管时止，在单位内部各有关部门和人员之间按规定的传递顺序办理业务手续的过程。

正确组织会计凭证的传递，对于及时处理、登记经济业务，加强会计监督具有重要作用。

会计凭证的传递包括凭证的传递路线、传递时间和传递手续三个方面。

(一) 会计凭证的最佳传递路线

确定最佳传递路线,要求各单位根据自己的具体情况,明确规定会计凭证的联次及流程。既要使会计凭证经过必要的环节进行审核和处理,又要避免会计凭证在不必要的环节停留,从而保证会计凭证按照最简捷、合理的路线传递。

(二) 会计凭证的最佳传递时间

会计凭证的传递时间,是指各种会计凭证在各经办部门、环节停留的最长时间,应按企业正常情况下办理经济业务所需的时间来合理确定。明确会计凭证的传递时间,能防止凭证拖延处理,保证会计工作的正常秩序,提高工作效率。

(三) 会计凭证的传递手续

会计凭证的传递手续,是指会计凭证传递过程中的衔接手续。应该做到责任明确、手续完备、严密,以保证会计凭证的完整、安全。

二、会计凭证的保管

会计凭证的保管是指会计凭证登账后的整理、装订和归档存查。会计凭证是各项经济活动的历史记录,是重要的经济档案,因此必须妥善整理和保管,不得丢失或任意销毁。

(一) 会计凭证的整理归类

会计部门应定期(一般为每月)对会计凭证加以归类整理,在保证记账凭证及其所附原始凭证完整无缺后,加封面、封底,装订成册,并在装订线上加贴封签,以防散失和任意拆装。会计主管和装订人在封签处签字及盖章,然后入档保管。

(二) 会计凭证的选册归档

每年的会计凭证应由会计部门按照归档要求,整理立卷或装订成册。当年的会计凭证,会计年度结束后,可由会计部门保管一年,期满后,应由会计部门编造清册移交本单位档案部门保管。会计凭证必须妥善保管,存放有序,查找方便,并严防销毁、丢失和泄露。

(三) 会计凭证的借阅

会计凭证原则上不得借出,如有特殊需要,须报请批准,但不得拆散原卷册,并应限期归还。当借阅已入档的会计凭证时,必须办理借阅手续。

(四) 会计凭证的销毁

会计凭证的保管期限,一般为 30 年。保管期限未满时,任何人不得随意销毁会计凭证。按规定销毁会计凭证时,必须开列清单,报经批准后,由档案部门和会计部门共同派员监销。在监销前,监销人应认真清点核对;销毁后,监销人应在销毁清册上签名或盖章,并将销毁情况报告本单位负责人。

章后习题

一、思考题

1. 什么是会计凭证？填制和审核会计凭证有哪些作用？
2. 什么是原始凭证？原始凭证有哪些类别？
3. 原始凭证应具备哪些基本内容？
4. 什么是记账凭证？记账凭证是如何分类的？
5. 记账凭证应具备哪些基本内容？
6. 填制原始凭证应遵循哪些要求？
7. 填制记账凭证应遵循哪些要求？
8. 审核原始凭证有什么意义？有哪些要求？
9. 如何审核原始凭证？如何审核记账凭证？
10. 什么是会计凭证的传递程序？会计凭证的保管方法和要求有哪些？

二、基础练习题

（一）单项选择题

1. 日常会计工作的起点和关键是（　　）。
   A. 填制和审核会计凭证　　　　B. 编制会计分录
   C. 登记会计账簿　　　　　　　D. 编制会计报表
2. 下列会计凭证中，属于累计凭证的是（　　）。
   A. 收料凭证汇总表　　　　　　B. 科目汇总表
   C. 限额领料单　　　　　　　　D. 账存实存盘点表
3. "销售产品一批，部分货款收存银行，部分货款客户暂欠"，该项经济业务应填制的记账凭证是（　　）。
   A. 收款凭证和转账凭证　　　　B. 收款凭证和付款凭证
   C. 付款凭证和转账凭证　　　　D. 只填制付款凭证
4. 记账凭证上可以不记载的事项是（　　）。
   A. 填制日期、会计科目及金额　B. 所附原始凭证的张数
   C. 单位负责人签字或盖章　　　D. 会计部门负责人签字或盖章
5. 对于从银行提取现金的业务，登记库存现金日记账的依据是（　　）。
   A. 库存现金收款凭证　　　　　B. 库存现金付款凭证
   C. 银行存款收款凭证　　　　　D. 银行存款付款凭证
6. 原始凭证和记账凭证的相同点是（　　）。
   A. 反映的经济业务内容相同　　B. 编制的时间相同
   C. 具体作用相同　　　　　　　D. 具体要素相同
7. 下列各项不属于原始凭证审核内容的是（　　）。

A. 原始凭证是否真实　　　　　　　　B. 原始凭证是否合法
C. 原始凭证的合理性　　　　　　　　D. 会计科目的正确性

8. 下列经济业务中,应填制转账凭证的是(　　)。
A. 用银行存款偿还短期借款　　　　　B. 收回应收账款
C. 用现金支付工资　　　　　　　　　D. 生产领用原材料

9. 下列属于原始凭证的是(　　)。
A. 入库单　　　　　　　　　　　　　B. 材料采购计划表
C. 银行对账单　　　　　　　　　　　D. 购销合同

10. 下列记账凭证中可以不附原始凭证的是(　　)。
A. 所有收款凭证　　　　　　　　　　B. 所有付款凭证
C. 所有转账凭证　　　　　　　　　　D. 用于结账的记账凭证

(二) 多项选择题

1. 各种原始凭证必须具备的基本内容有(　　)。
A. 原始凭证的名称、日期
B. 接受凭证单位的名称
C. 填制凭证单位的名称和经办人员的签名
D. 应借应贷会计科目名称
E. 经济业务的内容

2. 下列经济业务应填制收款凭证的有(　　)。
A. 从银行提取现金备用　　　　　　　B. 购买材料一批
C. 销售产品一批,货款已经存入银行　　D. 采购员退回多余现金已经收讫
E. 以银行存款偿还前欠账款

3. 审核记账凭证的主要内容有(　　)。
A. 审核记账凭证的编制是否有依据　　B. 有关项目是否填制完整
C. 有关人员签章是否齐全　　　　　　D. 应借应贷的会计科目是否正确
E. 核算内容是否符合会计制度的规定

4. 下列凭证属于汇总凭证的有(　　)。
A. 银行存款余额调节表　　　　　　　B. 原始凭证汇总表
C. 科目汇总表　　　　　　　　　　　D. 汇总转账凭证
E. 汇总收款凭证

5. 影响企业会计凭证传递的因素有(　　)。
A. 企业生产组织的特点　　　　　　　B. 企业经济业务的内容
C. 企业管理的要求　　　　　　　　　D. 规定保管期限
E. 企业经济业务的特点

6. 下列单据中属于原始凭证的有(　　)。
A. 借款单　　　B. 发票　　　C. 收料单　　　D. 领料单
E. 对账单

7. 下列经济业务中,应填制转账凭证的有(　　)。
   A. 国家以厂房对企业投资　　　　B. 外商以货币资金对企业投资
   C. 购买材料未付款　　　　　　　D. 销售商品收到商业汇票一张
   E. 支付前欠某企业账款
8. 限额领料单属于(　　)。
   A. 转账凭证　　　　　　　　　　B. 自制原始凭证
   C. 一次凭证　　　　　　　　　　D. 累计凭证
   E. 外来原始凭证
9. 涉及现金和银行存款之间相互划转的业务,应编制的专用记账凭证有(　　)。
   A. 库存现金收款凭证　　　　　　B. 库存现金付款凭证
   C. 银行存款收款凭证　　　　　　D. 银行存款付款凭证
   E. 转账凭证
10. 下列经济业务中,应填制付款凭证的有(　　)。
    A. 提取现金备用　　　　　　　　B. 购买材料预付定金
    C. 购买材料未付款　　　　　　　D. 以存款支付前欠某企业账款
    E. 将现金存入银行

(三) 判断题

1. 自制原始凭证要在经济业务执行或完成时填制,因此都是一次凭证。(　　)
2. 记账凭证根据其反映经济业务的不同分为原始凭证、累计凭证、汇总凭证。(　　)
3. 支票、收据等原始凭证发生填制错误时,不能采用划线更正法,应予以销毁,重新填制。(　　)
4. 为了法律上的出证需要,可以直接将有关原始凭证附上,予以证明。(　　)
5. 记账凭证按其填制方式的不同,可以分为复式凭证和单式凭证两种。(　　)
6. 付款凭证只有在银行发生付款业务时才填制,转账凭证是在任何经济业务发生时都能填制的凭证。(　　)
7. 任何会计凭证都必须经过有关人员的严格审核并确认无误后,才能作为记账的依据。(　　)
8. 企业每项交易或事项的发生都必须从外部取得原始凭证。(　　)
9. 所有记账凭证都必须附有原始凭证,并要填写所附原始凭证的张数。(　　)
10. 原始凭证不得外借,其他单位如因特殊需要使用原始凭证时,会计人员经单位负责人批准后可以为其复制。(　　)

三、实务练习题

习题一

[目的]　练习借款及报销业务中原始凭证、记账凭证的填制及会计处理。

[资料]　兴星公司材料采购员王丰20××年7月25日拟去广州市纺织集团公司

采购纺织品,经业务授权人(供应处处长)张力宁签章同意,预借差旅费2 000元。王丰填制一张借款单,出纳员刘丽付给王丰库存现金2 000元。经财务稽核人员姜宾稽核,将审核后的借款单交会计李梅编制库存现金付款凭证。财务部门负责人为谢农。7月28日,王丰完成采购业务回来,经审核,实际支出差旅费及补助1 960元,交回剩余库存现金。

[**要求**] 填制差旅费借款单、差旅费报销单,并编制借款时的库存现金付款凭证和报销时的转账凭证。

借款单

借款部门: 　　　　　　　　　　　年 月 日　　　　　　　　业务授权人:

人民币(大写)			¥	
用途			财务部门	借款部门
付款方式	票据号码		负责人	负责人
收款单位	开户银行		审核	借款人
	账号		记账	经办人

差旅费报销单

年 月 日

公出者姓名							公出地点		车船费	途中伙食补助		住勤伙食补助		其他			合计
出发				到达													
月	日	时分	地点	月	日	时分	地点			日数	金额	日数	金额	车马费	宿费	其他	
合　计																	

报销　年 月 日借款　　元。结余或超支　　元。　报销金额(大写)　　　　　¥

财务主管:　　审核:　　制单:　　部门主管:　　公出人:

付款凭证

贷方科目　　　　　　　　　　年 月 日　　　　　　　　付字第　号

摘要	借方总账科目	明细科目	金额									
			千	百	十	万	千	百	十	元	角	分
合　计												

财务主管:　　记账:　　出纳:　　审核:　　制单:

转账凭证

年 月 日　　　　　　　　　　　　　　转字第　号

摘要	总账科目	明细科目	借方金额									贷方金额									附单据　张
			千	百	十	万	千	百	十	元	角	分	千	百	十	万	千	百	十	元	角	分	

财务主管：　　　记账：　　　出纳：　　　审核：　　　制单：

收款凭证

借方科目　　　　　　　　　　年 月 日　　　　　　　　　　　收字第　号

摘要	贷方总账科目	明细科目	金　额								附单据　张
			千	百	十	万	千	百	十	元	角	分	
合　计												

财务主管：　　　记账：　　　出纳：　　　审核：　　　制单：

习题二

[**目的**]　销售业务中原始凭证、记账凭证的填制及会计处理。

[**资料**]　根据20××字第034号合同,横道公司于当年7月30日售给星月公司长久牌工装196件,每件100套,每套51.80元。星月公司已在相关提货单上签字确认并已提货,提货人为肖飞。横道公司收到星月公司开出的票面金额为1 187 877.60元的有效银行本票一张及其他相关单据若干张,出纳员刘丽在审核后填列银行存款进账单,并于当日将银行本票存入本公司在建设银行××市分行×××支行第001995518账号内。另外,横道公司开给星月公司增值税销货发票,其中,价款为1 015 280元,增值税进项税额为131 986.40元。

[**要求**]　填制提货单、银行进账单、增值税发票、银行存款收款凭证。

横道公司提货单 No.00955

年　月　日

品　名	单　位	数　量	单　价	金　额	备　注
合　计					

批准人：　　　　开票：　　　　　保管员：　　　　　提货人：

中国建设银行进账单(回单或收款通知)

年　月　日

出票人	全　称		收款人	全　称	
	账　号			账　号	
	开户银行			开户银行	

人民币(大写)		千	百	十	万	千	百	十	元	角	分

票据种类		票据张数		
票据号码				复核：　　记账：
备注：				

××增值税专用发票

开票日期：　年　月　日

购买方	名　　称：	密码区	
	纳税人识别号：		
	地址、电话：		
	开户行及账号：		

货物或应税劳务、服务名称	规格型号	单位	数量	单价	金额	税率	税额
合计							

价税合计(大写)	佰　拾　万　仟　佰　拾　元　角　分	(小写)

销售方	名　　称：	备注	
	纳税人识别号：		
	地址、电话：		
	开户行及账号：		

收款人：　　　复核：　　　开票人：　　　　　销售方：(章)

习题三

[目的] 练习编制收款凭证、付款凭证和转账凭证。

[资料] 东方公司20××年12月发生下列业务：

1. 2日，向前程股份有限公司购入材料，货款5 000元，增值税（进项税额）650元，材料已验收入库，款项尚未支付。

2. 3日，以银行存款解交应交增值税4 000元。

3. 3日，以库存现金支付职工张明探亲费800元。

4. 3日，从银行存款中提取库存现金500元。

5. 4日，以库存现金150元购买办公用品。

6. 4日，以库存现金60元支付车间职工市内交通费。

7. 5日，向工商银行借入短期借款50 000元，并存入银行。

8. 5日，生产车间制造产品领用材料45 000元，车间领用一般消耗材料1 000元。

9. 8日，以银行存款支付前欠益民股份有限公司款项20 000元。

10. 9日，售给嘉丰股份有限公司产品100件，每件售价350元，增值税税率13%，款项尚未收到。

11. 10日，以银行存款购入不需要安装的设备一台，买价30 000元，增值税3 900元，当即交付生产车间使用。

12. 12日，以银行存款支付公司电话费800元，增值税（进项税额）104元。

13. 13日，售给上海电器股份有限公司产品300件，每件售价350元，增值税税率13%，款项收讫，存入银行。

14. 14日，向银行提取库存现金40 000元，准备发放工资。

15. 15日，以库存现金发放职工工资40 000元。

16. 18日，采购员赵林出差回来，报销差旅费1 450元，原预支1 500元，现交来库存现金50元。

17. 20日，向益民股份有限公司购入材料15 000元，增值税（进项税额）1 950元，材料已验收入库，当即以银行存款支付。

18. 20日，以银行存款5 650元支付所欠光明股份有限公司款项。

19. 26日，售给海达股份有限公司产品100件，每件售价350元，增值税税率13%，款项尚未收到。

20. 28日，收到嘉丰股份有限公司所欠款项39 550元，存入银行。

21. 31日，分配本月工资，其中，生产工人工资30 000元，车间管理人员工资3 000元，公司管理人员工资7 000元。

22. 31日，按工资总额的14%提取职工福利费。

23. 31日,按规定计提本月固定资产折旧15 000元,其中,车间用固定资产折旧为12 000元,公司用固定资产折旧为3 000元。

24. 31日,分配结转本月应付的电费,其中,车间生产用电费4 500元、照明用电费400元,公司管理部门照明用电费800元。

25. 31日,计提本月应负担的银行借款利息1 000元。

26. 31日,计算本月应负担的保险费400元。

27. 31日,摊销本月无形资产3 000元。

28. 31日,结转本月制造费用:本月完工产品480件,实际制造成本100 800元,予以结转。

29. 31日,结转本月500件产品的销售成本107 500元。

30. 31日,结转本月收入、费用账户。

31. 31日,按利润总额的25%计算结转所得税。

32. 按照税后利润的10%提取法定盈余公积金。

33. 决定向投资者分配利润15 000元。

[要求]

1. 根据以上经济业务分别填制收款凭证、付款凭证和转账凭证。
2. 指出编制上述凭证时,一般要附哪些原始凭证。

四、案例分析题

兴星公司在内部审计中发现如下两张原始凭证(财务相关人员的信息见习题一中的资料):

1. 供应处采购员王丰20××年9月6日去瓦纺集团公司采购纺织品,事先预借差旅费库存现金3 000元,借款单据如下:

借款单

借款部门:供应处　　　　　20××年9月6日　　　　　业务授权人:张力宁

人民币(大写)		叁仟元				¥3 000	
用途		差旅费		财务部门		借款部门	
付款方式		票据号码		负责人		负责人	张力宁
收款人	王丰	开户银行		审核	姜宾	借款人	王丰
		账号		记账	李梅	经办人	王丰

2. 20××年9月8日王丰出差回来后报销差旅费,填列差旅费报销单如下:

差旅费报销单

20××年9月9日

公出者姓名			王丰			公出地点	瓦房店							
出发			到达			车船费	途中伙食补助		住勤伙食补助		其他			合计
月	日	时分	地点	月	日	时分	地点		日数	金额	日数	金额	交通费	宿费	其他	

月	日	时分	地点	月	日	时分	地点	车船费	日数	金额	日数	金额	交通费	宿费	其他	合计
9	6	8:32		9	6	11:02	瓦房店	180	—	—	—	—	—	—	—	180
9	8	15:30	瓦房店	9	8	18:00		180	—	—	3	240	60	300	1 998	2 598
								—	—	—	—	—	—	—	—	—
								—	—	—	—	—	—	—	—	—
								—	—	—	—	—	—	—	—	—
合 计								360	—	—	3	240	60	300	1 998	2 598

报销20××年9月8日　借款3 000元。结余402元　　报销金额(大写)贰仟叁佰陆拾柒元整　￥2 598

财务主管:谢农　　审核:姜宾　　制单:李梅　　部门主管:张力宁　　公出人:王丰

注:① 住勤伙食补助按有关政策规定为每天80元,交通费补助为每天20元。

② 经审核,在差旅费报销单所填列的其他栏中,所支出的其他费用1 998元的组成为:长途电话费1 000元,出租车车费500元,餐费488元,均有相关的原始凭证。

③ 出发地和瓦房店之间两张金额均为180元的原始凭证经审核没有问题。

[要求] 指出上述两张原始凭证存在的问题并提出处理意见。

第六章 会计账簿

本章导航

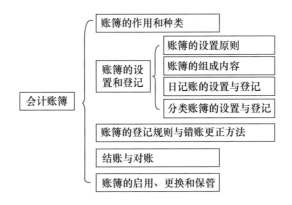

知识目标

- 设置和登记账簿对于提供会计信息、加强经营管理的作用;
- 序时账簿、分类账簿的内容、格式、登记依据和方法。

能力目标

- 能够应用记账的规则正确登记账簿;
- 能够对错账进行正确判断并进行更正;
- 能够进行正确的结账和对账。

导语

当会计人员用借贷记账法对企业发生的每一项经济业务加以确认、计量并记录在会计凭证中时,企业经济业务对具体会计账户的影响就已经被记录下来。但是,由于企业一定期间发生的经济业务多种多样,有些业务引起企业资金流入,有些业务引起企业资金流出,而这些变化最终导致怎样的结果,会计人员还不能从会计凭证的记录中直接看出来,因此,必须利用会计账簿将经济业务所引起的会计账户的增减变动情况加以分类记录,才能满足企业管理的需要,也才能为及时、准确地编制财务会计报告奠定基础。

第一节　账簿的作用和种类

会计账簿简称账簿,是指由具有一定格式、相互连接的账页所组成,以会计凭证为依据,全面、系统、连续地记录经济业务的簿籍。

登记账簿是会计核算的专门方法之一,它是联结会计凭证与财务会计报告的中间环节,是编制财务会计报告的基础,设置和登记账簿对加强经营管理、提高会计工作质量具有重要作用。

一、账簿的作用

(一)账簿是为企业经营管理提供会计信息的工具

通过设置和登记账簿,对分散在会计凭证上的经济业务序时地进行归类汇总,能够连续、完整、系统地记录和计算会计要素的增减变动情况,对加强企业经营管理非常有必要。

(二)账簿是定期编制会计报表的依据

企业定期编制的资产负债表、利润表中的数据资料主要来自账簿记录,因此账簿的设置和记录是否正确、完整,直接影响会计报表的质量。

(三)账簿是考核经营成果、进行会计分析的重要资料

账簿记录可以提供各项资产、负债、所有者权益、成本费用和利润等经济指标,借以考核报表项目以及成本、利润计划的执行情况,评价企业经营成果和财务状况,进而发现问题,分析原因,提高经营管理水平。

二、账簿的种类

会计核算中应用的账簿很多,不同的账簿,其用途、形式、内容和登记方法各不相同。为了便于了解和使用各种账簿,应对账簿进行分类。

(一)账簿按其用途分类

1. 序时账簿

序时账簿是按照经济业务发生的先后顺序,逐日逐笔登记经济业务的账簿,也称日记账。日记账有两种:一种是用来登记全部经济业务会计分录的日记账,又称普通日记账,即按照每日发生的经济业务的先后顺序,逐项编制会计分录,也称分录簿;另一种是用来登记某一特定项目经济业务发生情况的日记账,又称特种日记账。在实际工作中,应用较广泛的库存现金日记账和银行存款日记账就是特种日记账。

2. 分类账簿

分类账簿是按照会计要素的具体内容分类设置和登记的账簿。按账簿反映内容的详细程度的不同,分类账簿可分为总分类账和明细分类账,在企业实际工作中,通常简称为总账和明细账。总分类账是根据总分类账户登记,并能总括反映经济业务内容的账簿。明细分类账是根据明细分类账户登记,并能详细反映经济业务内容的账簿。

3. 备查账簿

备查账簿是对某些在序时账簿和分类账簿中未能记载的事项进行补充登记的账簿,如租入固定资产登记簿、受托加工材料登记簿等。备查账簿由单位根据需要进行设置。

(二) 账簿按外表形式分类

1. 订本式账簿

订本式账簿是在启用前将编有顺序页码的一定数量的账页装订成册的账簿。其优点是账页固定,能够防止抽换账页,避免账页损失;缺点是账簿总页数以及各账户预留账页数同实际需要量可能不一致,从而造成账页不足或浪费,也不便于记账人员分工。企业的总分类账、库存现金日记账和银行存款日记账通常采用订本式账簿。

2. 活页式账簿

活页式账簿是将一定数量的账页置于活页夹内,可根据经济业务的需要,随时增减账页的账簿。其优点是能根据实际需要随时抽出或加入账页,避免浪费,使用灵活,还便于分工记账、分类计算和汇总。其缺点是账页容易散失和被抽换。因此,使用活页式账簿时,应对空白账页连续编号,并加盖有关人员图章,以防舞弊。年末,应将活页式账簿装订成册。企业的明细分类账多使用活页式账簿。

3. 卡片式账簿

卡片式账簿是将一定数量的卡片式账页存放于专设的卡片箱中,账页可以根据需要随时增添的账簿。其特点与活页式账簿相同。每张卡片通常记录一项资产的状况,如固定资产卡片。

综上所述,账簿分类如图6-1所示。

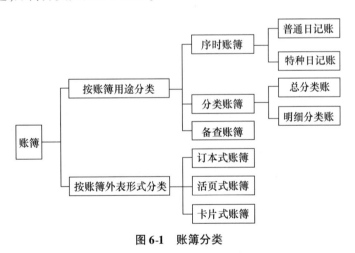

图6-1 账簿分类

第二节 账簿的设置和登记

一、账簿的设置原则

企业应根据本企业的业务特点和经营管理要求,设置必要的账簿。设置账簿时,应遵循以下原则：

（1）账簿的设置要确保能够全面、连续、系统地核算和监督各项经济业务，为经营管理和编制财务会计报告提供会计核算资料。

（2）在保证满足核算和监督经济业务的要求的前提下，尽量考虑人力、物力的节约，防止重复记账。

（3）账簿的格式既要满足记录经济业务的需要，又要力求简便实用，避免烦琐重复。

二、账簿的组成内容

账簿的形式和格式多种多样，但均应具备以下内容：

（一）封面

封面上应标明账簿的名称，如总分类账、库存现金日记账等。

（二）扉页

扉页应印有账户目录（见表6-1）及账簿使用登记表（见表6-2）。

表6-1 账户目录（科目索引）

页　数	科　目	页　数	科　目

表6-2 账簿使用登记表

使用者名称		印鉴		
账簿名称				
账簿编号				
账簿页数	本账簿 共计 页			
启用日期	年 月 日			
责任者	主管	会计	记账	审核
经管人姓名及接交日期	经管 年 月 日 交出 年 月 日			
	经管 年 月 日 交出 年 月 日			

（三）账页

账页是账簿的主要组成部分，因经济业务内容的不同而不同，但一般包括如下基本内容：

（1）账户的名称（总账科目、二级或明细科目）；

(2) 登记日期栏;

(3) 凭证种类和号数栏;

(4) 摘要栏(记录经济业务的简要说明);

(5) 金额栏(记录经济业务的增减变动);

(6) 总页次和分户次。

三、日记账的设置与登记

(一) 库存现金日记账的设置与登记

库存现金日记账是出纳员根据库存现金收款凭证、库存现金付款凭证和银行存款付款凭证以及经济业务发生的先后顺序,逐日逐笔登记的账簿。其格式和内容如表6-3所示。

表6-3 库存现金日记账

20××年		凭证号	摘要	对方科目	借方	贷方	余额
月	日						
12	1		期初余额				1 692
		40	报差旅费,退现金	管理费用		600	1 092
		42 1/2	提现	银行存款	97 700		98 792
		42 2/2	发放工资	应付职工薪酬		97 700	1 092
			本月发生额及余额		97 700	98 300	1 092

库存现金日记账的登记方法如下:

(1) 日期栏,根据记账凭证的日期登记。

(2) 凭证号栏,登记入账的记账凭证的编号。

(3) 摘要栏,根据凭证的摘要登记。

(4) 对方科目栏,登记每笔会计分录中与库存现金对应的科目名称,其作用在于了解库存现金收支的来龙去脉。

(5) 借方栏,根据库存现金收款凭证和银行存款付款凭证(提取库存现金业务)中所列金额登记。

(6) 贷方栏,根据库存现金付款凭证中所列金额登记。

(7) 余额栏,每日终了,应加计库存现金收入和支出合计数,并结出余额,同时与库存现金实有数核对,称为"日清"。月终,同样要计算库存现金收付和结存的合计数,称为"月结"。

(二) 银行存款日记账的设置与登记

银行存款日记账是出纳员根据银行存款收款凭证、银行存款付款凭证和库存现金付款凭证(库存现金存入银行业务)按经济业务发生的先后顺序,逐日逐笔进行登记的账簿。其格式和内容如表6-4所示。

表 6-4 银行存款日记账

20××年		凭证号	摘要	结算凭证		对方科目	借方	贷方	余额
月	日			种类	号数				
12	1		期初余额						194 000
		1	收到投资	略	略	实收资本	2 000 000		2 194 000
		4	取得借款			短期借款	300 000		2 494 000
略									
			本月发生额及余额				3 669 950	495 490	3 368 460

银行存款日记账的登记方法与库存现金日记账基本相同,需要说明的是:

(1)结算凭证栏,根据结算凭证的种类和号码登记,如提取现金,在种类栏登记"现金支票",在号数栏登记现金支票上的号码。

(2)对方科目栏,登记每笔经济业务中与银行存款相对应的科目名称,其作用在于了解银行存款收支的来龙去脉。

(3)借方、贷方、余额栏,根据每日银行存款实际收支金额登记,并结出余额,定期与银行对账单核对,避免透支现象出现。

四、分类账簿的设置与登记

(一)总分类账的设置与登记

总分类账是按照总分类账户分类登记全部经济业务的账簿。应按照会计科目的编号顺序分别开设账户。任何单位都要设置总分类账。

总分类账的账页格式因采用的记账方法和账务处理程序不同而异,主要有三栏式和多栏式。

1. 三栏式总分类账的设置

三栏式总分类账在账页中设有借方、贷方和余额三个金额栏,其格式和内容如表6-5 所示。

表 6-5 总分类账

会计科目:应交税费

20××年		凭证号	摘要	借方	贷方	借或贷	余额
月	日						
12	1		期初余额			贷	30374
		8	购买材料	10 400		贷	19 974
略							
			本月发生额及余额	46 124	54 007.03	贷	35 287.03

2. 多栏式总分类账的设置

多栏式总分类账把序时账簿和分类账簿结合在一起,组成联合账簿,通常称为日记总账。其格式和内容如表6-6 所示。

表 6-6　多栏式总分类账

年		凭证号	摘要	发生额	科目____		科目____		科目____		科目____	
月	日				借	贷	借	贷	借	贷	借	贷

3. 总分类账的登记

总分类账可以直接根据各种记账凭证逐笔进行登记,也可以将一定时期的各种记账凭证先汇总编制科目汇总表或汇总记账凭证,再据以登记。

总分类账的登记方法取决于所采用的会计核算组织程序,具体内容见第九章。但不论采用哪种办法登记总分类账,每月都应将当月已完成的经济业务全部登记入账,月末结出总分类账中各账户本期发生额和期末余额,与明细分类账余额核对相符后,作为编制财务会计报告的主要依据。

(二) 明细分类账的设置与登记

明细分类账是按照明细分类账户登记经济业务的账簿。企业应根据具体情况设置明细分类账。明细分类账的账页及格式因经济管理的要求和所记录的内容不同而异。一般有三栏式、数量金额式和多栏式三种账页格式。

1. 三栏式明细分类账的设置与登记

三栏式明细分类账的账页设有借方、贷方和余额三个金额栏,不设数量栏。它适用于只需要反映金额的经济业务,如债权、债务结算账户。其格式和内容如表 6-7 所示。

表 6-7　"应付账款"明细分类账

明细科目:恒利公司

20××年		凭证号	摘要	借方	贷方	借或贷	余额
月	日						
12	1		期初余额			贷	28 000
		13	购买材料		68 700	贷	96 700
			本期发生额		68 700	贷	96 700

三栏式明细分类账是由会计人员根据审核无误的记账凭证或原始凭证,按经济业务发生的先后顺序逐日逐笔进行登记的。

2. 数量金额式明细分类账的设置与登记

数量金额式明细分类账的账页设有借方、贷方、结存的数量、单价和金额栏。这种格式适用于既要进行金额核算,又要进行实物数量核算的各种财产物资账户,如"原材料""库存商品"等。其格式和内容如表 6-8、表 6-9 所示。

表6-8 "原材料"明细分类账

材料名称：甲材料

20××年		凭证号	摘要	借方			贷方			余额		
月	日			数量	单价	金额	数量	单价	金额	数量	单价	金额
12	1		期初余额							70	510	35 700
		17	材料入库	270	510	137 700				340	510	173 400
		18	生产领用材料				281	510	143 310	59	510	30 090
		35	结转已售材料成本				10	510	5 100	49	510	24 990
			本月发生额及余额	270	510	137 700	291	510	148 410	49	510	24 990

表6-9 "原材料"明细分类账

材料名称：乙材料

20××年		凭证号	摘要	借方			贷方			余额		
月	日			数量	单位	金额	数量	单位	金额	数量	单位	金额
12	1		期初余额							52	904	47 008
		17	材料入库	100	904	90 400				152	904	137 408
		18	生产领用材料				82	904	74 128	70	904	63 280
			本期发生额及余额	100	904	90 400	82	904	74 128	70	904	63 280

数量金额式明细分类账是由会计人员根据审核无误的记账凭证或原始凭证，按经济业务发生的先后顺序逐日逐笔进行登记的。

3. 多栏式明细分类账的设置与登记

多栏式明细分类账是根据经济业务的特点和经营管理的需要，在一张账页内按有关明细科目分设若干专栏，用以在同一账页上集中反映各有关明细科目的核算资料。根据明细科目方向的不同，分为借方多栏式账页，贷方多栏式账页，以及借方、贷方多栏式账页。

借方多栏式明细分类账的账页格式适用于借方需要设多个明细账户的账簿，如"材料采购""生产成本""制造费用""管理费用"等账户的明细分类核算。在使用借方多栏式明细分类账时，如果明细账户有贷方发生额，可以用红字登记在借方栏。其格式和内容如表6-10所示。

贷方多栏式明细分类账的账页格式适用于贷方需要设多个明细账户的账簿，如"主营业务收入""其他业务收入"和"营业外收入"等账户的明细分类核算。在使用贷方多栏式明细分类账时，如果明细账户有借方发生额，可以用红字登记在贷方栏。其格式和内容如表6-11所示。

表 6-10 "管理费用"明细分类账

20××年		凭证号	摘要	工资	折旧费	办公费	物料消耗	差旅费	业务招待费	合计
月	日									
12		18	领料				510			510
		19	分配工资	25 000						25 000
		20	提取社会保险费	3 500						3 500
		25	计提折旧费		4 000					4 000
		39	支付招待费						5 000	5 000
		40	报销差旅费					1 040		1 040
			结转管理费用	28 500	4 000		510	1 040	5 000	39 050

表 6-11 "主营业务收入"明细分类账

20××年		凭证号	摘要	借方	贷方			余额
月	日				销售商品	提供劳务	转让资产使用权	
12		28	销售商品		64 000			64 000
		29	销售商品		36 000			100 000
		31	销售商品		160 000			260 000
		33	销售商品		9 600			269 600
		41	结转收入	269 600				0

借方、贷方多栏式明细分类账的账页格式适用于借方、贷方均需要设多个明细账户的账簿,如"本年利润"账户的明细分类核算。其格式和内容如表 6-12 所示。

表 6-12 "本年利润"明细分类账

20××年		凭证号	摘要	借方(项目)		贷方(项目)		借或贷	余额
月	日				合计		合计		

第三节　账簿的登记规则与错账更正方法

一、账簿的登记规则

账簿的登记规则有如下七项:

(1) 必须根据经审核无误的会计凭证进行登记。

(2) 记账必须用蓝黑或碳素墨水书写,红色墨水只能用于下列情况:① 按照红字冲账法,冲销错误记录;② 在不设减少金额栏的多栏式账页中,登记减少数;③ 在三栏式账户的余额栏前,如未印明余额方向的,在余额栏内登记负数金额;④ 会计中规定用红字登记的其他记录。

(3) 每笔业务都要记明日期、凭证号数、摘要和金额。记账后,要在记账凭证上注明所记账簿的页数,或画"√",防止漏记、重记。

(4) 记账要保持清晰、整洁,记账文字和数字要端正、清楚、书写规范,一般应占账簿格距的1/2,以便有改错的空间。

(5) 记账时应按账户页次顺序逐页登记,不得跳行、隔页;发生跳行、隔页时,应在空行、空页处用红色墨水画对角线,注明"此行空白"或"此页空白"字样,并由记账人员签章。

(6) 每登满一张账页结转下页时,应结出本页合计数和余额,登在本页最后一行和下页第一行有关栏内,并在摘要栏注明"过次页"和"承前页"字样,以保证账簿记录的连续性。

(7) 凡需要结出余额的账户,结出余额后,应在"借或贷"栏内写明"借"或"贷"字样。没有余额的账户,应在该栏内写"平"字,并在余额栏"元"位上用"θ"或"0"表示。

二、错账的更正方法

在记账过程中,如果账簿记录发生错误,不允许用涂改、挖补、刮擦、药水消除字迹等方法更改,必须用正确的方法予以更正。更正错账的方法有以下几种:

(一) 划线更正法

在结账之前,发现账簿记录中数字或文字错误,而记账凭证无错误的,应采用划线更正法。具体做法是:先在全部错误数字或文字上划一条红线,表示注销,然后在划线上方空白处填写正确的数字或文字,并在更正处加盖记账人员图章,以明确责任。例如,把 5 868 元误记为 6 858 元时,应将 6 858 全部用红线划掉,再在上方写上正确的数字 5 868。

(二) 红字更正法

由于记账凭证错误导致账簿记录有误时,应采用红字更正法。一般适用于下列两种情况:

第一种情况是,记账后,发现记账凭证中应借应贷科目和金额有错误的,应采用红字更正法更正。具体做法是:先用红字填写一张与原错误记账凭证完全相同的记账凭证,在摘要栏注明更正某年某月某日的错账,并据以用红字登记入账,以冲销原来的错误记录;然后,再用蓝字填写一张正确的记账凭证,在摘要栏注明更正某年某月某日的错账,并据以登记有关账户。

例 6-1 企业以银行存款 5 000 元支付销售产品广告费。编制如下错误记账凭证,并已记账。

(1) 借:管理费用   5 000
   贷:银行存款   5 000

当发生错误时,先用红字金额冲销原记录:

(2) 借:管理费用   5 000
   贷:银行存款   5 000

然后,再编制一张正确的记账凭证,并据以登记入账。

(3) 借:销售费用　　　　　　　　　　　　　　　5 000
　　　贷:银行存款　　　　　　　　　　　　　　　　　　　5 000

上述记账凭证过账后,有关账户记录如下:

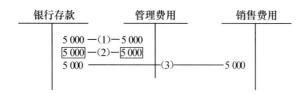

第二种情况是,记账后,发现记账凭证和账簿记录的金额有错误(所填金额大于应填金额),而原记账凭证中应借应贷科目并无错误的,可采用红字更正法。具体做法是:将多记的金额用红字填制一张记账凭证,摘要栏注明更正某年某月某日错账,并据以登记入账,以冲销多记金额。

例 6-2　企业用银行存款 2 500 元归还购货欠款。编制记账凭证时误编如下:

(1) 借:应付账款　　　　　　　　　　　　　　　25 000
　　　贷:银行存款　　　　　　　　　　　　　　　　　　25 000

当发现错误时,应将多记的金额用红字冲销如下:

(2) 借:应付账款　　　　　　　　　　　　　　　22 500
　　　贷:银行存款　　　　　　　　　　　　　　　　　　22 500

上述记账凭证过账后,有关账户记录如下:

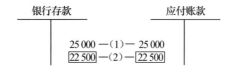

(三) 补充登记法

记账后,发现记账凭证和账簿中应借应贷的科目并无错误,但是所填金额小于应填金额的,应采用补充登记法更正。具体做法是:按少记的金额用蓝字填制一张应借应贷科目与原记账凭证相同的记账凭证,在摘要栏中注明更正某年某月某日错账,并据以登记入账,以补充登记少记的金额。

例 6-3　收到某单位欠款 20 000 元存入银行。编制记账凭证时误编如下:

(1) 借:银行存款　　　　　　　　　　　　　　　2 000
　　　贷:应收账款　　　　　　　　　　　　　　　　　　2 000

当发现错误时,应将少记金额 18 000 元再编一张凭证。

(2) 借:银行存款　　　　　　　　　　　　　　　18 000
　　　贷:应收账款　　　　　　　　　　　　　　　　　　18 000

上述记账凭证过账后,有关账户记录如下:

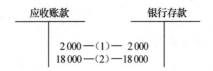

第四节 结账与对账

一、结账

所谓结账,就是在会计期末(月末、季末、年末)将本期发生的所有经济业务全部登记入账的基础上,计算出本期发生额和期末余额,并将期末余额结转下期的过程。

结账是一项对账簿记录定期结算的工作。由于企业的经济活动是连续不断进行的,会计记录也是连续的,为了了解某一会计期间(月度、季度、年度)企业财务状况和经营成果的总括情况,在每个会计期间终了时,必须进行结账,为编制财务会计报告做好准备。结账工作主要包括以下内容:

(一)检查本期发生的经济业务是否已全部记入有关账簿

期末按权责发生制的要求,详细检查本期发生的经济业务是否已全部记入有关账簿,并检查应调整的账项是否已调整并登记入账。结账工作应在期末完成,不得提前结账,也不得将本期发生的经济业务延至以后期间入账。

(二)对于本期所有的收入和费用类账户,编制结账分录

由于收入和费用类账户是为计算企业最终经营成果而设置的,因此在会计期末,应将这类账户的本期发生额合计转入"本年利润"账户,结算本期利润,结账后收入、费用类账户期末没有余额。例如,将本期的各项收入转入"本年利润"账户的贷方,将本期的各项费用转入"本年利润"账户的借方,"本年利润"账户的余额就是企业本期的经营成果。余额在贷方,表示盈利;余额在借方,表示亏损。

(三)对于本期所有的资产、负债及所有者权益类账户,计算本期发生额和期末余额并结转到下期

对于资产、负债和所有者权益类账户,由于它们在期末有余额,因此需要在期末计算出这些账户的本期发生额和期末余额,并在摘要栏内注明将余额结转下期,作为下期的期初余额,即完成结账过程。根据结账时期的不同,可分为月结、季结和年结三种。

1. 月结

月结就是每月底在账簿中进行月终结账的工作。具体操作为:计算出"本期发生额"和"期末余额",记在各账户本月最后一笔记录的下一行,在摘要栏写明"×月月结"或"本月合计"字样,然后在下面划一条通栏红线,以便与下月发生额区分清楚。对于本月未发生变动的账户,可以不进行月结,以简化手续。

2. 季结

季结就是每季度末在账簿中进行季度结账的工作。具体操作为：首先计算出本月发生额和期末余额，然后在账簿中结算出本季度发生额合计和本季度余额，并登记在本季度末月结数的下一行内，在摘要栏内写明"第×季度季结"或"第×季度合计"字样，然后在下面也划一条通栏红线，把它与月结分开，以完成季结工作。

3. 年结

年结就是年终在账簿中进行年度结账的工作。具体操作为：首先计算出12月份发生额合计及月末余额，然后计算出第四季度发生额合计和季度末余额合计，接着将本年内四个季度的发生额合计数和余额数记入第四季度季结的下一行内，并在摘要栏内写明"年结"或"本年合计"字样，之后再将年初借（或贷）方余额记入年结数的下一行借（或贷）栏内，并在摘要栏内注明"年初余额"字样；将年末借（或贷）方余额，记入再下一行的借（或贷）方栏，并在摘要栏内注明"结转下年"字样；最后，计算借贷双方总计数，双方的数字应相等，并在总计数下划两条通栏红线，以示年度结账工作完毕。

对将要更换新账的，应同时在新账页有关账户的第一行摘要栏内注明"上年结转"或"年初余额"字样，并将上年余额记入余额栏内。

二、对账

所谓对账，就是指核对账目。在会计核算中，记账时可能会发生各种差错，出现账证不符、账账不符、账实不符等问题，为了保证账簿记录的正确性，在编制财务会计报告前必须进行对账。对账是保证各种账簿记录正确、完整，保证账证相符、账账相符和账实相符的重要手段，也是会计工作的重要内容之一。对账主要包括以下内容：

（一）账证核对

账证核对，是指将各种账簿的记录与有关记账凭证及其所附的原始凭证进行核对。这种核对一般在日常编制凭证和记账过程中进行，主要是核对会计账簿记录与原始凭证、记账凭证的时间、凭证字号、内容、金额是否一致，记账方向是否相符。月终，当发现账账不符时，也可以再将账簿记录与有关会计凭证进行核对，以保证账证相符。

（二）账账核对

账账核对，是指将各种账簿之间的相关数字互相核对，要求做到账账相符。具体的核对方法是：

（1）总分类账各账户的借、贷方发生额合计数，期末借、贷方余额合计数，应分别核对相符，以检查总分类账户的登记是否正确。

（2）库存现金、银行存款日记账的本期发生额合计数及期末余额合计数，分别与总分类账核对，检查日记账的登记是否相符。

（3）总分类账的本期借、贷方发生额和期末余额与所属明细分类账的本期借、贷方发生额和期末余额合计数核对，检查总分类账和明细分类账的登记是否相符。

（4）会计部门登记的各种财产物资明细分类账的期末余额与财产物资保管和使用部门的有关财产物资保管账的结存额应核对相符，以检查双方的登记是否正确。

（三）账实核对

账实核对，是指将各种财产物资的账面余额与实存数额进行核对，要求做到账实相符。在会计核算工作中，账实核对一般是通过财产清查进行的。具体的核对方法是：

（1）库存现金日记账的账面余额应每天同库存现金实际数核对相符。

（2）银行存款日记账的记录及账面余额应与开户银行的银行对账单核对相符。

（3）原材料、库存商品、固定资产等财产物资明细分类账的账面余额应与实有数核对相符。

（4）各项应收应付款等债权债务类明细分类账的余额应与有关单位和个人核对相符。

以上各项会计工作，可为编制财务会计报告及保证报告的正确性打下良好的基础。

第五节　账簿的启用、更换和保管

一、账簿的启用

为了切实做好记账工作，保证会计核算工作的质量，必须按照一定的规则启用账簿。

（1）启用新的会计账簿，应认真填写账簿扉页的《账簿使用登记表》，其格式和内容见表6-2。

（2）记账人员调动工作或因故离职时，应办理交接手续，在交接栏内填写交接日期和交接人员姓名（签章）。

二、账簿更换

所谓账簿更换，是指在会计年度终了时，将当年度的账簿更换为次年度的新账簿。更换新账簿的程序是：

年度终了，将有余额账户的余额直接记入新账余额栏内，不需要编制记账凭证，在日期栏内注明1月1日，在摘要栏内注明"上年结转"字样，并在借或贷栏内注明余额的方向。

在新的年度建账时，是否所有的账簿都更换新账，要根据企业设置账簿的情况而定。一般来说，总分类账、日记账和绝大多数明细分类账应每年更换一次。对于个别的财产物资，采用卡片式的明细分类账（如固定资产卡片明细分类账）时，可以跨年度使用，不必每年更换一次。各种备查账簿也可连续使用。

三、账簿的保管

账簿是各单位重要的经济资料，必须建立管理制度，妥善保管。账簿管理分为平时管理和归档保管两部分。

（一）平时账簿管理的具体要求

（1）各种账簿要分工明确，指定专人管理，账簿经管人员既要负责记账、对账、结账等工作,又要负责保证账簿安全。

(2) 未经领导和会计负责人或者有关人员的批准,非经办、管理人员不能随意翻阅查看会计账簿。

(3) 会计账簿除需要与外单位核对外,一般不能携带外出;对携带外出的账簿,一般应由经办、管理人员或会计主管人员指定专人负责。

(4) 会计账簿不能随意交给其他人管理,以保证账簿安全完整,防止任意涂改、毁坏账簿等问题的发生。

(二) 旧账归档保管

年度终了更换并启用新账后,对更换下来的旧账要整理、装订、造册归档。

(1) 归档前旧账的整理工作包括:检查和补齐应办的手续,如改错、盖章、注销空行及空页、结转余额等,活页式账簿应撤出未使用的空白账页,再装订成册,并注明各账页号数。

(2) 旧账装订时应注意:活页式账簿一般按账户分类装订成册,一个账户装订成一册或数册。装订时应检查账簿扉页的内容是否填写齐全。装订后应由经办人员及装订人员、会计主管人员在封口处签名或盖章。

(3) 旧账装订完毕应编制目录和移交清单,然后按期移交档案部门管理。

(4) 各种账簿同会计凭证和会计报表一样,都是重要的经济档案,必须按照制度统一规定的保存年限妥善保管,不得丢失和任意销毁。保管期满后,应按照规定的审批程序报经批准后才能销毁。

章后习题

一、思考题

1. 为什么要设置账簿?设置账簿的原则是什么?
2. 账簿按用途分为哪几类?各是什么?
3. 为什么要单独设置库存现金日记账和银行存款日记账?
4. 明细分类账有哪几种格式?应怎样登记?
5. 错账更正的方法有哪几种?适用范围各是什么?
6. 什么是结账和对账?请举例进行说明。
7. 数量金额式账页适用于哪一类账户?为什么?
8. 费用类账户适宜采用的账页格式是怎样的?
9. 订本式账簿与活页式账簿的优缺点各有哪些?
10. 会计账簿的保管要求有哪些?

二、基础练习题

(一) 单项选择题

1. 为编制财务会计报告提供依据的是( )。

A. 填制和审核的原始凭证 B. 编制的记账凭证
C. 设置和登记的账簿 D. 编制的会计分录

2. 将账簿分为序时账簿、分类账簿和备查账簿的标准是( )。
A. 按用途分类 B. 按经济内容分类
C. 按外表形式分类 D. 按会计要素分类

3. 按照经济业务发生的先后顺序逐日逐笔登记经济业务的账簿是( )。
A. 序时账簿 B. 分类账簿 C. 明细账簿 D. 备查账簿

4. 若记账凭证正确,记账时将10 000元误记为1 000元,更正时应采用的方法是( )。
A. 红字更正法 B. 补充登记法
C. 蓝字更正法 D. 划线更正法

5. 库存现金日记账和银行存款日记账是( )。
A. 总账账簿 B. 分类账簿 C. 备查账簿 D. 序时账簿

6. 下列应采用数量金额式明细分类账账页格式的是( )。
A. 应收账款明细分类账 B. 营业外收入明细分类账
C. 管理费用明细分类账 D. 库存商品明细分类账

7. 期末根据账簿记录计算并结出账户的本期发生额和期末余额的过程,在会计上是( )。
A. 对账 B. 结账 C. 调账 D. 查账

8. 在结账前,若发现记账凭证所记金额小于应记金额,并已过账,则应使用的更正方法是( )。
A. 划线更正法 B. 补充登记法
C. 红字更正法 D. 平行登记法

9. 下列账簿中,必须采用订本式账簿的是( )。
A. 库存现金和银行存款日记账 B. 固定资产备查账簿
C. 应收账款明细分类账 D. 原材料明细分类账

10. 以下属于正确使用红字的是( )。
A. 划线更正法用红字登记更正的金额
B. 贷方多栏式明细账用红字登记减少
C. 用补充登记法更正错账,用红字登记补充的金额
D. 对于金额重大的经济业务用红字登记

(二) 多项选择题

1. 下列账簿属于按外表形式划分的有( )。
A. 订本式账簿 B. 活页式账簿 C. 备查账簿 D. 分类账簿
E. 卡片式账簿

2. 登记总分类账的依据有( )。
A. 记账凭证 B. 科目汇总表

C. 汇总记账凭证 D. 自制原始凭证
E. 外来原始凭证

3. 更正错账的方法有( )。
A. 划线更正法 B. 补充登记法
C. 蓝字更正法 D. 红字更正法
E. 平行登记法

4. 下列账户的明细分类账应采用多栏式账页的有( )。
A. 管理费用 B. 制造费用 C. 应付账款 D. 应收账款
E. 生产成本

5. 账账核对的内容有( )。
A. 总分类账与日记账核对
B. 总分类账与明细分类账核对
C. 会计账簿与保管账簿核对
D. 各种应收、应付账款明细分类账账面余额与有关债权、债务单位的账目余额核对
E. 银行存款日记账与银行对账单核对

6. 账簿按用途分为( )。
A. 序时账簿 B. 分类账簿 C. 备查账簿 D. 活页式账簿
E. 订本式账簿

7. 企业必须采用订本式账簿的有( )。
A. 库存商品明细分类账 B. 库存现金日记账
C. 应付账款明细分类账 D. 总分类账
E. 银行存款日记账

8. 下列错账中,只能采用红字更正法的有( )。
A. 记账后发现过账错误,但记账凭证无误
B. 记账前发现记账凭证中应借应贷会计科目错误,但金额正确
C. 记账后发现记账凭证中应借应贷会计科目错误,但金额正确
D. 记账后发现记账凭证中应借应贷会计科目正确,但所记金额小于应记金额
E. 记账后发现记账凭证中应借应贷会计科目正确,但所记金额大于应记金额

9. 应采用借方多栏式账页的明细分类账有( )。
A. 生产成本明细分类账 B. 库存商品明细分类账
C. 管理费用明细分类账 D. 原材料明细分类账
E. 主营业务收入明细分类账

10. 关于账簿登记,以下做法正确的有( )。
A. 会计人员应当根据审核无误的会计凭证登记会计账簿
B. 登记账簿可以用蓝黑墨水、碳素墨水或者圆珠笔书写
C. 各种账簿必须按页次顺序连续登记,不得跳行、隔页

D. 对于订本式账簿,如果不慎发生了跳行隔页,可以撕毁

E. 库存现金日记账和银行存款日记账必须每日结出余额

(三) 判断题

1. 账簿是由具有一定格式、相互连接的账页组成的。(　　)

2. 日记账可以用来序时记录全部经济业务的完成情况,但不可以用来序时记录某一经济业务的完成情况。(　　)

3. 三栏式明细分类账一般适用于财产物资类账户的明细分类核算。(　　)

4. 多栏式明细分类账一般适用于债权、债务结算账户的明细分类核算。(　　)

5. 库存现金日记账是由出纳人员根据审核后的收、付款凭证,逐日逐笔顺序登记的。(　　)

6. 某会计人员在填制记账凭证时,将780元误记为870元,并已经登记入账。月终结账时,发现该笔错账,应采用划线更正法更正。(　　)

7. 对账工作每年至少进行一次。(　　)

8. 年度结账日可以是每年12月31日前后,企业根据自身情况来决定。(　　)

9. 采用划线更正法更正错误时,可以把错误金额全部划线注销,也可以只划去个别数字。(　　)

10. 年度结束后企业所有的账簿都必须更换新账。(　　)

三、实务练习题

习题一

[目的]　练习日记账与总分类账的登记。

[资料]　东方公司20××年12月1日各总分类账户余额如下:

账户	借方余额	账户	贷方余额
银行存款	13 200	短期借款	15 000
库存现金	1 000	应付账款	20 000
预付账款	800	应付职工薪酬	4 500
原材料	52 000	应交税费	4 000
生产成本	25 000	应付利润	47 200
其他应收款	1 500	应付利息	3 000
库存商品	58 000	实收资本	250 000
固定资产	300 000	资本公积	20 000
减:累计折旧	90 000	盈余公积	48 000
无形资产	30 000	本年利润	43 000
长期待摊费用	43 200		
利润分配	20 000		
合计	454 700	合计	454 700

20××年12月发生的经济业务见第五章习题三的资料。

[要求]

1. 开设总分类账户,登记期初余额。

2. 根据第五章习题三的资料编制的各类凭证,登记有关总分类账,并结出各账户本期发生额及期末余额。

3. 设置银行存款日记账(三栏式),登记期初余额;根据所编制的收款凭证、付款凭证登记银行存款日记账。

习题二

[目的] 练习错账的更正方法。

[资料] 某企业在记账后发现以下错误:

1. 以银行存款购买材料 16 500 元,增值税(进项税额)2 145 元,材料已验收入库,编制以下分录,并已登记入账。

借:原材料　　　　　　　　　　　　　　　　　　15 600
　　应交税费——应交增值税(进项税额)　　　　 2 145
　　贷:银行存款　　　　　　　　　　　　　　　　　　　17 745

2. 本月应计提车间固定资产折旧 20 000 元,编制以下分录,并已登记入账。

借:生产成本　　　　　　　　　　　　　　　　　20 000
　　贷:累计折旧　　　　　　　　　　　　　　　　　　　20 000

3. 本月生产产品领用材料 27 600 元,编制以下分录,并已登记入账。

借:生产成本　　　　　　　　　　　　　　　　　26 700
　　贷:原材料　　　　　　　　　　　　　　　　　　　　26 700

4. 以库存现金 120 元购买办公用品,编制以下分录:

借:管理费用　　　　　　　　　　　　　　　　　　　120
　　贷:库存现金　　　　　　　　　　　　　　　　　　　　120

登账时误记为 102 元。

5. 以银行存款 2 000 元支付车间零星修理费,编制以下会计分录:

借:制造费用　　　　　　　　　　　　　　　　　 2 000
　　贷:银行存款　　　　　　　　　　　　　　　　　　　 2 000

登账时借方误记入"生产成本"账户。

[要求] 根据以上资料,按规定的错账更正方法进行更正。

四、案例分析题

陕宁电子产品的销售部经理郭宇最近携家眷去日本出差。回来报销费用,郭宇的老板、销售部总裁李文认为郭宇在日本的花费太大,但因为他欠郭宇的人情太多,故将其费用 35 000 元全部报销(其中合理费用为 15 000 元)。由于担心总经理审查公司库存现金支出日记账,李文让公司的会计李玫将上述费用在总账中处理如下:

借:销售费用　　　　　　　　　　　　　　　　　35 000
　　贷:库存现金　　　　　　　　　　　　　　　　　　　35 000

[要求] 李玫应如何做?为什么?

第七章 财产清查

本章导航

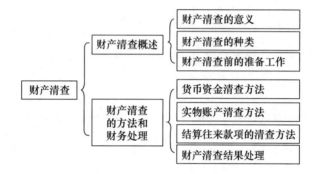

知识目标

- 财产清查的意义;
- 财产清查的种类;
- 财产清查的方法。

能力目标

- 能够正确选择和应用财产清查方法;
- 能够对财产清查结果做出正确的账务处理。

导语

企业为了保证经营管理活动的顺利进行,需要设置许多职能部门分管不同的经营环节。通常,企业供销部门主要负责购销计划的制订、购销合同的签发等;保管部门负责实物财产的验收、领用等,并将相关情况定期报送会计部门;会计人员依据保管部门及其他部门传递的单证,对财产物资的收、发、存等情况进行会计确认、计量、记录和报告,但不直接参与财产物资的实际收、发等活动。因此,为了防止财产物资的实际情况与账面记录不符,及时了解财产物资的实际状况,就须进行财产清查,以保证会计信息符合企业实际。

第一节　财产清查概述

一、财产清查的意义

会计核算的任务之一,就是核算和监督财产物资的保管和使用情况,保护企业财产物资的安全完整,提高各项财产物资的使用效率。企业各项财产主要包括库存现金、银行存款等货币资金,各种原材料、库存商品、周转材料以及固定资产等实物财产,还包括各项应收、应付等往来结算款项,它们在企业经营管理中具有十分重要的作用。虽然通过会计核算的一系列方法,能记录和反映各项财产物资的增减变动及结存情况,但只有账面记录还不能满足企业经营管理的需要。在实际工作中,有许多客观存在的原因,会造成财产物资的账面数额与实际数额不符。例如,在财产物资的保管过程中发生的自然损耗,在管理和核算方面因手续或制度不严密而发生的错收、错付,因保管不善造成的财产变质、毁坏、丢失等情况。这些差异都会影响账簿记录的正确性。因此,为了保证会计数据的真实性,对财产物资进行清查是非常必要的。

财产清查就是通过对实物财产、库存现金的实地盘点和对银行存款、债权债务的核对,来确定各项财产物资、货币资金、债权债务等的实存数,并查明实存数与账存数是否相符的一种专门方法。财产清查不但是会计核算的一种重要方法,而且是财产物资管理的一项重要制度,对企业的科学管理起着重要作用。具体如下:

(1) 可保证会计核算资料的真实可靠。通过财产清查,可以确定各项财产的实存数。将实存数与账存数进行对比,可查明实存数与账存数之间的差异以及产生差异的原因和责任,以便及时调整账面记录,使账存数与实存数一致,从而保证会计核算资料的真实可靠,提高会计资料的有用性。

(2) 可保护各项财产的安全完整。财产清查是保护财产安全完整、维护公共利益的重要手段。通过财产清查,可以查明各项财产物资的保管情况是否良好,有无因管理不善造成的财产霉烂、变质、损失浪费或者非法挪用、贪污盗窃的情况,以便采取措施,堵塞漏洞,改善管理工作,建立和健全以岗位责任制为中心的财产物资管理制度,切实保护各项财产的安全和完整。

(3) 有利于挖掘财产物资的潜力以加速资金周转。通过财产清查,可以查明各项财产物资的储备和利用情况,弄清有无储备不足或积压、呆滞以及不配套的财产物资,以便采取措施,及时处理,从而掌握财产物资占用资金的合理性,挖掘潜力,提高财产物资的使用效率。

二、财产清查的种类

财产清查可以按不同的标准进行分类。

（一）按照清查的对象和范围，可以分为全面清查和局部清查

1. 全面清查

全面清查就是对企业所有的实物财产、货币资金、往来款项进行全面的盘点和核对。清查的内容一般包括：

（1）库存现金、银行存款等货币资金；

（2）固定资产、周转材料、原材料、库存商品等财产物资；

（3）各项在途物资；

（4）各种债权、债务等往来结算款项；

（5）委托其他单位加工的物资等。

由于全面清查内容多、范围广，需要投入的人力多，花费的时间长，因此，一般在下述几种情况下才需要进行全面清查：

（1）年终决算之前。为确保年度财务会计报告的真实性，年终要进行一次全面清查。在实际工作中，为了避免年终工作量过于集中，通常安排在第四季度初清查。

（2）单位撤销、合并、联营、实行股份制改造或改变隶属关系时。在前述情况下，为了明确经济责任，要进行全面清查。

（3）清产核资时。为了摸清家底，准确地核定资金，也需要进行全面清查。

2. 局部清查

局部清查就是根据需要只对某一部分实物财产、货币资金和往来款项进行的盘点和核对。局部清查应根据经营管理的需要来决定清查的对象和清查的时间。一般情况下，对于流动性较大或者易发生短缺和损耗的原材料、库存商品等，除年度清查外，年内还要轮流盘点或重点抽查；对于各种贵重物资，每月都要清查盘点一次；对于库存现金，出纳人员应每日清点一次；对于银行存款，每月应同银行核对；对于各种债权、债务，每年要核对一至两次。此外，当实物保管人员因调动工作办理移交，或财产物资遭受意外损失时，也应进行局部清查。

（二）按照清查的时间，可分为定期清查和不定期清查

1. 定期清查

定期清查就是按照预先规定的时间，对实物财产、货币资金和往来款项进行的清查。这种清查通常在年末、季末或月末结账时进行。

通过定期清查，可以在编制财务会计报告前发现账实不符的情况，据以调整有关账簿的记录，使账实相符，从而保证会计报告数字的真实性。

定期清查的对象和范围，根据实际情况和需要，可以是全面清查，也可以是局部清查。在一般情况下，年末进行的是全面清查，而季末、月末进行的则是局部清查。

2. 不定期清查

不定期清查就是事先不规定清查时间，而根据实际需要，对某些实物财产、货币资金和往来款项临时进行的清查。不定期清查一般在下列情况下进行：

（1）更换财产保管人员，在办理移交时，要对有关人员保管的财产进行清查，以分清经济责任。

(2) 发生自然灾害和意外损失时,要对受损财产进行清查,以查明损失情况。

(3) 上级主管部门、银行、财政部门和审计部门等对本单位进行会计检查时,应按检查的要求和范围对财产进行清查,以验证会计资料的可靠性。

(4) 按照上级规定进行临时性清产核资时,要对本单位的财产进行清查,以摸清家底。

不定期清查,可以是全面清查,也可以根据实际需要确定清查的对象和范围。

(三) 按照清查的执行单位,可分为内部清查和外部清查

1. 内部清查

内部清查是企业自行组织清查工作小组所进行的财产清查。多数的财产清查都属于内部清查。

2. 外部清查

外部清查是上级主管部门、审计机关、司法部门、注册会计师根据国家的有关规定或情况的需要对企业财产所进行的清查,如注册会计师进行报表审计时所进行的财产清查。

三、财产清查前的准备工作

财产清查是改善经营管理和加强会计核算的重要手段,也是一项涉及面广、工作量大、要求十分细致的工作。它不仅涉及有关物资保管部门,而且涉及各车间和各个职能部门。为了搞好财产清查工作,使它发挥应有的积极作用,在进行全面清查以前,必须充分做好准备工作,包括组织准备和业务准备两方面的内容。

(一) 组织准备

为了能使财产清查工作顺利进行,在进行财产清查前要根据财产清查工作的实际需要组建财产清查专门机构,由主要领导负责,会同会计部门、财产管理及使用等有关部门进行清查,它的主要任务是:

(1) 制订财产清查计划,确定清查的对象和范围,合理安排清查工作的步骤,组织有关人员学习,使他们明确清查任务和具体要求等。

(2) 在清查过程中,做好财产清查的检查和督促工作,及时研究和处理清查中出现的问题。

(3) 在清查工作结束后,及时写出总结报告,并提出财产清查结果的处理意见。

(二) 业务准备

为了使财产清查工作顺利进行,会计部门和物资保管部门应积极配合,认真做好以下各方面的准备工作:

(1) 会计部门和会计人员应在清查之前把有关账目登记齐全,结出余额,并且进行核对,做到账簿记录完整,计算正确,账证、账账相符,为资产清查提供准确、可靠的数据。

(2) 物资保管部门和保管人员在清查之前应对所有经济业务办理好凭证手续,将财产物资全部登记入账,结出余额,并与会计部门的数据核对相符。对所要清查的财产

物资进行整理、排列、标注标签(品种、规格、结存数量等),以便盘点核对。

(3)准备好必要的计量器具及登记表册,对计量器具应进行仔细检查,保证计量的准确性。

(4)银行存款及往来结算款项的清查,要取得银行对账单或询证函等资料,以便查对。

第二节 财产清查的方法和账务处理

为了保证财产清查工作的质量,提高工作效率,达到财产清查的目的,需要根据各项财产物资的特性,确定财产清查方法。

一、货币资金清查方法

货币资金的清查一般包括库存现金和银行存款等的清查。因为货币资金的收支业务十分频繁,容易出现差错,所以要定期或不定期地进行清查。

(一)库存现金清查方法

库存现金的清查是通过实地盘点的方法,先确定库存现金的实存数,然后与库存现金日记账账面余额进行核对来查明余缺情况。库存现金的实地盘点,应由清查人员会同库存现金出纳人员共同负责。库存现金的清查内容和方法如下:

(1)在盘点前,出纳人员应先将库存现金收、付凭证全部登记入账,并结出余额。

(2)盘点时,出纳人员必须在场,现金应逐张清点,如发现盘盈、盘亏,必须会同出纳人员核实清楚。盘点时,除查明账实是否相符外,还要查明有无违反现金管理制度的现象,如以"白条"抵库、库存现金数超过银行核定的限额、"坐支"现金等现象。

(3)盘点结束后,应根据盘点结果,及时填制"库存现金盘点报告表",并由检查人员和出纳人员签名或盖章。"库存现金盘点报告表"如表7-1所示,它是用来调整账簿记录的重要原始凭证,也是分析差异原因、明确经济责任的依据。

表7-1 库存现金盘点报告表

单位名称: 　　　　　　　　　　年　月　日　　　　　　　　　　单位:元

币别	实存金额	账存金额	实存与账存对比		备注
			盘盈	盘亏	

盘点人签章: 　　　　　　　　　　出纳员签章:

(二)银行存款清查方法

银行存款的清查采用核对法,即将开户银行对账单与本单位银行存款日记账逐笔进行核对,以查明账实是否相符的办法。在与银行对账单核对之前,应先详细检查本单位银行存款日记账的正确性和完整性,然后再与对账单逐笔核对,确定双方记账的正确性。银行对账单详细地记录了企业银行存款的增加额、减少额和结余额。但由于办理结算手续和单证传递需要一定的时间,正常情况下银行对账单上的存款余额与本单位银行存款日记账的账面余额也可能会不一致。这种差异主要是由"未达账项"造成的。所谓未达账项,是指由于双方记账时间不一致而发生的一方已经登记入账,而另一方因尚未接到有关单证而未登记入账的款项。

企业与银行之间的未达账项,主要有以下四种情况:

(1) 企业已收款入账,银行尚未收款入账的款项;

(2) 企业已付款入账,银行尚未付款入账的款项;

(3) 银行已收款入账,企业尚未收款入账的款项;

(4) 银行已付款入账,企业尚未付款入账的款项。

以上任何一项未达账项的存在,都会使一定时期企业的银行存款日记账余额与银行对账单的余额不符。这就要求在银行存款清查过程中,查找出双方未达账项的金额,并据以编制"银行存款余额调节表",以便检查双方记账有无差错,并确定企业银行存款实有数。

"银行存款余额调节表"的编制,以双方的账面余额为基础,各自分别加上对方已收款入账而己方未收款入账的数额,减去对方已付款入账而己方未付款入账的数额,即:

企业银行存款日记账期末余额 + 银行已收、企业未收金额 − 银行已付、企业未付金额 = 银行对账单余额 + 企业已收、银行未收金额 − 企业已付、银行未付金额

例 7-1 某企业 5 月末银行存款日记账的账面余额为 56 000 元,银行对账单上的存款余额为 74 000 元,经逐笔核对,找出以下未达账项:

(1) 企业开出转账支票 18 000 元,持票人尚未向银行办理转账手续,银行尚未入账。

(2) 企业存入从其他单位收到的转账支票 2 000 元,银行尚未入账。

(3) 企业委托银行代收外地销货款 10 000 元,银行已经收到并入账,但企业尚未收到收款通知,企业尚未入账。

(4) 银行代企业支付水电费 8 000 元,但企业尚未收到付款通知,企业尚未入账。

根据以上资料,编制"银行存款余额调节表",如表 7-2 所示。

表 7-2 银行存款余额调节表

20××年5月31日　　　　　　　　　　　　　　　　　　　　单位:元

项目	金额	项目	金额
企业银行存款日记账余额	56 000	银行对账单余额	74 000
加:银行已收、企业未收款项	10 000	加:企业已收、银行未收款项	2 000
减:银行已付、企业未付款项	8 000	减:企业已付、银行未付款项	18 000
调节后的存款余额	58 000	调节后的存款余额	58 000

从编制的"银行存款余额调节表"可以看出,在双方记账都不发生错误的前提下,双方调整后的存款余额应该相等,该数额就是企业银行存款的实有数额。如果调整后的存款数额仍不相等,表明双方在记账方面存在错误,因此,还应根据所编制的"银行

存款余额调节表"进一步查明错账的原因,并及时进行更正。

值得注意的是,由于未达账项不是错账,因此,不能根据"银行存款余额调节表"做任何账务处理,双方账面仍保持原有的余额,待收到有关单证之后再进行处理。

二、实物财产清查方法

实物财产的清查,是指对原材料、库存商品、周转材料、固定资产等的清查。由于实物财产的种类繁多,形态各异,而且体积、重量、价值、存放方式也都不一样,为了保证盘点工作的顺利进行,应建立一定的盘存制度。一般来说,财产物资的盘存制度有永续盘存制和实地盘存制两种。

（一）确定实物财产账面结存数的方法

1. 永续盘存制

永续盘存制亦称账面盘存制。采用这种方法,平时对各项财产物资的增加数和减少数,都要根据会计凭证连续记入有关账簿,且随时结出账面余额,即根据以下关系结出账面余额:

$$账面期末余额 = 账面期初余额 + 本期增加额 - 本期减少额$$

这种盘存制度要求财产物资的收发应有严密的手续,以便加强会计监督;对财产物资的增加和减少情况进行连续登记,随时结出账面余额,以便随时掌握财产物资的占用情况及其动态。

该种办法的具体运用,将在"中级财务会计"课程中介绍,这里不再赘述。

2. 实地盘存制

采用这种方法,平时只根据会计凭证在账簿中登记财产物资的增加数,不登记减少数,月末,对各项财产物资进行实地盘点,根据实地盘点确定的实存数,倒挤出本月各项财产物资的减少数,即:

$$本期减少额 = 账面期初余额 + 本期增加额 - 期末实际盘点结存额$$

根据上述关系计算出的本期减少额,再登记有关账簿。因此,月末财产物资的实地盘点结果,是计算和确定本月财产物资减少数额的依据。

采用这种方法,工作简单,工作量少,但用倒挤法确定的本期各项财产物资的减少额,缺乏严密性及合理性,会出现正常减少与毁损、丢失混为一体的情况,不利于会计监督,因此企业应适时使用。

（二）确定财产物资实际结存数的方法

确定财产物资实际结存数的方法,通常有实地盘点法和技术推算法两种。

实地盘点法是对各项实物通过逐一清点,或用计量器具确定其实存数量的方法。这种方法适用范围较广泛,大部分财产物资都采用这种方法。

技术推算法是利用技术方法,如量方计尺等,对有关财产物资的实有数量进行推算的一种方法。这种方法适用于大量成堆、难以逐一清点的财产物资的清查,如堆存的煤或油罐中的油等。

实物财产清查的程序应按下列步骤进行:

首先，应由清查人员协同财产物资保管人员在现场对财产物资采用上述相应的清查方法进行盘点，确定其实有数量，并同时检查其质量情况。

其次，将盘点结果如实登记在"盘存单"上，并由盘点人员和实物保管人员签章，以明确经济责任。盘存单的一般格式如表7-3所示。

表7-3　盘存单

单位名称：　　　　　　　　盘点时间：
财产类别：　　　　　　　　存放地点：　　　　　　　　编号：

序号	名称	规格或型号	计量单位	实存数量	单价	金额	备注

盘点人：(签章)　　　　　　　　实物保管人：(签章)

盘存单既是记录实物盘点结果的书面证明，又是反映财产物资实有数的原始凭证。

最后，根据盘存单和相应的财产物资账簿记录填制"账存实存对比表"。它是调整账簿记录的原始依据，也是分析账存数和实存数产生差异的原因、确定经济责任的原始证明材料。其一般格式如表7-4所示。

表7-4　账存实存对比表

单位名称：　　　　　　　　年　月　日　　　　　　　　金额单位：

序号	名称	规格或型号	计量单位	单价	账存		实存		对比结果			
									盘盈		盘亏	
					数量	金额	数量	金额	数量	金额	数量	金额

盘点人：(签章)　　　　　　　　会计：(签章)

三、结算往来款项的清查方法

对于企业的债权、债务等结算款项，一般采用询证法进行清查，即通过与对方单位的账目核对进行清查。清查单位给每一个往来经济单位发送询证函，对方单位核对相符后，在回联单上盖章退回；若不符，对方应注明情况退回，清查单位须进一步查明原因，再行核对。

四、财产清查结果处理

财产清查结果处理一般指的是对账实不符即盘盈、盘亏、毁损情况的处理。当实存数大于账存数时，称为盘盈；当实存数小于账存数时，称为盘亏；实存数虽与账存数一致，但实存的财产物资有质量问题，不能按正常的财产物资使用的，称为毁损。不论是盘盈，还是盘亏或毁损，都是财产清查处理的内容，都要进行账务处理。

(一) 原则与步骤

对财产清查的结果，应以国家有关的政策、法令和制度为依据，认真处理。对于清

查中发现的盘盈、盘亏等问题,要先核准金额,再按规定的程序报经上级部门批准后,才能进行会计处理。主要处理步骤如下:

(1)核准金额,查明各种差异的性质和原因,提出处理意见。根据清查情况,核准各项财产物资盘盈、盘亏的金额,客观地分析账实不符的原因,明确经济责任,并按规定程序如实将盘盈、盘亏情况及处理意见报请有关部门审批处理。

(2)调整账簿,做到账实相符。为了做到账实相符,保证会计信息的可靠性,对财产清查中发现的盘盈、盘亏、毁损等情况,应及时调整账簿记录。

(3)根据差异的性质和原因,报请有关部门处理后,编制记账凭证,登记入账,并将差异予以核销。

(二)账务处理

为了核算和监督各种财产物资的盘盈、盘亏和毁损及相应的处理情况,应设置"待处理财产损溢"账户。该账户属于双重性质的账户,借方登记各项财产物资的盘亏和毁损数及盘盈财产报经批准后的转销数;贷方登记各项财产物资的盘盈数及盘亏、毁损财产报经批准后的转销数。企业的财产损溢,应及时查明原因,在期末结账前处理完毕,处理后,该账户应无余额。

该账户可按盘盈、盘亏的资产种类和项目进行明细核算。"待处理财产损溢"账户的结构如图7-1所示。

借方	待处理财产损溢	贷方
(1)发生的盘亏、毁损数		(1)发生的盘盈数
(2)转销已批准的盘盈数		(2)转销已批准的盘亏、毁损数

图7-1 待处理财产损溢账户结构

1. 库存现金清查结果的账务处理

在库存现金清查中,发现库存现金短缺或盈余时,除设法查明原因外,还应及时根据"库存现金盘点报告表"进行账务处理。

库存现金短缺或盈余,可在"待处理财产损溢"账户核算。待查明原因后,应根据批准的处理意见,进行转账处理。

例7-2 某企业20××年4月25日进行库存现金清查,具体清查结果如下:
(1)假设库存现金清查中发现长款50元,则会计分录为:
借:库存现金　　　　　　　　　　　　　　　　　　　　　　　50
　　贷:待处理财产损溢　　　　　　　　　　　　　　　　　　　　50
(2)如经反复核查,未查明原因,报经批准,作为企业的盈余处理,则会计分录为:
借:待处理财产损溢　　　　　　　　　　　　　　　　　　　　50
　　贷:营业外收入　　　　　　　　　　　　　　　　　　　　　　50
(3)若在库存现金清查中发现短款70元,则会计分录为:
借:待处理财产损溢　　　　　　　　　　　　　　　　　　　　70

贷：库存现金　　　　　　　　　　　　　　　　　　　　　　　　　　70
　　（4）若经核查,属于出纳员的责任,应由出纳员赔偿,则会计分录为：
　　借：其他应收款——出纳员　　　　　　　　　　　　　70
　　　贷：待处理财产损溢　　　　　　　　　　　　　　　　　　　　　70

2. 存货清查结果的账务处理

　　为了正确地进行存货清查的核算,企业盘盈、盘亏和毁损的存货,报经批准以前应先通过"待处理财产损溢——待处理流动资产损溢"账户核算,报经有关部门批准以后,再根据不同的情况进行相应的处理。一般的处理办法是：属于自然损耗产生的定额内合理损耗,转作管理费用；属于超定额的短缺以及毁损造成的损失,应由过失人赔偿；属于非常损失造成的存货毁损,在扣除保险公司赔偿和残料价值后,经批准应列作营业外支出等。如果发生盘盈,经批准可作冲减管理费用处理。

　　例7-3　某企业在财产清查中发现A材料盘盈3吨,总成本为3 000元。在批准之前,根据"账存实存对比表"做如下会计分录：

　　借：原材料——A材料　　　　　　　　　　　　　　3 000
　　　贷：待处理财产损溢——待处理流动资产损溢　　　　　　　　3 000

　　经查明,盘盈的A材料系计量仪器不准而形成的溢余,经批准,冲减管理费用,做如下会计分录：

　　借：待处理财产损溢——待处理流动资产损溢　　　　3 000
　　　贷：管理费用　　　　　　　　　　　　　　　　　　　　　3 000

　　例7-4　某企业在财产清查中发现B材料盘亏30公斤,每公斤20元,增值税78元。在批准之前,根据"账存实存对比表",做如下会计分录：

　　借：待处理财产损溢——待处理流动资产损溢　　　　678
　　　贷：原材料——B材料　　　　　　　　　　　　　　　　　　600
　　　　　应交税费——应交增值税(进项税额转出)　　　　　　　78

　　上述盘亏的B材料,经查明自然损耗为5公斤,意外灾害造成的损失为10公斤,过失人造成的毁损为15公斤。根据批准处理意见,做如下会计分录：

　　借：管理费用　　　　　　　　　　　　　　　　　　113
　　　　营业外支出　　　　　　　　　　　　　　　　　226
　　　　其他应收款——过失人　　　　　　　　　　　339
　　　贷：待处理财产损溢——待处理流动资产损溢　　　　　　　678

3. 固定资产清查结果的账务处理

　　固定资产盘点时,若盘存数大于账面数,则为盘盈。盘盈的固定资产应作为前期差错处理。

　　在报经批准处理前可按固定资产的现值或公允价值直接借记"固定资产"账户,贷记"以前年度损益调整"账户,而不通过"待处理财产损溢"账户处理。

　　盘亏的固定资产,需通过"待处理财产损溢——待处理固定资产损溢"账户核算。

　　例7-5　某企业在财产清查中,发现盘亏设备一台,账面原值为50 000元,已提折旧30 000元。批准处理前,根据"账存实存对比表",做如下会计分录：

借:待处理财产损溢——待处理固定资产损溢　　　　　　　　20 000
　　　　累计折旧　　　　　　　　　　　　　　　　　　　　　　30 000
　　　　贷:固定资产　　　　　　　　　　　　　　　　　　　　　　　　50 000

经查盘亏是由自然灾害造成的。保险公司同意赔款10 000元,其余损失经批准列入营业外支出,做如下会计分录:

　　借:营业外支出　　　　　　　　　　　　　　　　　　　　10 000
　　　　其他应收款——保险公司　　　　　　　　　　　　　　10 000
　　　　贷:待处理财产损溢——待处理固定资产损溢　　　　　　　　20 000

4. 往来结算款项清查结果的处理

（1）应收款清查结果的账务处理。在财产清查中,已查明的确实无法收回的应收账款,即坏账损失,不通过"待处理财产损溢"账户进行核算,应按规定程序报经批准后,予以核销。坏账损失的核销方法有两种:直接转销法和备抵法。我国会计准则要求一般企业采用备抵法核算坏账损失,小企业采用直接转销法核算坏账损失。

直接转销法,是指在实际发生坏账时,直接将坏账损失记入当期损益,并冲销相应的应收账款的数额的方法。按这种方法核算,企业将报经批准的坏账损失直接记入"信用减值损失"账户,并冲减"应收账款"。

例7-6 某企业在财产清查中,查明应收某单位的货款800元,因该单位已撤销,确认货款已无法收回,经批准予以核销,该企业采用直接转销法核算。会计分录如下:

　　借:信用减值损失　　　　　　　　　　　　　　　　　　　800
　　　　贷:应收账款　　　　　　　　　　　　　　　　　　　　　　800

备抵法,是指企业按期估计无法收回的坏账损失,先记入"坏账准备"账户,当实际发生坏账损失后,再冲减坏账准备和应收账款的数额的方法。计提坏账准备时,增加"信用减值损失"和"坏账准备"账户的数额;待实际发生坏账时,冲减计提的坏账准备和应收账款;若已确认的坏账又收回,则按收回的实际数增加坏账准备,减少应收账款,并做收回款项的分录。

例7-7 某企业20×8年年底,计提坏账准备40 000元(第一年计提坏账准备)。20×9年1月确认无法收回的坏账为3 000元,以后又收回1 000元,会计分录如下:

20×8年年底计提坏账准备时:

　　借:信用减值损失　　　　　　　　　　　　　　　　　　　40 000
　　　　贷:坏账准备　　　　　　　　　　　　　　　　　　　　　　40 000

20×9年1月确认坏账损失时:

　　借:坏账准备　　　　　　　　　　　　　　　　　　　　　3 000
　　　　贷:应收账款　　　　　　　　　　　　　　　　　　　　　　3 000

确认的坏账损失又收回时:

　　借:应收账款　　　　　　　　　　　　　　　　　　　　　1 000
　　　　贷:坏账准备　　　　　　　　　　　　　　　　　　　　　　1 000
　　借:银行存款　　　　　　　　　　　　　　　　　　　　　1 000
　　　　贷:应收账款　　　　　　　　　　　　　　　　　　　　　　1 000

(2) 应付款清查结果的账务处理。在财产清查中,已经查明的确实无法支付的应付账款,也应根据企业的相关规定予以核销。核销时,不必通过"待处理财产损溢"账户核算,而应按规定的程序报经批准后,将应付账款转入"营业外收入"账户。

例7-8 某企业在财产清查中,查明应付某单位的货款3 200元,因该单位撤销,确实无法支付,报经批准,转作营业外收入。会计分录如下:

借:应付账款　　　　　　　　　　　　　　　　　　　3 200
　　贷:营业外收入　　　　　　　　　　　　　　　　　　　　3 200

章后习题

一、思考题

1. 什么是财产清查?造成账实不符的原因通常有哪些?进行财产清查有何意义?
2. 财产清查怎样分类?在什么情况下需要进行全面清查、局部清查、不定期清查?
3. 什么是永续盘存制?什么是实地盘存制?
4. 什么是未达账项?未达账项有哪些基本类型?如何进行调整?
5. 财产清查的核算应设置什么账户?该账户的用途和结构如何?
6. 发生的财产盘盈、盘亏和毁损应如何进行账务处理?
7. 对于往来账项,应采用何种清查办法?
8. 进行财产清查前应做好哪些准备工作?
9. 如何编制银行存款余额调节表?
10. 对于库存现金的清查,应注意哪些方面?

二、基础练习题

(一) 单项选择题

1. 一般来讲,单位撤销、合并或改变隶属关系时,要进行(　　)。
   A. 全面清查　　　B. 局部清查　　　C. 实地盘点　　　D. 技术推算盘点
2. 对库存现金清查时,在盘点结束后,应根据盘点结果,编制(　　)。
   A. 盘存单　　　　　　　　　　　B. 实存账存对照表
   C. 库存现金盘点报告表　　　　　D. 对账单
3. 根据管理上的需要,贵重材料和库存现金要(　　)。
   A. 进行轮流清查或重点清查　　　B. 每日盘点一次
   C. 至少每月盘点一次　　　　　　D. 每月和银行核对一至两次
4. 原材料、库存商品盘亏或毁损,属于定额范围内的自然损耗和非过失人造成的损失,报经批准后,一般应(　　)。
   A. 列入管理费用　　　　　　　　B. 列入营业外支出
   C. 不计入产品成本　　　　　　　D. 责成当事人赔偿

5. 企业采用( )方法可随时了解各种财产物资的收入、发出和结存情况?
   A. 实地盘存制　　B. 权责发生制　　C. 收付实现制　　D. 永续盘存制
6. 在企业计提坏账准备的情况下,发生坏账损失时应( )。
   A. 直接转作资产减值损失　　　　B. 冲减提取的坏账准备
   C. 直接转作产品销售费用　　　　D. 直接转作营业外支出
7. 对盘盈的原材料报经批准做出处理后,会计上应借记的会计科目是( )。
   A. 原材料　　　　　　　　　　　B. 待处理财产损溢
   C. 管理费用　　　　　　　　　　D. 营业外收入
8. 对于库存现金的清查,应通过( )进行。
   A. 核对有关账目的方法　　　　　B. 技术测定的方法
   C. 实地盘点的方法　　　　　　　D. 核对有关凭证的方法
9. 未达账项是指单位与银行之间由于结算凭证传递的时间不同而造成的( )。
   A. 一方重复记账的账项
   B. 双方登记金额不一致的账项
   C. 双方均尚未入账的账项
   D. 一方已经入账,而另一方尚未登记入账的账项
10. 下列项目中,清查应采取询证核对法的是( )。
    A. 生产成本　　B. 应收账款　　C. 管理费用　　D. 库存现金
11. "待处理财产损溢"账户期末余额( )。
    A. 在借方　　　　　　　　　　　B. 在贷方
    C. 一般没有　　　　　　　　　　D. 可能在借方,也可能在贷方
12. 对于盘盈的固定资产应贷记的会计科目是( )。
    A. 管理费用　　　　　　　　　　B. 营业外收入
    C. 以前年度损益调整　　　　　　D. 待处理财产损溢

(二) 多项选择题

1. 实物清查的常用方法有( )。
   A. 实地盘点法　　　　　　　　　B. 技术推算盘点法
   C. 账目核对法　　　　　　　　　D. 逆查法
   E. 函证核对法
2. 核对账目的方法适用于( )。
   A. 固定资产的清查　　　　　　　B. 库存现金的清查
   C. 银行存款的清查　　　　　　　D. 存货的清查
   E. 往来款项的清查
3. 可用实地盘点法进行财产清查的有( )。
   A. 原材料　　　B. 库存现金　　C. 银行存款　　D. 往来款项
   E. 固定资产

4. 银行存款的清查,需进行相互逐笔勾对的有( )。
   A. 银行存款总账　　　　　　B. 银行对账单
   C. 银行存款日记账　　　　　D. 支票登记簿
   E. 支票存根

5. 下列适用于函证核对法的有( )。
   A. 固定资产的清查　　　　　B. 库存现金的清查
   C. 银行存款的清查　　　　　D. 应付账款的清查
   E. 应收账款的清查

6. "待处理财产损溢"科目,借方登记的内容有( )。
   A. 发生的待处理财产盘亏数　　B. 发生的待处理财产盘盈数
   C. 批准转销的待处理财产盘亏数　D. 批准转销的待处理财产盘盈数
   E. 发生的待处理财产毁损数

7. 企业存货的盘存制度有( )。
   A. 永续盘存制　　　　　　　B. 实地盘存制
   C. 技术推算盘点制　　　　　D. 权责发生制
   E. 收付实现制

8. 下列各项财产损溢,经批准可作"管理费用"处理的有( )。
   A. 固定资产丢失　　　　　　B. 材料自然损耗
   C. 非常损失　　　　　　　　D. 出纳丢失现金
   E. 材料盘盈

9. 对于盘亏的财产物资,经批准后进行会计处理,可能涉及的借方账户有( )。
   A. 管理费用　　B. 营业外支出　　C. 营业外收入　　D. 其他应收款
   E. 待处理财产损溢

10. 下列可用作原始凭证,调整账簿记录的有( )。
    A. 实存账存对比表　　　　　B. 银行对账单
    C. 银行存款余额调节表　　　D. 库存现金盘点报告表
    E. 盘存单

(三) 判断题

1. 采用永续盘存制,平时对销售的财产物资以及结存的财产物资可不做详细的记录。( )

2. 实物清查和库存现金清查均应背对背进行,因此实物保管人员和出纳人员不能在场。( )

3. 调整无误的"银行存款余额调节表"是调整账面记录、使账实相符的原始依据。( )

4. 全面清查一般在年终进行。( )

5. 未达账项主要是由企业与银行的入账时间不一致所造成的。( )

6. 在财产清查中,对于确实无法收回的各项应收款项,经批准后,应作为管理费用

处理。(   )

7. 现金和银行存款的清查均应采用实地盘点法进行。(   )

8. "库存现金盘点报告表"是用来调整账簿记录的重要原始凭证。(   )

9. 对盘盈的存货,应于批准后计入营业外收入。(   )

10. 对于财产物资盘盈或盘亏的账务处理,在查明原因前,应先通过"待处理财产损溢"账户核算。(   )

三、实务练习题

习题一

[目的] 练习银行存款的清查。

[资料] 1. 某企业20××年12月20日至31日根据银行存款收付业务编制的记账凭证如下:

记账凭证简化格式

20××年		凭证字号	摘要	会计科目	借方金额	贷方金额
月	日					
12	20	银收字28号	收到华泰公司预付的货款	银行存款 　预收账款	25 000	25 000
	25	现付字29号	交存现金	银行存款 　库存现金	18 450	18 450
	27	银付字30号	偿还大通公司购料款	应付账款 　银行存款	35 100	35 100
	28	银收字31号	收到销货款	银行存款 　主营业务收入 　应交税费	17 550	15 000 2 550
	30	银付字32号	提取现金备发工资	库存现金 　银行存款	56 000	56 000
	30	银付字33号	购入设备一台	固定资产 　银行存款	42 000	42 000

2. 该企业12月末从银行取得的对账单如下:

银行存款对账单
(12月20日至31日部分经济业务及月末余额)

日期	内容摘要	金额
24日	收到华泰公司货款(银收字28号)	25 000
25日	收到交存的现金(现付字29号)	18 450
25日	代付水电费(银付字30号)	26 000
30日	企业提取现金(银付字32号)	56 000
30日	收到永安公司货款(银收字33号)	38 090
31日	月末余额	199 540

[要求] 1. 根据上述记账凭证登记银行存款日记账。

银行存款日记账

20××年		凭证		摘要	对方科目	收入	支出	余额
月	日	种类	编号					
12	19			承前页				200 000
				（略）				
				（略）				
				（略）				
				（略）				
				（略）				
				（略）				

2. 将"银行存款日记账"与"银行存款对账单"进行核对，编制银行存款余额调节表。

银行存款余额调节表

20××年12月31日　　　　　　　　　　　　　　　　　　　　　　　单位：元

项目	金额	项目	金额
企业银行存款日记账余额		银行对账单余额	
加：		加：	
减：		减：	
调节后的存款余额		调节后的存款余额	

习题二

[目的] 练习财产清查的会计处理方法。

[资料] 某工厂20××年12月进行财产清查时发现以下问题：

1. 甲材料账面余额525公斤，价值15 750元，盘点实际库存量为510公斤，短缺材料增值税为76.5元。经查明：定额内损耗10公斤；收发差错5公斤，由保管员失职造成。

2. 乙材料的账面余额为220公斤，总成本为2 200元，盘点实际库存量为235公斤。

3. 发现账外设备一台，估计原值为5 000元，现值为2 000元。

4. 盘亏设备一台，原值为20 000元，已提折旧15 000元。

5. 库存现金短少50元。

上列盘盈、盘亏的财产，经查明原因并报经主管部门批准，做如下会计处理：

1. 材料的定额内损耗，记入管理费用；保管员失职造成的材料损耗由保管员赔偿。

2. 长余的乙材料作为材料的自然升溢处理，冲减管理费用。

3. 账外设备仍可使用，作为前期差错处理。

4. 盘亏设备列入营业外支出。

5. 库存现金短少由出纳员赔偿。

[要求] 将上述清查结果分别做批准前、批准后的账务处理。

四、案例分析题

远方公司有一个招待所，2017—2019 年，公司指定专人对其日常活动负责，并拨付 100 000 元货币资金及其招待所必备设施等作为启动资金，实行独立核算。两年来，招待所的业务一直比较繁忙。2019 年 10 月，公司准备实行全面预算管理，以降低消耗，提高经济效益。于是，公司指定其会计主管张明对招待所两年来的经营情况进行审核。

张明在审核中发现：

1. 招待所由于没有配备专职会计人员，只有出纳，因此没有完整的会计记录。

2. 原始凭证混乱，对大额支出未建立责任人签字制度。

3. 当月银行对账单显示的银行存款余额为 2 000 元，库存现金为 800 元。

4. 对招待所所有的实物资产进行盘点，发现两年来新购置豪华办公设备一套，价值 25 000 元；空调机 2 台，价值 6 700 元；手机 3 部，价值 5 000 元。

张明根据出纳提供的单据，为其补做会计凭证，并编制资产负债表和利润表。利润表显示，招待所累计实现利润 86 000 元。

张明将上述情况以口头形式向公司负责人做了汇报，公司负责人要求张明转告招待所负责人，令其三天内上缴 86 000 元货币资金，并写出书面资料，对招待所的经营管理情况进行说明，并提出合理的建议。

[要求] 请你帮助张明写一份报告，指出招待所存在的问题和相关建议，分析公司负责人提出上缴 86 000 元货币资金的要求是否合理，并说明理由。

第八章 财务会计报告

本章导航

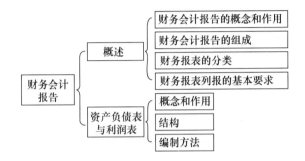

知识目标

- 财务会计报告的概念和作用；
- 财务报表的不同种类及各自的目的；
- 资产负债表、利润表的内容、结构和编制方法。

能力目标

- 能够描述企业财务会计报告的概念和组成；
- 能够明确会计报表项目与会计账户之间的关系；
- 能够根据企业的会计账簿资料编制资产负债表、利润表。

导语

如果你是一个投资者，准备用闲置的资金购买股票；或者你是一家银行的信贷员，正在决定能否给申请贷款的企业贷款。在进行决策时，你必须了解你要投资的企业历年实现的利润是多少、经营情况如何、未来发展趋势怎样、企业是否有能力到期归还贷款等信息。要了解这些信息，必须阅读企业提供的财务会计报告，因为财务会计报告披露了企业的财务状况、经营成果和现金流量等影响投资者决策的信息。

第一节 财务会计报告概述

在日常会计核算中,企业通过设置会计账户、填制会计凭证和登记账簿等一系列会计核算方法,对其经济活动进行核算和监督。由于账簿是分类记录每一账户在一定会计期间的增减变化情况及其结果的,单个账户无法充分反映企业经营活动的全貌,同时,分散记录于各账户的资料也不能清晰反映企业各账户之间的内在联系,因此,必须通过定期编制企业财务会计报告,为企业的外部信息使用者和内部管理者提供总括的会计信息资料,以帮助信息使用者做出正确决策。通常,企业为外部信息使用者提供的财务会计报告应按准则的要求编报,而为内部管理者提供的会计信息可以根据企业管理的需要自行编报。本章讲解的是为外部信息使用者提供的财务会计报告。

一、财务会计报告的概念和作用

财务会计报告,是指企业对外提供的反映企业某一特定日期的财务状况和某一会计期间的经营成果、现金流量等会计信息的文件。

财务会计报告是提供会计信息的重要手段,也是会计核算体系中一个非常重要的组成部分。及时、准确地编制和使用财务会计报告,对加强国民经济管理、满足信息使用者的需要、提高企业经营管理水平,都具有非常重要的作用,具体表现在:

(1) 财务会计报告为国家经济管理部门进行宏观调控和管理提供了基础资料。编制财务会计报告,可以为国家制订宏观经济计划提供依据,便于国家了解和掌握国民经济的发展速度,为进行重大的经济决策提供信息;同时,也有利于加强财务监督,严肃财经纪律,从而确保社会主义市场经济的健康、有效运行。

(2) 财务会计报告为与企业有关的外部信息使用者进行决策提供了重要依据。外部信息使用者主要有企业的投资者、债权人及公众等。他们通过财务会计报告,可以了解企业的财务状况和经营成果,获得对决策有用的会计信息,从而确定投资或贷款的方向。其结果将使有限的经济资源达到最佳配置。

(3) 财务会计报告为企业内部加强管理、提高经济效益提供了参考。企业的管理者通过阅读和分析财务会计报告,可以更深入全面地了解本企业资产、负债、所有者权益、收入、费用、利润等各会计要素的变化和相互关系,从而更好地掌握本企业财务状况及经营成果的全面情况,发现企业经营活动过程中存在的问题,并不断完善,挖掘提高经济效益的潜力。

二、财务会计报告的组成

根据我国《企业会计准则——基本准则》第四十四条的规定,财务会计报告包括会计报表及其附注和其他应当在财务会计报告中披露的相关信息和资料。会计报表至少应当包括资产负债表、利润表、现金流量表等报表。

(一) 会计报表

会计报表是以日常核算资料为主要依据编制的,总括反映企业财务状况、经营成果和现金流量的表式报告。依据我国《企业会计准则第 30 号——财务报表列报》的规定,企业对外提供的报表至少应当包括:资产负债表、利润表、现金流量表、所有者权益(或股东权益)变动表。按照我国企业会计准则的规定,小企业可不编制现金流量表。本章主要讲解资产负债表与利润表,其余报表将在"中级财务会计"课程中讲解。

（二）会计报表附注

会计报表附注是指对在会计报表中列示的项目所做的进一步说明,以及对未能在这些报表中列示的项目的说明等。

会计报表及其附注也称为财务报表。财务报表涵盖的内容比会计报表更加广泛,作为披露会计信息的载体,财务报表更具有全面性和综合性,更能满足会计信息使用者的需求。

（三）其他应当在财务会计报告中披露的相关信息和资料

主要是有助于会计信息使用者对企业的财务状况、经营成果和现金流量等情况进行深入、详尽的了解,并对他们进行经济决策具有重要价值的信息。这些信息无法在财务报表中列示,也不一定是能够用货币计量的信息。

三、财务报表的分类

为了加深对财务报表的意义及其结构内容的理解,掌握财务报表体系的规律性,有必要对财务报表进行分类。

（一）财务报表按经济内容分类

财务报表按其反映经济内容的不同,分为资产负债表、利润表、现金流量表和所有者权益变动表。

资产负债表是总括反映企业某一特定日期的财务状况的会计报表。它是一种静态报表。通过资产负债表,可以反映企业资产、负债和所有者权益的基本情况,揭示资产、负债和所有者权益的规模、结构及其相互关系等财务状况。

利润表是反映企业一定时期的经营成果的会计报表。它是一种动态报表。通过利润表,可以反映企业的收入实现、成本耗费和利润形成及其分配等情况,通过相关的指标分析,可以评价经营者的经营业绩,揭示企业的获利能力。

现金流量表是反映企业在一定会计期间的现金和现金等价物流入与流出的会计报表。它也是一种动态报表。通过现金流量表,可以预测企业未来的现金流量,评价企业的经营决策,揭示企业支付股利和还本付息的能力,说明净利润与现金变动的关系等。

所有者权益变动表是反映构成所有者权益的各组成部分当期的增减变动情况的会计报表。通过所有者权益变动表,可以了解导致所有者权益变动的因素,如净利润、直接计入所有者权益的利得和损失、所有者投入资本、向投资者分配利润、提取盈余公积等方面的情况。

（二）财务报表按编报的时间分类

财务报表按编报的时间可分为月报、季报、半年报和年报。年报是按会计年度编制和报送,以全面反映企业全年财务状况、经营成果和现金流量的报表。它在报表的种类和揭示的指标信息方面最为完整、齐全。月报是按月编报,以简明扼要的形式反映某月份财务状况和经营成果等主要指标的报表。季报是按季编报,在提供信息指标的详细程度上介于月报和年报之间的报表。半年报是企业按半年期编报的会计报表。

(三) 财务报表按编制单位和编报范围分类

财务报表按其编制单位和编报范围的不同,可分为基层财务报表和汇总财务报表。基层财务报表是由实行独立核算的基层单位编制的。汇总财务报表是根据上级主管部门所属单位的基层财务会计报告和本部门的财务会计报告资料汇总编制的。汇总财务报表通常按行政隶属关系逐级汇总,以反映某一部门、行业或地区的总括情况。

(四) 财务报表按其所反映的资金运动状况分类

财务报表按其所反映的资金运动状况,可分为静态报表和动态报表。静态报表是反映企业一定时日的财务状况的报表,如资产负债表。动态报表是反映企业在一定时期的经营成果或现金流量情况的报表,如利润表和现金流量表。

(五) 财务报表按编制用途分类

财务报表按其编制用途的不同,可分为对外财务报表和对内财务报表。对外财务报表是单位按照企业会计准则的规定编制的,报送上级主管部门和其他政府管理部门以及单位的投资者、债权人和使用本单位相关资料的外部需求者的财务报表。内部财务报表是单位根据自身需要编制的提供给本单位内部人员使用的财务报表。

(六) 财务报表按所包含会计主体的范围分类

财务报表按所包含会计主体的范围可分为个别财务报表和合并财务报表。个别财务报表是由单位编制的单独反映本单位自身财务状况、经营成果及其现金流量情况的报表。合并财务报表是由企业集团中对其他单位拥有控制权的母公司编制的,综合反映企业集团整体财务状况、经营成果及其现金流量情况的报表。

四、财务报表列报的基本要求

财务报表是对企业财务状况、经营成果和现金流量的结构性表述。在编制财务报表时,为了使报表真正成为信息使用者进行管理和决策的重要依据,企业应当遵循下列基本要求:

(1) 在编制财务报表时,企业应当以持续经营为基础,根据实际发生的交易或者事项,按照企业会计准则的规定进行确认和计量。企业不能以附注披露代替确认和计量。以持续经营为基础编制财务报表不再合理时,企业应当采用其他基础编制财务报表,并在附注中披露这一事实。

(2) 财务报表项目的列报应当在各个会计期间保持一致,不得随意变更。在下列情况下,企业可以变更列报的财务报表项目:① 会计准则要求改变财务报表项目的列报;② 企业经营业务的性质发生重大变化后,变更财务报表项目的列报能够提供更可靠、更相关的会计信息。

(3) 性质或功能不同的项目,应当在财务报表中单独列报,但不具有重要性的项目除外。性质或功能类似的项目,其所属类别具有重要性的,应当按其类别在财务报表中单独列报。

（4）财务报表中的资产项目和负债项目的金额、收入项目和费用项目的金额不得相互抵销，会计准则另有规定的除外。资产项目按扣除减值准备后的净额列示，不属于抵销；非日常活动产生的损益，以收入扣减费用后的净额列示，不属于抵销。

（5）当期财务报表的列报，至少应当提供所有列报项目上一可比会计期间的比较数据，以及与理解当期财务报表相关的说明，会计准则另有规定的除外。企业变更财务报表列报项目的，应当对上期比较数据按照当期的列报要求进行调整，并在附注中披露调整的原因和性质，以及调整的各项目的金额。对上期比较数据进行调整不切实可行的，应当在附注中披露不能调整的原因。不切实可行，是指企业在做出所有合理努力后仍然无法采用某项规定。

（6）企业应当在财务报表的显著位置披露下列各项：① 编报企业的名称；② 资产负债表日或财务报表涵盖的会计期间；③ 人民币金额单位；④ 财务报表是合并财务报表的，应当予以标明。

（7）企业至少应当按年编制财务报表。年度财务报表涵盖的期间短于一年的，应当披露年度财务报表的涵盖期间，以及短于一年的原因。

随着现代化技术在会计工作中的运用和知识经济的不断发展，信息使用者对信息的要求也发生了许多变化。因此，企业披露的会计信息应充分考虑信息使用者的需求，不断提升财务会计报告在经济社会和企业管理中的作用。

第二节　资产负债表

一、资产负债表的概念和作用

资产负债表是反映企业在某一特定日期（月末、季末、年末）的财务状况的财务报表。任何企业单位都必须定期编制并向有关部门报送资产负债表。

资产负债表的作用概括起来主要有以下几个方面：

（1）企业管理当局通过资产负债表，可以了解企业在生产经营活动中所控制的经济资源和承担的责任、义务，了解资产、负债各项目的构成比例是否合理；通过前后期资产负债表的对比，还可以从企业资产、负债的结构变化中分析企业经营管理工作的绩效。

（2）企业的投资者通过资产负债表，可以考核企业管理人员是否有效地利用了经济资源，是否使资产得到增值，从而对企业经营管理人员的业绩进行考核评价。

（3）企业债权人和供应商通过资产负债表，可以了解企业的偿债能力与支付能力及现有财务状况，为他们掌握投资风险、预测企业发展前景、进行投资决策提供必要的信息。

（4）财政、税务等部门根据资产负债表，可以了解企业贯彻执行财经法规和缴纳税款情况，以便进行宏观调控。

二、资产负债表的结构

资产负债表有两种基本格式，即账户式与报告式。

账户式资产负债表分左、右两方,左方列示资产项目,反映全部资产的分布及存在形态,右方列示负债与所有者权益项目,反映全部负债和所有者权益的内容及构成情况。资产负债表左方合计数与右方合计数保持平衡,其格式如表8-1所示。

表8-1 资产负债表(账户式)

编制单位: 20××年12月31日 计量单位:

资产	期末余额	年初余额	负债和所有者权益 (或股东权益)	期末余额	年初余额
流动资产:			流动负债:		
货币资金			短期借款		
交易性金融资产			交易性金融负债		
衍生金融资产			衍生金融负债		
应收票据			应付票据		
应收账款			应付账款		
应收款项融资			预收款项		
预付款项			应付职工薪酬		
其他应收款			应交税费		
存货			其他应付款		
一年内到期的非流动资产			持有待售负债		
其他流动资产			一年内到期的非流动负债		
流动资产合计			其他流动负债		
非流动资产:			流动负债合计		
债权投资			非流动负债:		
其他债权投资			长期借款		
长期应收款			应付债券		
长期股权投资			长期应付款		
其他权益工具投资			专项应付款		
其他非流动金融资产			预计负债		
投资性房地产			递延收益		
固定资产			递延所得税负债		
在建工程			其他非流动负债		
生产性生物资产			非流动负债合计		
油气资产			负债合计		
使用权资产			所有者权益(或股东权益):		
无形资产			实收资本(或股本)		
开发支出			资本公积		
商誉			减:库存股		
长期待摊费用			其他综合收益		
递延所得税资产			专项储备		
其他非流动资产			盈余公积		
非流动资产合计			未分配利润		
			所有者权益合计		
资产总计			负债和所有者权益合计		

报告式资产负债表又称垂直式资产负债表,是采用上下结构,对资产和权益(负债和所有者权益)项目采用垂直分列的形式,一般按照"资产=权益"的原理,上边的资产总计与垂直排列在下边的权益总计保持平衡。其简要格式如表8-2所示。

表8-2 资产负债表(报告式)

编制单位： 　　　　　　　　　　20××年12月31日　　　　　　　　　　计量单位：

项目	期末余额	年初余额
资产		
货币资金		
交易性金融资产		
……		
流动资产合计		
债权投资		
其他债权投资		
……		
非流动资产合计		
资产合计		
权益		
短期借款		
交易性金融负债		
……		
流动负债合计		
长期借款		
应付债券		
……		
非流动负债合计		
负债合计		
所有者权益		
实收资本		
资本公积		
……		
所有者权益合计		
权益合计		

从结构和内容上看,资产负债表描述了企业所掌握的经济资源及其分布和构成情况,提供了企业所负担的债务及其构成内容,反映了企业偿还债务的能力,明确了所有者在企业中所持有的权益及其构成情况,全面揭示了反映企业某一时日资产、负债和所有者权益的构成内容及其相互关系的财务状况信息。此外,通过对比分析不同期间的报表,还可以揭示企业资金结构的变化情况和趋势。

我国《企业会计准则第30号——财务报表列报》中规定资产负债表采用账户式结构。由于全部资产的所有权总是属于投资者和债权人的,所以资产负债表左方的总计和右方的总计始终保持平衡关系,用公式表示为:

资产总计 = 负债合计 + 所有者权益合计

三、资产负债表的编制方法

资产负债表的表首,应标明企业报表的名称,名称后面要标明报表编制时间。由于资产负债表反映企业某一特定日期的财务状况,因而其时间应标为某年某月某日。资产负债表内各栏目的编制方法为:

(一) 表中"年初余额"栏内各项数字,应根据上年年末资产负债表"期末余额"栏内所列数字填列

如果上年度资产负债表规定的各个项目的名称和内容同本年度不相一致,则应对上年年末资产负债表各项目的名称和数字按照本年度的规定进行调整,填入表中"年初余额"栏内。

(二) 表中各项目"期末余额"的填列

由于企业的每一项资产、负债、所有者权益都是以反映这些项目的有关账户的余额来表示的,因此,作为总括反映企业资产、负债和所有者权益情况的资产负债表各项目,基本上可以直接根据总分类账中有关账户的期末余额填列。但是,为了如实反映企业的财务状况,更好地满足报表使用者的需要,资产负债表的某些项目需要根据总账账户和明细账户的记录,分析计算后填列。归纳起来,表中各项目"期末余额"的填列方法有以下几种情况:

1. 根据总账账户的余额填列

当报表中的项目名称与账户完全一致,且该账户不属于被调整账户,没有相应的调整账户对该账户期末余额产生影响时,可根据账簿中该账户余额直接填写,如资产负债表中的"交易性金融资产""短期借款""应付票据"等项目;有些项目则需要根据几个总账账户的余额计算填列,如"货币资金"项目,需根据"库存现金""银行存款""其他货币资金"三个总账账户余额的合计数填列;"其他应付款"项目,需根据"应付利息""应付股利"和"其他应付款"账户的期末余额合计数填列。

2. 根据有关明细账户的余额计算填列

如"应付账款"项目,需要根据"应付账款"和"预付账款"两个总账账户所属的相关明细账户的期末贷方余额计算填列;"应收账款"项目,需要根据"应收账款"和"预收账款"两个总账账户所属的相关明细账户的期末借方余额计算填列。

3. 根据总账账户和明细账户的余额分析计算填列

如"长期借款"项目,需要根据"长期借款"总账账户余额扣除所属明细账户中将在资产负债表日起一年内到期,且企业不能自主地将清偿义务展期的长期借款后的金额填列。

4. 根据有关账户余额减去其备抵账户余额后的净额填列

如资产负债表中的"应收账款"项目,应根据"应收账款"账户的期末余额减去"坏账准备"账户中的相关坏账准备期末余额后的金额填列;"其他应收款"项目,应根据"应收利息""应收股利"和"其他应收款"账户的期末余额合计数,减去"坏账准备"账

户中相关坏账准备期末余额后的金额填列;"固定资产"项目,应根据"固定资产"账户的期末余额减去"累计折旧""固定资产减值准备"账户余额后的净额,以及"固定资产清理"账户的期末余额填列;"无形资产"项目,应根据"无形资产"账户的期末余额,减去"累计摊销""无形资产减值准备"账户余额后的净额填列。

5. 综合运用上述填列方法分析填列

如资产负债表中的"存货"项目,需根据"原材料""库存商品""委托加工物资""周转材料""材料采购""在途物资""发出商品""材料成本差异"等总账账户期末余额的分析汇总数,再减去"存货跌价准备"账户余额后的金额填列。

下面以第四章中提及的兴业公司20××年12月的经济业务为例,根据已登记的总分类账和相应的明细分类账金额编制资产负债表,如表8-3所示。

表8-3 资产负债表

编制单位:兴业公司　　　　　　20××年12月31日　　　　　　　　单位:元

资产	期末余额	年初余额	负债和所有者权益（或股东权益）	期末余额	年初余额
流动资产:			流动负债:		
货币资金	3 369 552.00		短期借款	390 000.00	
交易性金融资产			交易性金融负债		
衍生金融资产			衍生金融负债		
应收票据	180 800.00		应付票据	20 114.00	
应收账款	15 000.00		应付账款	97 200.00	
应收款项融资			预收款项		
预付款项	7 800.00		应付职工薪酬	25 684.00	
其他应收款	2 000.00		应交税费	38 257.03	
存货	319 468.10		其他应付款	74 300.00	
一年内到期的非流动资产			持有待售负债		
其他流动资产			一年内到期的非流动负债		
流动资产合计	3 894 620.10		其他流动负债		
非流动资产:			流动负债合计	645 555.03	
债权投资			非流动负债:		
其他债权投资			长期借款	1 200 000.00	
长期应收款			应付债券		
长期股权投资			长期应付款		
其他权益工具投资			专项应付款		
其他非流动金融资产			预计负债		
投资性房地产			递延收益		
固定资产	11 547 632.00		递延所得税负债		
在建工程			其他非流动负债		
生产性生物资产			非流动负债合计	1 200 000.00	
油气资产			负债合计	1 845 555.03	

单位:元(续表)

资产	期末余额	年初余额	负债和所有者权益(或股东权益)	期末余额	年初余额
使用权资产			所有者权益(或股东权益):		
无形资产			实收资本(或股本)	12 612 000.00	
开发支出			资本公积	824 334.00	
商誉			减:库存股		
长期待摊费用			其他综合收益		
递延所得税资产			专项储备		
其他非流动资产			盈余公积	97 092.66	
非流动资产合计	11 547 632.00		未分配利润	63 270.41	
			所有者权益合计	13 596 697.07	
资产总计	15 442 252.10		负债和所有者权益合计	15 442 252.10	

第三节 利 润 表

一、利润表的概念及作用

利润表是总括反映企业在一定期间经营成果的会计报表。利润表具有以下作用:

(1)利润表提供的信息是企业的投资者、债权人及其他信息使用者进行相关经济决策的主要依据。通过查阅利润表提供的反映企业经营成果的数据,并对不同时期的数据加以比较,企业的投资者、债权人等可以分析企业的获利能力,预测未来收益,分析企业未来利润变化的趋势,从而做出投资决策和信贷决策。

(2)利润表提供的信息是考核和评价企业经营管理人员经营业绩和经营管理水平的一个重要依据。通过对利润表中各项构成因素的比较分析,可以考核企业经营目标的完成情况,发现工作中存在的问题,促使企业经营管理人员找出差距,明确工作重点,不断提高经营管理水平。

(3)利润表提供的信息是税务机关征缴税款的重要参考。同时,利润表中披露的收入、费用、成本及利润情况,可作为有关部门制定价格的基本依据。此外,利润表还是国民经济核算中计算国民收入的主要资料来源。

二、利润表的结构

利润表作为反映企业经营成果的报表,主要由收入、费用和利润三个会计要素构成,是以"收入－费用＝利润"的平衡关系为原理形成的。利润表主要有单步式和多步式两种格式。我国要求使用多步式利润表,它的特点是有利于信息使用者对企业经营成果进行分析。多步式利润表如表8-4所示。

表 8-4　利润表

编制单位：　　　　　　　　　　　　年　月　　　　　　　　　　　　单位：

项目	本期金额	上期金额
一、营业收入		
减:营业成本		
税金及附加		
销售费用		
管理费用		
研发费用		
财务费用		
其中:利息费用		
利息收入		
加:其他收益		
投资收益(损失以"－"号填列)		
净敞口套期收益(损失以"－"号填列)		
公允价值变动收益(损失以"－"号填列)		
信用减值损失(损失以"－"号填列)		
资产减值损失(损失以"－"号填列)		
资产处置收益(损失以"－"号填列)		
二、营业利润(亏损以"－"号填列)		
加:营业外收入		
减:营业外支出		
三、利润总额(亏损总额以"－"号填列)		
减:所得税费用		
四、净利润(净亏损以"－"号填列)		
五、其他综合收益的税后净额		
六、综合收益总额		
七、每股收益：		
（一）基本每股收益		
（二）稀释每股收益		

三、利润表的编制

利润表是由表首和基本内容两部分组成的。表首部分主要有报表名称、报表编制单位、编制日期和货币计量单位等内容；基本内容主要包括反映企业经营成果的各项内容，数额应依据有关账簿的发生额填写。其中，"本期金额"栏反映各项目的本期实际发生数，应根据损益类科目的发生额分析填列；"上期金额"栏内各项数字，应根据上年同期利润表"本期金额"栏内所列数字填列。如果上年同期利润表规定的各个项目的名称和内容与本期不一致，则应对上年该期利润表各项目的名称和数字按本期的规定进行调整后填列。

企业需要提供比较利润表，所以，利润表各项目需要按"本期金额"和"上期金额"两栏分别填列。利润表中各项目的金额，一般是根据有关账户的本期发生额来填列的。

"本期金额"栏内各项数字,主要根据以下方法填列:

(1)"营业收入"项目,反映企业经营业务所取得的收入总额。本项目应根据"主营业务收入"和"其他业务收入"账户的发生额合计分析填列。

(2)"营业成本"项目,反映企业经营业务发生的实际成本。本项目应根据"主营业务成本"和"其他业务成本"账户的发生额合计分析填列。

(3)"税金及附加"项目,反映企业经营业务应负担的消费税、城市维护建设税、资源税、土地增值税和教育费附加等。本项目应根据"税金及附加"账户的发生额分析填列。

(4)"销售费用"项目,反映企业在销售商品和商品流通企业在购入商品时发生的费用。本项目应根据"销售费用"账户的发生额分析填列。

(5)"管理费用"项目,反映企业发生的管理费用。本项目应根据"管理费用"账户的发生额分析填列。

(6)"财务费用"项目,反映企业发生的财务费用。本项目应根据"财务费用"账户的发生额分析填列。

(7)"资产减值损失"项目,反映企业因资产减值而发生的损失。本项目应根据"资产减值损失"账户的发生额分析填列。

(8)"投资收益"项目,反映企业以各种方式对外投资所取得的收益。本项目应根据"投资收益"账户的发生额分析填列;如为投资损失,以"-"号填列。

(9)"营业外收入"和"营业外支出"项目,反映企业非日常活动所获得的利得和损失。本项目应根据"营业外收入"和"营业外支出"账户的发生额填列。

(10)"所得税费用"项目,反映企业按规定从本期损益中减去的所得税。本项目应根据"所得税费用"账户的发生额分析填列。

(11)"基本每股收益"项目,应当根据关于每股收益准则的规定计算的金额填列。

每股收益是反映企业普通股股东持有每一股份所能享有的企业的利润或承担的企业的亏损的业绩评价指标。该指标有助于投资者、债权人等信息使用者评价企业的盈利能力,预测企业的成长潜力,进而做出经济决策。

基本每股收益的计算方法为,以归属于普通股股东的当期净利润,除以发行在外普通股的加权平均数。计算公式为:

基本每股收益 = 归属于普通股股东的当期净利润/发行在外普通股加权平均数

其中,

发行在外普通股加权平均数 = 期初发行在外普通股股数 +

当期新发行普通股股数 × 发行时间 ÷ 报告期时间 -

当期回购普通股股数 × 已回购时间 ÷ 报告期时间

从以上可看出,利润表是按照企业利润的构成内容分层次、分步骤地逐步逐项计算编制而成的报表,它根据经营活动与非经营活动对企业利润的贡献情况排列编制,以产品制造企业为例,通常分为如下几步:

第一步,主营业务收入加其他业务收入得出营业收入。主营业务成本加其他业务成本得出营业成本。

第二步，营业收入减去营业成本、税金及附加、销售费用、管理费用、研发费用和财务费用，再加上其他收益、投资收益等，计算得出营业利润。

第三步，以营业利润为基础，加上营业外收入，减去营业外支出，即可计算得出利润总额。

第四步，以利润总额为基础，减去所得税费用，计算得出净利润。

以本书第四章提及的兴业公司20××年12月的经济业务为例，编制的利润表如表8-5所示。

表8-5 利润表

编制单位：兴业公司　　　　　　20××年12月　　　　　　　　　　　　单位：元

项目	本年金额	上年金额
一、营业收入	275 000.00	
减：营业成本	191 121.90	
税金及附加	2 000.00	
销售费用	3 000.00	
管理费用	39 050.00	
研发费用		
财务费用	9 800.00	
其中：利息费用	9 800.00	
利息收入		
加：其他收益		
投资收益（损失以"－"号填列）		
净敞口套期收益（损失以"－"号填列）		
公允价值变动收益（损失以"－"号填列）		
信用减值损失（损失以"－"号填列）		
资产减值损失（损失以"－"号填列）		
资产处置收益（损失以"－"号填列）		
二、营业利润	30 028.10	
加：营业外收入	40 000.00	
减：营业外支出	5 000.00	
其中：非流动资产处置损失		
三、利润总额	65 028.10	
减：所得税费用	16 257.03	
四、净利润	48 771.07	
……		

企业的净利润加上前期未分配利润，计算得出可供分配的利润；从可供分配的利润中减去提取的法定盈余公积、任意盈余公积和对投资者分配的利润等，得出未分配利润，即当期资产负债表所有者权益项目中的"未分配利润"数额，这也说明了资产负债表与利润表之间的联系，实际上，利润表说明了企业当期赚取利润的过程，该利润属于企业的所有者，因此最终增加了资产负债表中的所有者权益。

章后习题

一、思考题

1. 什么是财务会计报告？它由哪些内容构成？
2. 财务报表如何分类？
3. 财务报表列报的基本要求是什么？
4. 什么是资产负债表？如何编制？
5. 什么是利润表？如何编制？
6. 资产负债表与利润表之间的关系表现在哪个报表项目中？

二、基础练习题

（一）单项选择题

1. 财务报表项目的数字，其直接来源是（   ）。
   A. 原始凭证　　　B. 记账凭证　　　C. 日记账　　　D. 账簿记录

2. 多步式利润表通过多步计算求出当期利润。利润计算分解的项目是（   ）。
   A. 营业利润、利润总额
   B. 营业利润、利润总额、净利润
   C. 营业收入、营业利润
   D. 营业利润、投资收益、利润总额

3. 在资产负债表中，"货币资金"项目填列的依据是（   ）。
   A. "库存现金"总分类账户期末余额
   B. "银行存款"总分类账户期末余额
   C. "其他货币资金"总分类账户期末余额
   D. 以上三个项目的合计数

4. 反映企业某一特定时点静态财务状况的财务报表是（   ）。
   A. 资产负债表
   B. 利润表
   C. 利润分配表
   D. 现金流量表

5. 反映企业某一期间动态经营成果的财务报表是（   ）。
   A. 资产负债表
   B. 利润表
   C. 所有者权益变动表
   D. 现金流量表

6. 编制利润表各项目的主要依据是（   ）。
   A. 资产、负债及所有者权益类各账户的本期发生额
   B. 损益类各账户的本期发生额
   C. 损益类各账户的期末余额
   D. 资产、负债及所有者权益类各账户的期末余额

7. 资产负债表"未分配利润"项目的填列依据是（   ）。
   A. "本年利润"账户的期末余额
   B. "利润分配"账户的期末余额
   C. "本年利润"和"利润分配"账户的期末余额
   D. "应付利润"账户的期末余额

8. 若企业"应收账款"明细账借方余额合计数为 200 000 元,贷方余额合计数为 50 000 元,"坏账准备"贷方余额为 1 000 元,则填列在资产负债表"应收账款"项目中的数额是( )元。

   A. 149 000   B. 150 000   C. 199 000   D. 200 000

9. 资产负债表中资产的排列顺序是( )。

   A. 收益率高的资产排在前   B. 重要的资产排在前
   C. 流动性强的资产排在前   D. 非货币性资产排在前

10. 在利润表中,从利润总额中减去( ),为企业的净利润。

    A. 提取公益金   B. 股利分配数
    C. 提取盈余公积数   D. 所得税费用

11. 下列资产负债表中,可以根据相应总账账户期末余额直接填列的项目是( )。

    A. 应收账款   B. 固定资产   C. 短期借款   D. 货币资金

12. 资产负债表是根据( )这一会计等式编制的。

    A. 资产占用 = 资金来源
    B. 收入 – 费用 = 利润
    C. 资产 = 负债 + 所有者权益
    D. 资金占用 + 费用成本 = 资金来源 + 收入

13. 在下列会计报表中,反映时点指标的报表是( )。

    A. 资产负债表   B. 利润表
    C. 现金流量表   D. 所有者权益变动表

14. 某公司 12 月 31 日"生产成本"账户借方余额为 150 万元,"原材料"账户借方余额为 130 万元,"库存商品"账户借方余额为 280 万元,"工程物资"账户借方余额为 60 万元,则填列在资产负债表"存货"项目中的数额是( )万元。

    A. 130   B. 410   C. 560   D. 620

15. 某公司 20×7 年 5 月 1 日从银行借入期限为 3 年期的长期借款 500 万元,编制 20×9 年 12 月 31 日资产负债表时,此项借款应填入的报表项目是( )。

    A. 短期借款   B. 长期借款
    C. 其他流动负债   D. 一年内到期的非流动负债

(二) 多项选择题

1. 会计信息使用者主要有( )。

   A. 企业投资者   B. 企业债权人
   C. 政府及其相关机构   D. 公众
   E. 企业职工

2. 编制资产负债表时,须根据有关资产项目与其备抵项目抵销后的净额填列的项目有( )。

   A. 无形资产   B. 长期借款   C. 应收账款   D. 存货
   E. 固定资产

3. 下列财务报表属于按编制单位不同进行分类的有( )。
 A. 静态报表　　　B. 动态报表　　　C. 单位报表　　　D. 合并报表
 E. 汇总报表

4. 资产负债表中"存货"项目反映的内容主要有( )。
 A. 工程物资　　　B. 委托代销商品　　C. 委托加工物资　　D. 生产成本
 E. 库存商品

5. 编制财务报表的要求有( )。
 A. 内容完整　　　B. 计算准确　　　C. 数字真实　　　D. 编报及时
 E. 便于理解

6. 下列资产负债表各项目中,应根据明细账余额计算填列的有( )。
 A. 应收账款　　　B. 预收款项　　　C. 短期借款　　　D. 应付账款
 E. 预付款项

7. 下列各项中,会影响企业营业利润的项目有( )。
 A. 税金及附加　　B. 制造费用　　　C. 财务费用　　　D. 投资收益
 E. 所得税费用

8. 企业财务报表按其所反映的资金运动状况分为( )。
 A. 对外财务报表　　　　　　　　　B. 对内财务报表
 C. 静态报表　　　　　　　　　　　D. 动态报表
 E. 个别财务报表

9. 资产负债表中的"货币资金"项目应根据( )账户期末余额的合计数填列。
 A. 库存现金　　　　　　　　　　　B. 应收票据
 C. 交易性金融资产　　　　　　　　D. 银行存款
 E. 其他货币资金

10. 企业期末未分配利润的计算与( )项目有关。
 A. 年初未分配利润　　　　　　　　B. 净利润
 C. 提取的法定盈余公积　　　　　　D. 提取的任意盈余公积
 E. 对投资者分配的股利

(三) 判断题

1. 企业财务会计报告包括财务报表及其附注和其他应当在财务会计报告中披露的相关信息和资料。( )

2. 资产负债表是反映企业单位在某一特定期间财务状况的报表。( )

3. "营业收入"项目应根据"主营业务收入"和"其他业务收入"账户的发生额合计分析填列。( )

4. 所有企业都要编制合并财务报表。( )

5. 汇总财务报表就是合并财务报表。( )

6. 我国资产负债表的结构是账户式的。( )

7. 一年内到期的长期借款属于流动负债。( )

8. 中期报表就是半年度报表。( )

9. 资产负债表中"未分配利润"项目与利润表中"净利润"项目金额相等。( )

10. 编制会计报表的目的只是为会计报表使用者提供决策相关的财务信息。( )

三、实务练习题

习题一

[目的] 练习利润表的编制。

[资料] 欣欣公司20××年12月有关账户发生额如下(单位:元):

主营业务收入	500 000	管理费用	56 000
主营业务成本	230 000	财务费用	10 000
税金及附加	50 000	投资收益	6 000
其他业务收入	100 000	营业外收入	30 000
其他业务成本	40 000	营业外支出	10 000
销售费用	18 000		

另外,该企业按25%的税率缴纳所得税。

[要求] 根据上述资料编制利润表。

习题二

[目的] 练习利润分配的核算。

[资料] 欣欣公司按规定对上述净利润分配如下:按净利润的10%提取法定盈余公积,按5%提取任意盈余公积,向投资者分配利润100 000元。

[要求] 根据习题一及习题二的资料,编制结转本年利润、利润分配等会计分录,并计算12月末的未分配利润。

习题三

[目的] 练习资产负债表的编制。

[资料] 某企业20××年1月31日有关总分类账户和明细分类账户的余额如下(单位:元):

账户名称	借方余额	贷方余额
库存现金	1 000	
银行存款	7 000	
交易性金融资产	5 000	
应收账款	14 000	
坏账准备		1 000
预付账款	6 000	
原材料	17 000	
生产成本	5 000	
库存商品	1 000	
长期股权投资	20 000	

(续表)

账户名称	借方余额	贷方余额
固定资产	50 000	
累计折旧		10 000
无形资产	7 000	
短期借款		4 000
应付账款		10 000
预收账款		2 000
应付职工薪酬		3 000
应交税费		1 000
应付股利		1 000
应付利息		3 000
长期借款		17 000
应付债券		10 000
长期应付款		6 000
实收资本		40 000
资本公积		5 000
盈余公积		10 000
未分配利润		10 000
合计	133 000	133 000

[要求] 根据上述资料编制该企业20××年1月31日的资产负债表。

四、案例分析题

李华是一名刚刚大学毕业的学生,今年与另外两位同学投资50 000元创办了一家酒会设计策划公司,主要为餐饮、饭店举办的酒会、舞会等各种娱乐聚会提供设计方案及相关的服务,并兼营场地出租及咨询服务。一年来的经营情况如下:

1. 提供设计方案取得收入300 000元。
2. 出租场地取得收入50 000元。
3. 支付雇员工资50 000元。
4. 日常办公耗费40 000元,水电费8 000元,杂费5 000元。
5. 支付广告费20 000元。

[要求]

1. 请确定该公司一年的经营成果。
2. 如果三位大学生现在有机会到其他公司就业,且年薪为25 200元,你认为他们应如何选择?请说明理由。

第九章 会计核算组织程序

本章导航

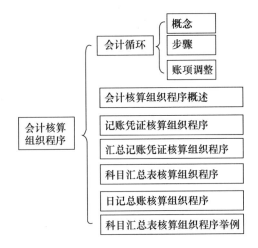

知识目标

- 会计循环；
- 会计核算组织程序的概念、作用和种类；
- 不同会计核算组织程序的步骤、优缺点及适用范围。

能力目标

- 能够应用科目汇总表核算组织程序；
- 能够根据企业的情况选择适用的会计核算组织程序。

导语

从会计账户设置、填制会计凭证、登记账簿,到列报财务会计报告,就完成了一个会计循环。在这个过程中,财务人员要根据企业业务发生生成的各类原始凭证填制记账凭证,根据记账凭证将账目登记到相应会计账户的明细账中。但总账的填制依据是什么？怎样保证账簿记录是正确的,如何将凭证、账簿、报表形成一个完整的体系,这就要根据企业的经营特点、业务量、人员、管理需求等具体情况,选择适合本企业的会计核算工作。

第一节 会计循环

一、会计循环的概念

企业为了取得真实、可靠的会计信息资料,必须对日常发生的各种经济业务,依据一系列的步骤与方法加以确认、计量、记录和报告。这个过程在每个会计期间都重复一次,我们把这个有规律的重复进行的会计过程称为会计循环。

从会计核算方法的体系可以看出,会计循环主要由编制会计凭证(记账)、登记账簿(过账)和编制财务会计报告(报账)三大过程组成。其中,通过编制会计凭证完成会计确认与计量过程;通过登记账簿完成会计记录过程;通过编制财务会计报告完成会计报告过程,如图9-1所示。

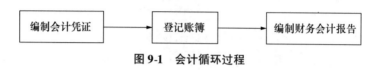

图 9-1 会计循环过程

二、会计循环的步骤

虽然上述三大过程完成了一个会计循环,但是企业为了保证最终提供的信息能够符合会计信息质量的要求,在每个会计循环过程中会有一些细致具体的步骤。在会计实际工作中,一个完整的循环通常应包括以下几个步骤:

(1)分析经济业务,编制会计分录。根据原始凭证对日常发生的经济业务进行分析,运用借贷记账规则确定每笔经济业务应借记和贷记的账户及金额,并在记账凭证中编制会计分录。

(2)过账。根据记账凭证中的分录,将每笔经济业务涉及的借方和贷方账户发生额分别登记到总分类账中开设的相应账户及明细分类账中。这一步骤也就是会计方法中的登记会计账簿。

(3)调整前试算平衡。将日常发生的经济业务登记入账后,利用总分类账各账户的本期发生额和期末余额编制试算平衡表,以判断日常账务处理是否存在错误。

(4)账项调整。根据权责发生制,将平时未记录但影响企业当期财务状况和经营成果的交易或事项,于会计期末在记账凭证中编制账项调整分录并过入分类账中,以保证会计记录的准确和完整。

(5)调整后试算平衡。根据总分类账各账户调整后的本期发生额和期末余额编制调整后试算平衡表,以判断调整账务处理是否存在错误。

(6)对账和结账。通过上述步骤将企业当期全部经济业务登入账簿后,还需要对会计账簿记录进行核对,以保证账簿记录的完整和正确。然后,在此基础上进行结账工作,计算并结出各账户的本期发生额和期末余额。

(7) 编制财务报表。直接使用或间接分析使用通过结账所结出的各账户本期发生额和期末余额,编制财务报表,形成财务会计报告。

以上七个步骤中,本书第二章至第四章讲解了前三个步骤;第六章至第八章讲解了对账和结账以及编制财务报表;这里需要简单介绍第四个步骤,即账项调整。

三、账项调整

由于会计核算是以权责发生制为基础进行的,而账簿记录是根据经济业务的发生与否来记录和核算的,因此,本期账簿记录与汇集的收入和费用,不一定是本期的全部收入和费用,还有一些应计入本期的收入和费用尚未被确认入账,需要在会计期末按照权责发生制对有关收入和费用项目做必要的调整,以便正确地核算企业本期收入和费用的实际数额,保证会计信息的真实、完整。

一个企业在会计期末需要调整的事项主要有以下四种:

(一) 本期实现但尚未收到款项的收入

本期实现但尚未收到款项的收入,也称应计收入,是指企业本期已发生并符合收入确认条件,但因尚未收到款项而未登记入账的收入,如应收银行存款利息等。由于银行按季结算存款利息,本月的存款利息虽然还未收到,但属于本期的收入,因此应作为本期收入进行确认,可通过"应收利息"账户核算。

例 9-1 企业估算本月银行存款利息收入为 220 元。月末,应将利息收入调整入账。企业存款利息可冲减财务费用,账务处理如下:

借:应收利息　　　　　　　　　　　　　　　　220
　贷:财务费用　　　　　　　　　　　　　　　　　　　220

季末,银行将利息收入 600 元计入企业存款账,假设企业已估算两个月利息共 440 元,账务处理如下:

借:银行存款　　　　　　　　　　　　　　　　600
　贷:应收利息　　　　　　　　　　　　　　　　　　　440
　　　财务费用　　　　　　　　　　　　　　　　　　　160

(二) 本期发生但尚未支付款项的费用

本期发生但尚未支付款项的费用,也称应计费用,是指本期已经发生,但因尚未支付款项而未登记入账的费用,如应付银行借款利息、应付职工薪酬等。对于应计费用,应作为本期的费用入账,但由于尚未支付款项,故可通过负债类账户核算企业已形成的义务。

例 9-2 企业计算应由当月负担的银行借款利息 2 000 元,按借款合同约定,季末支付银行借款利息。

企业从银行借入的各项资金是有偿使用的,需要支付利息。根据合同规定,银行借款利息要按季结算。因此,每个季度的前两个月,企业应估算借款利息。这项经济业务涉及"财务费用"和"应付利息"两个账户,每月应做如下账务处理:

  借:财务费用   2 000
    贷:应付利息   2 000

借款到期时,实际支付借款利息 6 000 元,已估算利息 4 000 元,账务处理如下:

  借:应付利息   4 000
    财务费用   2 000
    贷:银行存款   6 000

(三) 已经收款但不属于本期或部分属于本期的收入

  已经收款但不属于本期或部分属于本期的收入,是指已经收款入账,但因尚未提供产品或劳务而未确认的收入。企业在平时的交易中,会发生先收取货款,后向付款单位提供产品或劳务的经济业务。按照权责发生制,这种收入不属于或不完全属于本期收入,不能直接或全部记入当期的收入账户,如预收销货款、预收租金等。对于该类业务,收到款项时,先记入"预收账款"账户的贷方;待销售实现时,记入"预收账款"账户的借方,同时确认收入。

  例 9-3 甲公司 1 月初收到某企业交来的全年固定资产租金款 24 000 元,存入银行。

  借:银行存款   24 000
    贷:预收账款   24 000

每月月末确认当月收入,调整账项时:

  借:预收账款   2 000
    贷:其他业务收入   2 000

(四) 已经付款但不属于本期或部分属于本期的费用

  已经付款但不属于本期或部分属于本期的费用,是指已经支付款项,但应由本期和以后各期分别负担的费用,如企业预付的财产保险费、预付的房屋租金等。

  例 9-4 企业 1 月份预付全年保险费 120 000 元,款项已用银行存款支付。账务处理如下:

  借:预付账款   120 000
    贷:银行存款   120 000

每月月末确认当期费用时:

  借:管理费用   10 000
    贷:预付账款   10 000

  除上述四种调整项目外,还有其他一些费用调整项目,如计提固定资产折旧,这在相关章节中已有论述,此处不再赘述。

第二节 会计核算组织程序概述

  会计凭证、账簿和会计报表是组织会计核算的工具,它们以一定的形式结合起来,就构成了一个完整的工作体系。会计核算组织程序是指企业所采用的会计凭证、账簿、报表的种类、格式以及记账程序相互结合的方式,也称会计核算形式。

一、会计核算组织程序的意义

任何单位进行会计核算时,都要填制凭证、登记账簿和编制会计报表。但由于各个单位规模不同,业务有别,财会人员水平各异,管理要求不一致,因此,各单位所采用的会计核算组织程序也应有所不同,选择适合本单位经营规模和管理需要的会计核算组织程序对于保证会计信息质量、提高会计工作效率、规范各种会计核算的组织工作、节约人力和物力、充分发挥会计在经济管理中的应有作用,都具有非常重要的意义。

二、设计会计核算组织程序的原则

设计会计核算组织程序应坚持以下基本原则：
（1）所选会计核算组织程序应与本单位的经济业务性质、经营规模、管理要求、记账分工等相适应。
（2）应选择能正确、及时、完整地提供会计信息的会计核算组织程序。
（3）在保证会计核算质量的前提下,力求简化核算手续,节约人力、物力、财力,以提高工作效率。

三、会计核算组织程序的种类

企业常用的会计核算组织程序主要有以下几种：
（1）记账凭证核算组织程序；
（2）汇总记账凭证核算组织程序；
（3）科目汇总表核算组织程序；
（4）日记总账核算组织程序。
以上各种会计核算组织程序有许多共同点,但也有区别,主要区别在于登记总账的依据和方法不同。

第三节 记账凭证核算组织程序

一、记账凭证核算组织程序的定义

记账凭证核算组织程序是指根据经济业务发生以后所填制的各种记账凭证直接逐笔登记总分类账,并定期编制财务报表的一种账务处理程序。它是最基本的会计核算组织程序。其他各种会计核算组织程序都是在此基础上发展演变而成的。

二、记账凭证核算组织程序设置的凭证和账簿

（一）凭证设置
记账凭证核算组织程序下,企业可采用收款凭证、付款凭证、转账凭证等三种凭证

格式,也可采用通用记账凭证格式。

(二) 账簿设置

(1) 库存现金日记账和银行存款日记账一般采用三栏式账页。
(2) 总分类账采用三栏式账页,并按每一总分类科目开设账页。
(3) 明细分类账可根据管理的需要,采用三栏式、数量金额式和多栏式账页。

三、记账凭证核算组织程序的账务处理步骤

(1) 根据原始凭证或汇总原始凭证编制记账凭证;
(2) 根据收款凭证和付款凭证逐笔登记库存现金和银行存款日记账;
(3) 根据原始凭证、汇总原始凭证和记账凭证逐笔登记各种明细分类账;
(4) 根据记账凭证逐笔登记总分类账;
(5) 月末,将库存现金日记账、银行存款日记账的余额以及各种明细分类账余额合计数分别与总分类账中有关科目的余额核对相符;
(6) 月末,根据总分类账、明细分类账的记录编制财务报表。

记账凭证会计核算组织程序的账务处理步骤如图9-2所示。

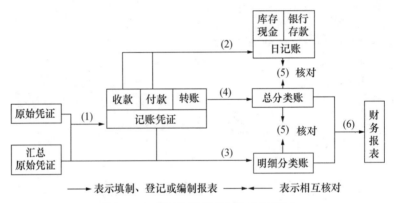

图 9-2 记账凭证核算组织程序流程图

四、记账凭证核算组织程序的优缺点及适用范围

记账凭证核算组织程序的优点是,总分类账较详细地记录和反映经济业务的发生情况,来龙去脉清楚,便于查对账目;记账程序比较简化,易于理解,便于操作。

记账凭证核算组织程序的缺点在于,经济业务较多时,登记总分类账的工作量很大,耗用账页多,预留账页问题较难解决。

记账凭证核算组织程序适用于规模小、经济业务量较少、记账凭证量不多的会计主体。

第四节 汇总记账凭证核算组织程序

一、汇总记账凭证核算组织程序的定义

汇总记账凭证核算组织程序是指根据各种专用记账凭证定期编制汇总记账凭证，然后根据汇总记账凭证登记总分类账，并定期编制财务报表的一种账务处理程序。

二、汇总记账凭证核算组织程序的凭证和账簿

在汇总记账凭证核算组织程序下，除设置收款凭证、付款凭证、转账凭证外，还应设置汇总收款凭证、汇总付款凭证和汇总转账凭证，作为登记总分类账的依据。

账簿的设置与记账凭证核算组织程序相同。

三、汇总记账凭证的编制及总分类账登记方法

（一）汇总收款凭证的编制及总分类账登记方法

汇总收款凭证按库存现金或银行存款借方科目分别设置，根据一定时期内库存现金或银行存款的全部收款凭证，分别按贷方科目归类，定期（5 天或 10 天）汇总填制一次，每月编制一张，月终时结算出汇总收款凭证的合计数，据以登记总分类账。

登记总分类账时，应根据汇总收款凭证上的合计数，记入"库存现金"或"银行存款"总分类账户的借方，根据汇总收款凭证内各贷方科目的合计数分别记入有关总分类账户的贷方。其格式与内容如表 9-1 所示。

表 9-1 汇总收款凭证

借方：银行存款 20××年 12 月

贷方科目	金额				总账页数	
	1—10 日 凭证 1—15 号	11—20 日 凭证 16—30 号	21—31 日 凭证 31—49 号	合计	借方	贷方
实收资本	2 000 000			2 000 000		
短期借款	300 000			300 000		
长期借款	1 200 000			1 200 000		
主营业务收入等		129 950		129 950		
营业外收入			40 000	40 000		
合计	3 500 000	129 950	40 000	3 669 950		

（二）汇总付款凭证的编制及总分类账登记方法

汇总付款凭证按库存现金或银行存款科目贷方分别设置，根据一定时期内库存现金和银行存款的全部付款凭证分别按借方科目归类，定期（5 天或 10 天）汇总填制一次，每月编制一张，月终时结算出汇总付款凭证的合计数，据以登记总分类账。

登记总分类账时，应根据汇总付款凭证的合计数，记入"库存现金""银行存款"总分类账户的贷方；根据付款凭证内各借方科目的合计数记入相应总分类账户的借方。

其格式和内容如表 9-2 所示。

表 9-2　汇总付款凭证

贷方科目:银行存款　　　　　　　　　　20××年 12 月

借方	金额				总账页数	
	1—10 日 凭证 1—15 号	11—20 日 凭证 16—30 号	21—31 日 凭证 31—49 号	合计	借方	贷方
短期借款	60 000			60 000		
应付利息	1 400			1 400		
固定资产	82 100			82 100		
在建工程	51 200			51 200		
在途物资	122 400			122 400		
应交税费	32 500			32 500		
预付账款	30 510	1 200		31 710		
制造费用		3 480		3 480		
销售费用			3 000	3 000		
管理费用			5 000	5 000		
营业外支出			5 000	5 000		
应付职工薪酬			97 700	97 700		
合计	380 110	4 680	110 700	495 490		

(三) 汇总转账凭证的编制及汇总转账登记方法

汇总转账凭证通常按照转账凭证中每一贷方科目分别设置,根据一定时期内的全部转账凭证按与该贷方科目相对应的全部借方科目归类,定期(5 天或 10 天)汇总填制一次,每月编制一张。

为方便汇总转账凭证的归类,填制转账凭证时,各账户之间应保持一借一贷或多借一贷的对应关系。

登记总分类账时,应根据汇总转账凭证的合计数,记入汇总转账凭证所列贷方科目相应的总分类账户的贷方,并分别汇总转账凭证中借方科目的相应总分类账户的借方。其格式和内容如表 9-3 所示。

表 9-3　汇总转账凭证

贷方科目:应交税费　　　　　　　　　　20××年 12 月

借方科目	金额				总账页数	
	1—10 日 凭证 1—15 号	11—20 日 凭证 16—30 号	21—31 日 凭证 31—49 号	合计	借方	贷方
应收账款		4 680		4 680.00		
应收票据		20 800		20 800.00		
预收账款		1 248		1 248.00		
税金及附加			2 000.00	2 000.00		
所得税费用			16 257.03	16 257.03		
合计		26 728	18 257.03	44 985.03		

四、汇总记账凭证核算组织程序下的账务处理步骤

（1）根据原始凭证或汇总原始凭证编制各种记账凭证；

（2）根据收款凭证、付款凭证逐笔登记库存现金日记账和银行存款日记账；

（3）根据原始凭证、汇总原始凭证和记账凭证登记各种明细分类账；

（4）根据各种记账凭证分别编制汇总收款凭证、汇总付款凭证、汇总转账凭证；

（5）根据各种汇总记账凭证登记总分类账；

（6）月末，将库存现金日记账、银行存款日记账的余额以及各种明细分类账余额合计数，分别与总分类账中有关科目的余额核对相符；

（7）月末，根据总分类账、明细分类账的记录编制财务报表。

汇总记账凭证核算组织程序的账务处理步骤如图9-3所示。

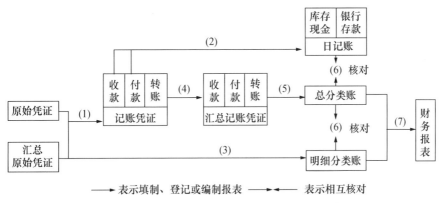

图9-3 汇总记账凭证核算组织程序流程图

五、汇总记账凭证核算组织程序的优缺点和适用范围

汇总记账凭证核算组织程序的优点是，根据汇总记账凭证月终一次登记总分类账，既减少了登记总分类账的工作量，又保证了会计科目之间清晰的对应关系。其缺点在于，定期编制汇总记账凭证的工作量较大。

汇总记账凭证核算组织程序适用于规模大、经济业务较多的会计主体。

第五节 科目汇总表核算组织程序

一、科目汇总表核算组织程序的定义

科目汇总表核算组织程序是指根据各种记账凭证先定期将所有记账凭证汇总编制科目汇总表，然后根据科目汇总表登记总分类账，并定期编制财务报表的账务处理程序。

二、科目汇总表核算组织程序设置的凭证和账簿

科目汇总表核算组织程序下所设置的凭证和账簿格式与记账凭证核算组织程序基本相同,不同的是除设置记账凭证外,还应根据记账凭证定期编制科目汇总表。为便于编制科目汇总表,一般要求编制单式记账凭证,以便于借贷各账户分开汇总;若采用T形账户形式作为编制科目汇总表的工作底稿,则记账凭证可以编制复合分录。

三、科目汇总表的编制方法

科目汇总表的编制方法是:根据一定时期内的全部记账凭证按照相同会计科目归类,定期(如5天或10天等)汇总每一账户的借方本期发生额和贷方本期发生额,并将其填列在科目汇总表的相应栏内,用以反映全部账户的借方本期发生额和贷方本期发生额。科目汇总表可以每月汇总一次,编制一张,其格式与内容如表9-4所示。科目汇总表也可以每旬汇总一次,每月编制一张,其格式与内容如表9-5所示。

表 9-4 科目汇总表(一)

年　月　日　　　　　　　　　　　　　　　第　号

借方发生额	会计科目	贷方发生额
	合计	

会计主管:　　　记账:　　　审核:　　　制表:　　　附单据　张

表 9-5 科目汇总表(二)

年　月　日　　　　　　　　　　　　　　　第　号

会计科目	1—10日		11—20日		21—30日		合计	总账页数
	借方	贷方	借方	贷方	借方	贷方		
合计								

会计主管:　　　记账:　　　审核:　　　制表:　　　附单据　张

四、科目汇总表核算组织程序的账务处理步骤

(1)根据原始凭证或汇总原始凭证编制记账凭证;

(2)根据收款凭证和付款凭证逐笔登记库存现金日记账和银行存款日记账;

(3)根据原始凭证、汇总原始凭证和记账凭证登记各种明细分类账;

(4)根据记账凭证定期汇总编制科目汇总表;

(5)根据科目汇总表定期登记总分类账;

(6)月末,将库存现金日记账、银行存款日记账的余额以及各种明细分类账账户余额合计数,分别与总分类账中有关科目的余额核对相符;

(7)月末,根据总分类账、明细分类账的记录编制财务报表。

科目汇总表核算组织程序的账务处理步骤如图9-4所示。

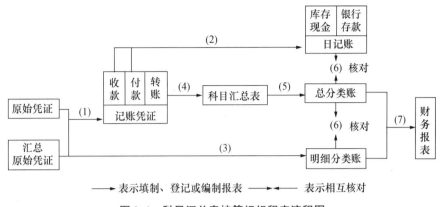

图9-4 科目汇总表核算组织程序流程图

五、科目汇总表核算组织程序的优缺点及适用范围

科目汇总表核算组织程序的优点是,由于总分类账是根据科目汇总表一次或分次登记的,故大大减少了登记总分类账的工作量。其缺点在于,科目汇总表按相同总分类账科目汇总归类,使各账户之间的对应关系不清楚,不便于分析经济业务的来龙去脉和查对账目,所以科目汇总表的主要作用在于登记总分类账和试算平衡。

科目汇总表核算组织程序适用于规模较大、业务量较多、记账凭证数量较多的会计主体。

第六节 日记总账核算组织程序

一、日记总账核算组织程序的定义

日记总账核算组织程序是指设置日记总账,根据经济业务发生以后所填制的各种记账凭证直接逐日逐笔登记日记总账,并定期编制财务报表的账务处理程序。

二、日记总账核算组织程序设置的凭证和账簿

在日记总账核算组织程序下,除须特别设置日记总账外,凭证和账簿设置与记账凭证核算组织程序相同。

日记总账是将序时账和分类账结合在一起的联合账簿,它将全部科目都集中设置在一张账页上,以记账凭证为依据,对所发生的全部经济业务既进行序时核算又进行总分类核算,月末将每个科目借、贷方登记的数字分别合计,并计算出每个科目的月末余额。

三、日记总账核算组织程序下总账的登记方法

分别根据收款凭证、付款凭证和转账凭证逐日逐笔登记日记总账,对每笔经济业务所涉及的各个会计科目的借方发生额和贷方发生额都应分别登记在同一行的不同科目的借方栏和贷方栏内,并将借贷发生额合计数登记在"发生额"栏内。月末,分别结出各栏次的合计数,计算各个科目的月末借方或贷方余额,进行账簿记录的核对工作。应核对"发生额"栏内的本月合计数与全部科目的借方发生额或贷方发生额的合计数是否相符,各科目的借方余额合计数与贷方余额合计数是否相等。日记总账的格式和内容如表9-6所示。

四、日记总账核算组织程序的账务处理步骤

(1)根据原始凭证或汇总原始凭证编制记账凭证;
(2)根据收款凭证、付款凭证逐笔登记库存现金日记账、银行存款日记账;
(3)根据原始凭证、汇总原始凭证和记账凭证逐笔登记各种明细分类账;
(4)根据记账凭证逐日逐笔登记日记总账;
(5)月末,将库存现金日记账、银行存款日记账的余额以及各种明细分类账余额合计数,分别与日记总账中有关科目的余额核对相符;
(6)月末,根据日记总账、明细分类账的记录编制财务报表。

日记总账核算组织程序的账务处理步骤如图9-5所示。

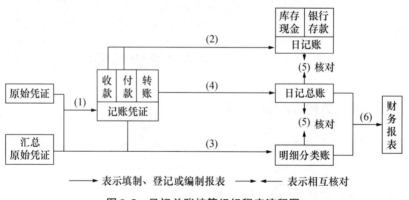

图9-5 日记总账核算组织程序流程图

五、日记总账核算组织程序的优缺点及适用范围

日记总账核算组织程序的优点是,将序时账簿和分类账簿结合在一起,既简化了记账手续,又能全面反映资金运动的来龙去脉,便于会计分析和核对账目。其缺点是,当会计科目较多时,账页会过长,栏次会过多,容易发生串行等记账差错。

日记总账核算组织程序只适用于规模小、业务少、使用会计科目少的会计主体。

表 9-6　日记总账的格式和内容

日记总账

20××年		凭证号	摘要	发生额	银行存款		固定资产		应交税费		实收资本	
					借	贷	借	贷	借	贷	借	贷
12	1		期初余额		194 000		719 500			30 374		532 000
		1	收到投资	2 000 000	2 000 000							2 000 000
		2	收到投资	80 000			80 000					80 000
		5	购设备	92 500		92 500	82 100		10 400			
			月计	17 347 194.25	3 669 950	495 490	11 020 500		46 124	54 007.03		12 080 000
			期末余额		3 368 460		11 740 000			38 257.03		12 612 000

收款凭证
借方：银行存款　　　20××年12月　　第 1 号

摘要	贷方	金额
收到投资	实收资本	2 000 000
合计		￥2 000 000

付款凭证
贷方：银行存款　　　20××年12月　　第 5 号

摘要	借方	金额
购设备	固定资产	82 100
	应交税费	10 400
合计		￥92 500

转账凭证
20××年12月　　第 2 号

摘要	会计科目	金额
	固定资产	￥80 000
收到投资	实收资本	￥80 000

第九章　会计核算组织程序

第七节　科目汇总表核算组织程序举例

在本章第二节至第五节中，我们分别介绍了四种会计核算组织程序的有关问题，为了便于理解和掌握所学内容，我们以具体实例来说明科目汇总表核算组织程序的相关问题。

一、兴业公司有关账户期初余额

该公司20××年11月30日有关账户期末余额的资料如表4-1所示，其中：

（1）原材料明细分类账如表9-7所示。

表9-7　"原材料"明细分类账

原材料	数量（公斤）	单价（元/公斤）	金额（元）
甲	70	510	35 700
乙	52	904	47 008
合计			82 708

（2）库存商品明细分类账如表9-8所示。

表9-8　"库存商品"明细分类账

库存商品	数量（件）	单价（元/件）	金额（元）
A	200	260.00	52 000
B	100	280.60	28 060
合计			80 060

二、该公司12月发生的经济业务

详见第四章例4-1至例4-52各笔经济业务的资料。

三、编制记账凭证

根据兴业公司12月发生的经济业务编制记账凭证，如表9-9所示（为简化工作，这里用会计分录簿代替记账凭证）。

表9-9　会计分录簿

20××年		凭证号	摘要	会计科目		金额
月	日			借方	贷方	
12		1	收到货币资金投资	银行存款	实收资本	2 000 000.00
		2	收到设备投资	固定资产	实收资本	80 000.00

(续表)

20××年		凭证号	摘要	会计科目		金额
月	日			借方	贷方	
		3	收到外商投资设备	固定资产	实收资本	10 000 000.00
				固定资产	资本公积	800 000.00
		4	取得短期借款	银行存款	短期借款	300 000.00
		5	取得长期借款	银行存款	长期借款	1 200 000.00
		6	计提借款利息	财务费用	应付利息	9 800.00
		7	归还借款本金及利息	短期借款	银行存款	60 000.00
				应付利息	银行存款	1 400.00
		8	购置固定资产	固定资产	银行存款	82 100.00
				应交税费	银行存款	10 400.00
		9	购置需安装设备	在建工程	银行存款	51 200.00
				应交税费	银行存款	6 500.00
		10	支付安装设备人工费	在建工程	应付职工薪酬	7 200.00
		11	结转安装设备成本	固定资产	在建工程	58 400.00
		12	从恒利购甲、乙材料	在途物资	银行存款	122 400.00
				应交税费	银行存款	15 600.00
		13	从丰达购甲材料	在途物资	应付账款	60 900.00
				应交税费	应付账款	7 800.00
		14	预付乙材料款	预付账款	银行存款	30 510.00
		15	已预付款的乙材料入库	在途物资	预付账款	27 000.00
				应交税费	预付账款	3 510.00
		16	从长庆购乙材料	在途物资	应付票据	17 800.00
				从长庆应交税费	应付票据	2 314.00
		17	结转材料成本	原材料——甲	在途物资	137 700.00
				原材料——乙	在途物资	90 400.00
		18	领料	生产成本——A	原材料	142 800.00
				生产成本——B	原材料	72 320.00
				制造费用	原材料	1 808.00
				管理费用	原材料	510.00
		19	分配工资	生产成本——A	应付职工薪酬	28 600.00
				生产成本——B	应付职工薪酬	24 200.00
				制造费用	应付职工薪酬	17 800.00
				管理费用	应付职工薪酬	25 000.00
		20	计提社会保险费	生产成本——A	应付职工薪酬	4 004.00
				生产成本——B	应付职工薪酬	3 388.00
				制造费用	应付职工薪酬	2 492.00
				管理费用	应付职工薪酬	3 500.00
		21	支付车间办公、水电费	制造费用	银行存款	3 480.00
		22	车间购办公用品	制造费用	应付账款	500.00
		23	预付车间设备租金	预付账款	银行存款	1 200.00

(续表)

20××年		凭证号	摘要	会计科目		金额
月	日			借方	贷方	
		24	计算本月设备租金	制造费用	预付账款	400.00
		25	计提折旧	制造费用	累计折旧	8 368.00
				管理费用	累计折旧	4 000.00
		26	结转生产成本	生产成本——A	制造费用	18 876.00
				生产成本——B	制造费用	15 972.00
		27	结转完工产品成本	库存商品——A	生产成本	212 280.00
		28	销售 A 产品	银行存款	主营业务收入	64 000.00
				银行存款	应交税费	8 320.00
		29	销售 B 产品	应收账款	主营业务收入	36 000.00
				应收账款	应交税费	4 680.00
		30	收到销售 B 产品欠款	银行存款	应收账款	40 680.00
		31	销售 A 产品	应收票据	主营业务收入	160 000.00
				应收票据	应交税费	20 800.00
		32	预收 A 产品货款	银行存款	预收账款	10 848.00
		33	向沪光发出商品	预收账款	主营业务收入	9 600.00
				预收账款	应交税费	1 248.00
		34	销售甲材料	银行存款	其他业务收入	5 400.00
				银行存款	应交税费	702.00
		35	结转已售材料成本	其他业务成本	原材料	5 100.00
		36	支付广告费	销售费用	银行存款	3 000.00
		37	计算营业税金	税金及附加	应交税费	2 000.00
		38	结转已售产品成本	主营业务成本	库存商品	186 021.90
		39	支付业务招待费	管理费用	银行存款	5 000.00
		40	报销差旅费	管理费用	其他应收款	440.00
				管理费用	库存现金	600.00
		41	支付公益性捐赠	营业外支出	银行存款	5 000.00
		42	发放工资	应付职工薪酬	银行存款	97 700.00
		43	接受捐赠	银行存款	营业外收入	40 000.00
		44	结转各类收入	主营业务收入	本年利润	269 600.00
				其他业务收入	本年利润	5 400.00
				营业外收入	本年利润	40 000.00
		45	结转各类成本费用	本年利润	主营业务成本	186 021.90
				本年利润	税金及附加	2 000.00
				本年利润	其他业务成本	5 100.00
				本年利润	管理费用	39 050.00
				本年利润	销售费用	3 000.00
				本年利润	财务费用	9 800.00
				本年利润	营业外支出	5 000.00
		46	计算所得税	所得税费用	应交税费	16 257.03

(续表)

20××年		凭证号	摘要	会计科目		金额
月	日			借方	贷方	
		47	结转所得税费用	本年利润	所得税费用	16 257.03
		48	结转本年利润	本年利润	利润分配	113 951.07
		49	提取法定盈余公积	利润分配	盈余公积	11 395.11
		50	提取任意盈余公积	利润分配	盈余公积	5 697.55
		51	分配投资者股利	利润分配	应付股利	60 000.00
		52	结清利润分配各明细账	利润分配——未分配利润	利润分配——提取法定盈余公积	11 395.11
				利润分配——未分配利润	利润分配——提取任意盈余公积	5 697.55
				利润分配——未分配利润	利润分配——应付现金股利	60 000.00

四、登记日记账

根据有关库存现金、银行存款的收款凭证、付款凭证登记库存现金日记账（见表6-3）、银行存款日记账（见表6-4）。

五、登记明细分类账并结账

为简化登账工作，只开设登记在途物资（见表9-10和表9-11）、原材料（见表6-8和表6-9）、制造费用（见表9-12）、生产成本（见表4-8和表4-9）、库存商品（见表4-11和表4-12）、应付账款（见表6-7）、管理费用（见表6-10）、应交税费——应交增值税（见表9-13）、主营业务收入（见表6-11）等明细分类账。

表9-10 "在途物资"明细分类账

材料名称：甲材料

20××年		凭证号	摘要	借方			贷方
月	日			买价	采购费用	合计	
12		12	购甲材料	75 000	1 800	76 800	
		13	购甲材料	60 000	900	60 900	
		17	结转已入库材料				137 700
			本期发生额及余额	135 000	2 700	137 700	0

表 9-11 "在途物资"明细分类账

材料名称:乙材料

20××年		凭证号	摘要	借方			贷方
月	日			买价	采购费用	合计	
12		12	购乙材料	45 000	600	45 600	
		15	购乙材料	27 000		27 000	
		16	购乙材料	17 800		17 800	
		17	结转已入库材料				90 400
			本期发生额及余额	89 800	600	90 400	0

表 9-12 "制造费用"明细分类账

20××年		凭证号	摘要	借方			
月	日			直接材料	直接人工	其他费用	合计
12		18	领料	1 808			1 808
		19	分配工资		17 800		17 800
		20	分配社会保险费		2 492		2 492
		21	支付水电办公费			3 480	3 480
		22	购办公用品			500	500
		24	计算设备租金			400	400
		25	计提折旧			8 368	8 368
		22	结转生产成本	1 808	20 292	12 748	34 848

表 9-13 "应交税费——应交增值税"明细分类账

20××年		凭证号	摘要	借方			贷方			借或贷	余额
月	日			合计	进项税额	已交税金	合计	销项税额	进项税额转出	出口退税		
12	1		期初余额								贷	30 374
		8	购置设备	10 400	10 400							
		9	购置设备	6 500	6 500							
		12	购材料	15 600	15 600							
		13	购材料	7 800	7 800							
		15	购材料	3 510	3 510							
		16	购材料	2 314	2 314							
		28	出售商品				8 320	8 320				
		29	出售商品				4 680	4 680				
		31	出售商品				20 800	20 800				
		33	出售商品				1 248	1 248				
		34	出售材料				702	702				
			本期发生额及余额	46 124	46 124		35 750	35 750			贷	20 000

六、编制科目汇总表

根据第四章例4-1至例4-52各笔经济业务的记账凭证,编制科目汇总表,如表9-14所示。

表 9-14 科目汇总表

20××年12月31日

借方发生额	会计科目	贷方发生额
	库存现金	600.00
3 669 950.00	银行存款	495 490.00
40 680.00	应收账款	40 680.00
180 800.00	应收票据	
	其他应收款	440.00
31 710.00	预付账款	30 910.00
228 100.00	在途物资	228 100.00
228 100.00	原材料	222 538.00
310 160.00	生产成本	212 280.00
34 848.00	制造费用	34 848.00
212 280.00	库存商品	186 021.90
58 400.00	在建工程	58 400.00
11 020 500.00	固定资产	
	累计折旧	12 368.00
60 000.00	短期借款	300 000.00
	长期借款	1 200 000.00
	应付账款	69 200.00
	应付票据	20 114.00
10 848.00	预收账款	10 848.00
97 700.00	应付职工薪酬	116 184.00
46 124.00	应交税费	54 007.03
	应付股利	60 000.00
1 400.00	应付利息	9 800.00
	实收资本	12 080 000.00
	资本公积	800 000.00
	盈余公积	17 092.66
380 180.00	本年利润	315 000.00
154 185.32	利润分配	191 043.73
269 600.00	主营业务收入	269 600.00
186 021.90	主营业务成本	186 021.90
2 000.00	税金及附加	2 000.00
3 000.00	销售费用	3 000.00
39 050.00	管理费用	39 050.00
9 800.00	财务费用	9 800.00

(续表)

借方发生额	会计科目	贷方发生额
5 400.00	其他业务收入	5 400.00
5 100.00	其他业务成本	5 100.00
40 000.00	营业外收入	40 000.00
5 000.00	营业外支出	5 000.00
16 257.03	所得税费用	16 257.03
17 347 194.25	合计	17 347 194.25

七、登记总分类账并结账

根据兴业公司11月末账户余额(见表4-1)及科目汇总表(见表9-14),登记总分类账,如表9-15至表9-54所示。

表9-15 "库存现金"总分类账

会计科目:库存现金

20××年		凭证号	摘要	借方	贷方	借或贷	余额
月	日						
12	1		期初余额			借	1 692
	31		汇总表		600	借	600
	31		本期发生额及期末余额		600	借	1 092

表9-16 "银行存款"总分类账

会计科目:银行存款

20××年		凭证号	摘要	借方	贷方	借或贷	余额
月	日						
12	1		期初余额			借	194 000
	31		汇总表	3 669 950	495 490	借	3 368 460
	31		本期发生额及期末余额	3 669 950	495 490	借	3 368 460

表9-17 "应收票据"总分类账

会计科目:应收票据

20××年		凭证号	摘要	借方	贷方	借或贷	余额
月	日						
12	31		汇总表	180 800		借	180 800
	31		本期发生额及期末余额	180 800		借	180 800

表 9-18 "应收账款"总分类账

会计科目:应收账款

20××年		凭证号	摘要	借方	贷方	借或贷	余额
月	日						
12	1		期初余额			借	15 000
	31		汇总表	40 680	40 680	借	15 000
	31		本期发生额及期末余额	40 680	40 680	借	15 000

表 9-19 "其他应收账"总分类账

会计科目:其他应收款

20××年		凭证号	摘要	借方	贷方	借或贷	余额
月	日						
12	1		期初余额			借	2 440
	31		汇总表		440	借	2 000
	31		本期发生额及期末余额		440	借	2 000

表 9-20 "预付账款"总分类账

会计科目:预付账款

20××年		凭证号	摘要	借方	贷方	借或贷	余额
月	日						
12	1		期初余额			借	7 000
	31		汇总表	31 710	30 910	借	7 800
	31		本期发生额及期末余额	31 710	30 910	借	7 800

表 9-21 "在途物资"总分类账

会计科目:在途物资

20××年		凭证号	摘要	借方	贷方	借或贷	余额
月	日						
12	31		汇总表	228 100	228 100	平	0
	31		本期发生额及期末余额	228 100	228 100	平	0

表 9-22 "原材料"总分类账

会计科目:原材料

20××年		凭证号	摘要	借方	贷方	借或贷	余额
月	日						
12	1		期初余额			借	82 708
	31		汇总表	228 100	222 538	借	88 270
	31		本期发生额及期末余额	228 100	222 538	借	88 270

表 9-23 "库存商品"总分类账

会计科目:库存商品

20××年		凭证号	摘要	借方	贷方	借或贷	余额
月	日						
12	1		期初余额			借	80 060.00
	31		汇总表	212 280	186 021.90	借	106 318.10
	31		本期发生额及期末余额	212 280	186 021.90	借	106 318.10

表 9-24 "固定资产"总分类账

会计科目:固定资产

20××年		凭证号	摘要	借方	贷方	借或贷	余额
月	日						
12	1		期初余额			借	719 500
	31		汇总表	11 020 500		借	11 740 000
	31		本期发生额及期末余额	11 020 500		借	11 740 000

表 9-25 "累计折旧"总分类账

会计科目:累计折旧

20××年		凭证号	摘要	借方	贷方	借或贷	余额
月	日						
12	1		期初余额			贷	180 000
	31		汇总表		12 368	贷	192 368
	31		本期发生额及期末余额		12 368	贷	192 368

表 9-26 "在建工程"总分类账

会计科目:在建工程

20××年		凭证号	摘要	借方	贷方	借或贷	余额
月	日						
12	31		汇总表	58 400	58 400	平	0
	31		本期发生额及期末余额	58 400	58 400	平	0

表 9-27 "短期借款"总分类账

会计科目:短期借款

20××年		凭证号	摘要	借方	贷方	借或贷	余额
月	日						
12	1		期初余额			贷	150 000
	31		汇总表	60 000	300 000	贷	390 000
	31		本期发生额及期末余额	60 000	300 000	贷	390 000

表 9-28 "长期借款"总分类账

会计科目:长期借款

20××年		凭证号	摘要	借方	贷方	借或贷	余额
月	日						
12	31		汇总表		1 200 000	贷	1 200 000
	31		本期发生额及期末余额		1 200 000	贷	1 200 000

表 9-29 "应付票据"总分类账

会计科目:应付票据

20××年		凭证号	摘要	借方	贷方	借或贷	余额
月	日						
12	31		汇总表		20 114	贷	20 114
	31		本期发生额及期末余额		20 114	贷	20 114

表 9-30 "应付账款"总分类账

会计科目:应付账款

20××年		凭证号	摘要	借方	贷方	借或贷	余额
月	日						
12	1		期初余额			贷	28 000
	31		汇总表		69 200	贷	97 200
	31		本期发生额及期末余额		69 200	贷	97 200

表 9-31 "预收账款"总分类账

会计科目:预收账款

20××年		凭证号	摘要	借方	贷方	借或贷	余额
月	日						
12	31		汇总表	10 848	10 848	贷	0
	31		本期发生额及期末余额	10 848	10 848	贷	0

表 9-32 "应付职工薪酬"总分类账

会计科目:应付职工薪酬

20××年		凭证号	摘要	借方	贷方	借或贷	余额
月	日						
12	1		期初余额			贷	7 200
	31		汇总表	97 700	116 184	贷	25 684
	31		本期发生额及期末余额	97 700	116 184	贷	25 684

表 9-33 "应付股利"总分类账

会计科目:应付股利

20××年		凭证号	摘要	借方	贷方	借或贷	余额
月	日						
12	31		汇总表		60 000	贷	60 000
	31		本期发生额及期末余额		60 000	贷	60 000

表 9-34 "应交税费"总分类账

会计科目:应交税费

20××年		凭证号	摘要	借方	贷方	借或贷	余额
月	日						
12	1		期初余额			贷	30 374.00
	31		汇总表	46 124	54 007.03	贷	38 257.03
	31		本期发生额及期末余额	46 124	54 007.03	贷	38 257.03

表 9-35 "其他应付款"总分类账

会计科目:其他应付款

20××年		凭证号	摘要	借方	贷方	借或贷	余额
月	日						
12	1		期初余额			贷	4 500
	31		本期发生额及期末余额			贷	4 500

表 9-36 "应付利息"总分类账

会计科目:应付利息

20××年		凭证号	摘要	借方	贷方	借或贷	余额
月	日						
12	1		期初余额			贷	1 400
	31		汇总表	1 400	9 800	贷	9 800
	31		本期发生额及期末余额	1 400	9 800	贷	9 800

表 9-37 "实收资本"总分类账

会计科目:实收资本

20××年		凭证号	摘要	借方	贷方	借或贷	余额
月	日						
12	1		期初余额			贷	532 000
	31		汇总表		12 080 000	贷	12 612 000
	31		本期发生额及期末余额		12 080 000	贷	12 612 000

表9-38 "资本公积"总分类账

会计科目：资本公积

20××年		凭证号	摘要	借方	贷方	借或贷	余额
月	日						
12	1		期初余额			贷	24 334
	31		汇总表		800 000	贷	824 334
	31		本期发生额及期末余额		800 000	贷	824 334

表9-39 "盈余公积"总分类账

会计科目：盈余公积

20××年		凭证号	摘要	借方	贷方	借或贷	余额
月	日						
12	1		期初余额			贷	80 000.00
	31		汇总表		17 092.66	贷	97 092.66
	31		本期发生额及期末余额		17 092.66	贷	97 092.66

表9-40 "本年利润"总分类账

会计科目：本年利润

20××年		凭证号	摘要	借方	贷方	借或贷	余额
月	日						
12	1		期初余额			贷	65 180
	31		汇总表	380 180	315 000	平	0
	31		本期发生额及期末余额	380 180	315 000	平	0

表9-41 "利润分配"总分类账

会计科目：利润分配

20××年		凭证号	摘要	借方	贷方	借或贷	余额
月	日						
12	1		期初余额			贷	26 412.00
	31		汇总表	154 185.32	191 043.73	贷	63 270.41
	31		本期发生额及期末余额	154 185.32	191 043.73	贷	63 270.41

表9-42 "生产成本"总分类账

会计科目：生产成本

20××年		凭证号	摘要	借方	贷方	借或贷	余额
月	日						
12	1		期初余额			借	27 000
	31		汇总表	310 160	212 280	借	124 880
	31		本期发生额及期末余额	310 160	212 280	借	124 880

表9-43 "制造费用"总分类账

会计科目:制造费用

20××年		凭证号	摘要	借方	贷方	借或贷	余额
月	日						
12	31		汇总表	34 848	34 848	平	0
	31		本期发生额及期末余额	34 848	34 848	平	0

表9-44 "主营业务收入"总分类账

会计科目:主营业务收入

20××年		凭证号	摘要	借方	贷方	借或贷	余额
月	日						
12	31		汇总表	269 600	269 600	平	0
	31		本期发生额及期末余额	269 600	269 600	平	0

表9-45 "其他业务收入"总分类账

会计科目:其他业务收入

20××年		凭证号	摘要	借方	贷方	借或贷	余额
月	日						
12	31		汇总表	5 400	5 400	平	0
	31		本期发生额及期末余额	5 400	5 400	平	0

表9-46 "营业外收入"总分类账

会计科目:营业外收入

20××年		凭证号	摘要	借方	贷方	借或贷	余额
月	日						
12	31		汇总表	40 000	40 000	平	0
	31		本期发生额及期末余额	40 000	40 000	平	0

表9-47 "主营业务成本"总分类账

会计科目:主营业务成本

20××年		凭证号	摘要	借方	贷方	借或贷	余额
月	日						
12	31		汇总表	186 021.90	186 021.90	平	0
	31		本期发生额及期末余额	186 021.90	186 021.90	平	0

表9-48 "税金及附加"总分类账

会计科目:税金及附加

20××年		凭证号	摘要	借方	贷方	借或贷	余额
月	日						
12	31		汇总表	2 000	2 000	平	0
	31		本期发生额及期末余额	2 000	2 000	平	0

表9-49 "其他业务成本"总分类账

会计科目:其他业务成本

20××年		凭证号	摘要	借方	贷方	借或贷	余额
月	日						
12	31		汇总表	5 100	5 100	平	0
	31		本期发生额及期末余额	5 100	5 100	平	0

表9-50 "销售费用"总分类账

会计科目:销售费用

20××年		凭证号	摘要	借方	贷方	借或贷	余额
月	日						
12	31		汇总表	3 000	3 000	平	0
	31		本期发生额及期末余额	3 000	3 000	平	0

表9-51 "管理费用"总分类账

会计科目:管理费用

20××年		凭证号	摘要	借方	贷方	借或贷	余额
月	日						
12	31		汇总表	39 050	39 050	平	0
	31		本期发生额及期末余额	39 050	39 050	平	0

表9-52 "财务费用"总分类账

会计科目:财务费用

20××年		凭证号	摘要	借方	贷方	借或贷	余额
月	日						
12	31		汇总表	9 800	9 800	平	0
	31		本期发生额及期末余额	9 800	9 800	平	0

第九章 会计核算组织程序

表 9-53 "营业外支出"总分类账

会计科目:营业外支出

20××年		凭证号	摘要	借方	贷方	借或贷	余额
月	日						
12	31		汇总表	5 000	5 000	平	0
	31		本期发生额及期末余额	5 000	5 000	平	0

表 9-54 "所得税费用"总分类账

会计科目:所得税费用

20××年		凭证号	摘要	借方	贷方	借或贷	余额
月	日						
12	31		汇总表	16 257.03	16 257.03	平	0
	31		本期发生额及期末余额	16 257.03	16 257.03	平	0

八、对账

月末,将库存现金日记账、银行存款日记账余额及各种明细分类账余额合计数分别与总分类账中的有关科目的余额进行核对,其格式与内容如表9-55所示。

表 9-55 各种明细分类账与总分类账核对表

20××年12月

会计科目	期初余额		本期发生额		期末余额	
	借方	贷方	借方	贷方	借方	贷方
原材料——甲材料	35 700		137 700	148 410.00	24 990.00	
——乙材料	47 008		90 400	74 128.00	63 280.00	
"原材料"总分类账	82 708		228 100	222 538.00	88 270.00	
生产成本——A产品	18 000		194 280	212 280.00	0	
生产成本——B产品	9 000		115 880	0	124 880.00	
"生产成本"总分类账	27 000		310 160	212 280.00	124 880.00	
库存商品——A产品	52 000		212 280	160 767.90	103 512.10	
库存商品——B产品	28 060			25 254.00	2 806.00	
"库存商品"总分类账	80 060		212 280	186 021.90	106 318.10	
库存现金日记账	1 692			600.00	1 092.00	
"库存现金"总分类账	1 692			600.00	1 092.00	
银行存款日记账	194 000		3 669 950	495 490.00	3 368 460.00	
"银行存款"总分类账	194 000		3 669 950	495 490.00	3 368 460.00	
"应付账款——恒利"		28 000		68 700.00		96 700.00
"应付账款——瀚海"				500.00		500.00
"应付账款"总分类账		28 000		69 200.00		97 200.00
"应收账款——东方"	15 000		40 680	40 680.00	15 000.00	
"应收账款"总分类账	15 000		40 680	40 680.00	15 000.00	

九、编制会计报表

根据总分类账及明细分类账的有关资料,编制会计报表。其中,利润表如表9-56所示,资产负债表如表9-57所示。

表9-56 利润表

编制单位:兴业公司　　　　　　20××年12月　　　　　　单位:元

项目	本年金额	上年金额
一、营业收入	275 000.00	
减:营业成本	191 121.90	
税金及附加	2 000.00	
销售费用	3 000.00	
管理费用	39 050.00	
财务费用	9 800.00	
其中:利息费用	9 800.00	
利息收入		
二、营业利润	30 028.10	
加:营业外收入	40 000.00	
减:营业外支出	5 000.00	
三、利润总额	65 028.10	
减:所得税费用	16 257.03	
四、净利润	48 771.07	

表9-57 资产负债表

编制单位:兴业公司　　　　　　20××年12月31日　　　　　　单位:元

资产	期末余额	年初余额	负债和所有者权益	期末余额	年初余额
流动资产:			流动负债:		
货币资金	3 369 552.00		短期借款	390 000.00	
应收票据	180 800.00		应付票据	20 114.00	
应收账款	15 000.00		应付账款	97 200.00	
预付款项	7 800.00		应付职工薪酬	25 684.00	
存货	319 468.10		应交税费	38 257.03	
流动资产合计	3 894 620.10		其他应付款	74 300.00	
非流动资产:			流动负债合计	645 555.03	
固定资产	11 547 632.00		非流动负债:		
非流动资产合计	11 547 632.00		长期借款	1 200 000.00	
			负债合计	1 845 555.03	
			所有者权益:		
			实收资本	12 612 000.00	
			资本公积	824 334.00	
			盈余公积	97 092.66	
			未分配利润	63 270.41	
			所有者权益合计	13 596 697.07	
资产合计	15 442 252.10		负债和所有者权益合计	15 442 252.10	

章后习题

一、思考题

1. 什么是会计核算组织程序？它在会计工作中有什么作用？
2. 设计会计核算组织程序的原则是什么？
3. 记账凭证核算组织程序的特点及其优缺点是什么？
4. 科目汇总表核算组织程序的特点及其优缺点是什么？
5. 汇总记账凭证核算组织程序的特点及其优缺点是什么？
6. 各种核算组织程序的适用范围及其异同是什么？
7. 会计循环包括哪些具体步骤？

二、基础练习题

（一）单项选择题

1. 在会计核算工作中，会计核算组织程序主要解决的是（　　）。
   A. 记账程序问题　　　　　　　B. 职责分工问题
   C. 技术组织方式问题　　　　　D. 信息质量问题
2. 各种会计核算组织程序中，最基本的会计核算组织程序是（　　）。
   A. 日记总账核算组织程序　　　B. 汇总记账凭证核算组织程序
   C. 记账凭证核算组织程序　　　D. 科目汇总表核算组织程序
3. 各种会计核算组织程序之间的主要区别是（　　）。
   A. 凭证及账簿组织不同　　　　B. 记账方法不同
   C. 记账程序不同　　　　　　　D. 登记总账的依据和方法不同
4. 科目汇总表核算组织程序的缺点是（　　）。
   A. 便于分析经济业务　　　　　B. 可以看清经济业务的来龙去脉
   C. 能清楚地反映账户对应关系　D. 不能反映账户对应关系
5. 使用会计科目少、业务量小的单位可以采用（　　）。
   A. 记账凭证核算组织程序　　　B. 科目汇总表核算组织程序
   C. 汇总记账凭证核算组织程序　D. 日记总账核算组织程序
6. 汇总记账凭证核算组织程序与科目汇总表核算组织程序的主要相同点是（　　）。
   A. 记账凭证的汇总方法相同　　B. 记账凭证都需要汇总
   C. 登记总账的依据相同　　　　D. 汇总凭证的格式相同
7. 编制科目汇总表直接依据的凭证是（　　）。
   A. 原始凭证　　　　　　　　　B. 汇总原始凭证
   C. 记账凭证　　　　　　　　　D. 汇总记账凭证
8. 规模小、经济业务较少的单位，一般采用的会计核算组织程序是（　　）。

A. 记账凭证核算组织程序 B. 科目汇总表核算组织程序
C. 汇总记账凭证核算组织程序 D. 日记总账核算组织程序

9. 科目汇总表汇总的是( )。
A. 全部科目的借方发生额 B. 全部科目的贷方发生额
C. 全部科目的借贷方余额 D. 全部科目的借贷方发生额

10. 企业的会计凭证、会计账簿、会计报表相结合的方式称为( )。
A. 账簿组织 B. 会计核算组织程序
C. 记账工作步骤 D. 会计组织

11. 在会计循环中,不属于会计主体期末会计核算工作内容的是( )。
A. 编制结账分录并登记入账
B. 编制调整分录并予以过账
C. 根据全部账户数据资料,编制结账后试算表
D. 根据原始凭证填制记账凭证

(二) 多项选择题

1. 登记总分类账的依据可以是( )。
A. 记账凭证 B. 汇总记账凭证
C. 科目汇总表 D. 库存现金日记账和银行存款日记账
E. 原始凭证

2. 科目汇总表和汇总记账凭证核算组织程序的共同点有( )。
A. 根据原始凭证及原始凭证汇总表编制记账凭证
B. 根据记账凭证及原始凭证登记明细分类账
C. 根据总分类账、明细分类账和有关资料编制会计报表
D. 根据收款凭证、付款凭证登记库存现金日记账和银行存款日记账
E. 根据记账凭证登记总分类账

3. 在各种会计核算组织程序中,能够减少登记总分类账工作量的有( )。
A. 记账凭证核算组织程序 B. 科目汇总表核算组织程序
C. 汇总记账凭证核算组织程序 D. 多栏式日记账核算组织程序
E. 以上都可以

4. 下列属于会计核算组织程序主要组成内容的有( )。
A. 会计凭证 B. 会计科目 C. 会计账簿 D. 会计方法
E. 会计报表

5. 在采用汇总记账凭证核算组织程序时,编制记账凭证的要求有( )。
A. 收款凭证为一借多贷 B. 付款凭证为多借一贷
C. 转账凭证为一借多贷 D. 收款凭证为多借一贷
E. 转账凭证为多借一贷

6. 关于记账凭证核算组织程序,下列说法中正确的有( )。
A. 最基本的核算形式 B. 账务处理程序简单明了

C. 能明确反映账户之间的对应关系　　D. 登记总分类账的工作量相对较小

E. 适用规模较大的企业

7. 在汇总记账凭证核算组织程序下,登记总分类账的依据有(　　)。

A. 多栏式日记账　　　　　　　　B. 原始凭证汇总表

C. 汇总收款凭证　　　　　　　　D. 汇总付款凭证

E. 汇总转账凭证

8. 记账凭证核算组织程序一般适用于(　　)的企业。

A. 规模较小　　　　　　　　　　B. 规模较大

C. 经济业务量较少　　　　　　　D. 经济业务量较大

E. 记账凭证不多

9. 规模较大、业务量较多的企业适宜采用的核算组织程序包括(　　)。

A. 记账凭证核算组织程序　　　　B. 汇总记账凭证核算组织程序

C. 科目汇总表核算组织程序　　　D. 日记总账核算组织程序

E. 以上都可以

10. 在会计循环中,属于会计主体期末会计核算工作内容的有(　　)。

A. 根据原始凭证填制记账凭证　　B. 编制调整分录并予以过账

C. 编制结账分录并登记入账　　　D. 编制结账后试算表

E. 编制财务报表

(三) 判断题

1. 记账凭证核算组织程序适用于规模大、经济业务较多的企业。(　　)

2. 科目汇总表核算组织程序的优点是既简化了汇总的手续,又保留了科目之间的对应关系。(　　)

3. 科目汇总表形式是由记账凭证核算形式发展而来的。(　　)

4. 科目汇总表能反映各个账户之间的对应关系,而汇总记账凭证则不能反映账户间的对应关系。(　　)

5. 日记总账核算组织程序只适用于经营规模小、经济业务简单、开设总分类账少的单位。(　　)

6. 无论采用哪种会计核算组织程序,记账凭证都可以采用收款凭证、付款凭证和转账凭证三种。(　　)

7. 同一个企业可以同时采用几种不同的账务处理程序。(　　)

8. 企业采用何种会计核算组织程序,不要求统一,应根据各单位规模大小、业务繁简、工作基础强弱、经营业务特点而定。(　　)

9. 各种账务处理程序之间的主要区别在于登记总分类账的依据和方法不同。(　　)

10. 记账凭证核算组织程序是适用于一切企业的会计核算形式。(　　)

三、实务练习题

习题一

[目的] 练习账项调整的会计处理。

[资料] 某公司20××年12月底,需调整的有关项目如下:

1. 生产车间使用的机器设备及房屋应计提折旧26 000元,管理部门使用的房屋应计提折旧10 000元。

2. 支付第四季度短期借款利息2 000元,10月、11月已预提利息费用共1 500元。

3. 10月曾支付一年期的财产保险费2 400元,每月均匀负担,其中,1 800元应由下年度负担。

4. 本月出租部分办公楼,每月房租收入3 000元,先预收半年租金。

5. 本月应计存款利息500元。

6. 本月出租包装物,预收3个月的租金,每月的租金为1 000元。

7. 本年度估计支出机器修理费24 000元,1—11月每月已平均预提,到年终,修理费实际支出26 000元。

[要求] 根据上述资料,编制有关会计分录。

习题二

[目的] 练习各种账务处理程序下的账务处理。

[资料]

1. 期初余额见第六章习题一的资料(一)。

2. 经济业务见第五章习题三资料所编制的收款凭证、付款凭证和转账凭证。

[要求]

1. 按记账凭证核算组织程序进行一系列账务处理。

2. 按汇总记账凭证核算组织程序进行一系列账务处理。

3. 按科目汇总表核算组织程序进行一系列账务处理。

4. 按多栏式日记总账核算组织程序进行一系列账务处理。

5. 比较各种核算组织程序的异同。

四、综合案例题

李涛于20××年1月1日用银行存款500 000元作为投资创办了天星公司,主要经营各种家具的批发与零售。5月1日,李涛以每月2 000元的租金租用了一个店面作为经营场地。李涛不懂会计,他除将所有的发票等单据都收集保存起来外,没有做任何其他记录。到月底,李涛发现公司的存款反而减少了,只剩下458 987元,外加643元库存现金。另外,尽管客户赊欠的13 300元尚未收现,但公司也有10 560元货款尚未支付。除此之外,实地盘点库存家具,价值25 800元。李涛开始怀疑自己的经营能力,前来向你请教。

对李涛保存的所有单据进行检查分析,汇总一个月的资料显示:

1. 投资银行存款 500 000 元。
2. 内部装修及必要的设施花费 20 000 元，均已用支票支付。
3. 购入家具两批，每批价值 35 200 元，其中，第一批以库存现金购入，第二批以赊欠价款的 30% 购入，其余用支票支付购入。
4. 本月零售家具收入共 38 800 元，全部收到并存入银行。
5. 本月批发家具收入共 25 875 元，其中，赊销 13 300 元，其余均存入银行。
6. 用支票支付当月的租金 2 000 元。
7. 本月从银行存款户提取库存现金 10 000 元，其中，4 000 元支付店员的工资，5 000 元用作个人生活费，其余备日常零星开支。
8. 本月水电费 543 元，用支票支付。
9. 本月电话费 220 元，用库存现金支付。
10. 其他各种杂费 137 元，用库存现金支付。
11. 结转已售库存商品的成本 44 600 元。
12. 结转本月主营业务收入 64 670 元。
13. 将有关费用项目转入本年利润账户。

[要求] 请你根据天星公司的具体经济业务，替李涛设计一套适合的会计核算组织程序，并帮助李涛记账（编制会计分录即可），向李涛报告公司的财务状况，解答其疑惑，评述其经营业绩。

第十章 会计工作的组织

本章导航

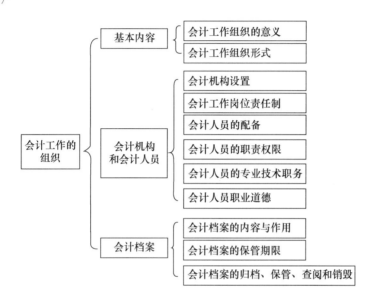

知识目标

- 正确组织会计工作的意义；
- 会计工作的组织形式；
- 会计人员的职责、权限及对会计人员的要求；
- 会计档案的管理办法。

能力目标

- 能够合理进行会计人员的职责分工；
- 能够判断会计档案的种类，确定保管年限。

导语

任何企业单位在经营过程中都不是独立存在的，必须与社会中的其他企业、部门等组织发生联系。例如，企业成立时要到工商部门进行名称核准，办理注册登记手续;资金不足需要贷款时,可以向银行提出申请;为了履行纳税义务,必须及时向税务机关缴纳税款。因此,工商、银行、税务以及其他与企业发生经济联系的单位和个人都要了解企业的财务状况、经营成果等信息,提供这些信息是企业会计人员的工作。那么,会计人员应具备怎样的素质?应履行哪些职责?

第一节 会计工作组织的基本内容

一、会计工作组织的意义

会计工作是指运用一整套的会计专门方法,对企业经济活动及事项进行处理的活动。会计工作既是一项综合性、政策性较强的管理工作,也是一项严密、细致的工作。它是企业经营管理的重要组成部分,同时与统计、业务工作等其他各项管理活动密切相关。会计工作的好坏,直接影响到企业生产经营的好坏,也关系到国家政策、法令、法规能否顺利贯彻执行。因此,为了协调会计工作同其他管理工作的关系,监督财经政策和制度的贯彻执行,落实经济责任制,正确处理各方面的经济关系以及协调会计工作内部各环节之间的关系,必须合理、科学地组织会计工作。会计工作组织就是为了适应会计工作的综合性、政策性和严密细致性的特点,对会计机构的设置、会计人员的配备、会计制度的制定与执行等项工作所做的统筹安排。科学地组织会计工作具有十分重要的意义,主要体现在:

(1) 有利于提高会计工作质量。正确地组织会计工作,使会计工作按照事先规定的手续和处理程序有条不紊地进行,可以发现错漏并及时纠正发生的错误,以提高会计工作的质量和效率。

(2) 有利于分工协作。正确地组织会计工作,可以使会计工作同其他经济管理工作更好地分工协作,相互配合,协调一致,共同完成管理经济的任务。

(3) 有利于分清责任。正确地组织会计工作,可以促使会计单位内部各部门更好地履行自己的经济责任,管好和用好资金,厉行节约,增产增收,提高经济管理水平,讲求最佳经济效益。各事业、机关、团体等单位,虽然业务性质与企业不同,但也需要实行经济责任制,也需要组织好会计工作,促使各部门少花钱、多办事,努力增收节支。

二、会计工作的组织形式

会计工作的组织形式,一般分为集中核算和非集中核算两种。

(一) 集中核算

集中核算,就是把整个企业的主要会计工作都集中在会计部门进行,企业内部各部门和车间所发生的经济业务不进行会计核算,只填制或取得原始凭证,并对原始凭证进行适当的汇总,定期将原始凭证和汇总原始凭证送交会计部门,由会计部门加以审核,并据以登记有关账簿。集中核算组织形式由于核算工作集中,便于会计人员进行分工,便于实行核算工作的电算化,因而简化和加速了核算工作,有利于提高工作效率,减少核算费用,集中掌握和了解各单位的生产经营活动情况。但由于这种组织形式的核算工作不是直接在单位内部各部门和车间进行的,因此不便于各部门和车间管理者随时利用核算资料检查本部门的经营活动情况。

(二) 非集中核算

非集中核算,又称分散核算,就是企业内部各部门和车间所发生的经济业务,由各级部门和车间登记账簿,进行比较全面的核算。各部门和车间可以单独计算盈亏,编制内部财务报表,定期报送给企业会计部门,以便汇总编制整个企业的财务报表。非集中核算组织形式可以使各部门和车间经常利用核算资料来领导和检查工作,但该组织形式不便于采用合理的凭证整理方法,会计人员的合理分工受到一定的限制,核算工作量较大,核算成本较高。

企业对其内部各部门发生的经济业务是采取集中核算形式,还是采取非集中核算形式,抑或两者相互渗透的形式,主要取决于企业单位的特点及管理要求,要从有利于加强经营管理、加强经济核算的角度来选择。

第二节 会计机构和会计人员

一、会计机构设置

会计机构是直接从事或组织领导会计工作的职能机构。健全的会计机构是保证会计工作顺利进行的重要条件。

我国会计管理机构的设置一般分为三个层次:第一层次是中央和地方各级财政部门分别设立的会计管理机构。前者的主要职责是,拟定全国性的会计法规、制度,研究、制定改进会计工作的措施和规划,会同有关部门制定并实施会计专业技术职务制度,组织会计人员资格考试等;后者主要是管理本地区的会计工作。第二层次是各级业务主管部门设置的会计管理机构,负责组织领导和监督所属单位的会计工作。第三层次是各企业单位设置的会计机构。财政部在《会计基础工作规范》中对企业单位设置会计机构做了原则性规定,其基本内容有:

(1) 各单位应当根据会计业务的需要设置会计机构。

(2) 不具备单独设置会计机构条件的,应在有关机构中配备专职会计人员。

(3) 如果一个企业单位既没有设置会计机构,也没有配备会计人员,则应当根据财政部颁布的《代理记账管理办法》的规定,委托会计师事务所或者持有代理记账许可证书的代理记账机构进行代理记账。

为了保证所设立的会计机构能够顺利、有效地履行其职能,企业单位应当在会计机构内部进行合理的分工,一般按工作的性质分组或按人分工,以便加强岗位责任制,保证各项财产物资的安全、完整。企业内部各职能部门和车间，根据业务需要，可设置专职或兼职的核算人员，负责核算工作；规模较大的企业的车间、部门，可以设置专门的会计机构。

二、会计工作岗位责任制

在会计机构内部和会计人员中建立岗位责任制是正确地组织会计工作，加强会计人员的责任感和纪律性，提高工作效率，保证工作质量的前提条件。会计工作岗位责任制就是在会计机构内部，按照会计工作的内容，定岗位、定人员，明确分工，各司其职，使每一项工作都有专人负责，每一位会计人员都明确自己的职责范围和工作要求。它有利于会计工作程序化、规范化，有利于责任的落实和会计人员的合理分工。

《会计基础工作规范》对如何设置会计工作岗位规定了基本原则和示范性要求，主要内容有：

（1）按人员分工的会计工作岗位一般可分为会计机构负责人或会计主管人员、出纳、财产物资核算、工资核算、成本费用核算、财务成果核算、资金核算、往来结算、总账报表、稽核、档案管理等。开展会计电算化和管理会计的单位，可以根据需要设置相应的工作岗位，也可以与其他工作岗位相结合。

（2）由于各单位的业务量和会计人员配备、分工情况不同，以上会计工作岗位可以一人一岗、一人多岗或者一岗多人，但出纳人员不得兼管稽核、会计档案保管和收入、费用、债权债务账目的登记工作。

（3）会计人员的工作岗位应当有计划地进行轮换，以促进会计人员全面熟悉业务，不断提高业务素质。

三、会计人员的配备

各企业单位应根据规模大小和业务需要，配备数量适当的会计人员。这是一个单位会计工作得以正常开展的重要条件。

会计人员的配备，应当符合会计机构内部岗位设置的要求。设置会计机构，应当配备会计机构负责人；在有关机构中配备专职会计人员，应当在专职会计人员中指定会计主管人员。大中型企业、事业单位还应当根据法律和国家有关规定设置总会计师，主管本单位的财务会计工作。

（一）会计机构负责人、会计主管人员应具备的条件

会计机构负责人、会计主管人员应当具备下列基本条件：

（1）坚持原则、廉洁奉公；

（2）具备会计师以上专业技术职务资格或者从事会计工作不少于三年；

（3）熟悉国家财经法律、法规、规章和方针、政策，掌握本行业业务管理的有关知识；

（4）有较强的组织能力；

（5）身体状况能够适应本职工作的要求。

（二）总会计师设置及应具备的条件

我国从1961年起,在规模较大的企业逐步试行总会计师制度。1978年,国务院颁发的《会计人员职权条例》规定,大中型企业要设置总会计师,主管本单位的经济核算和财务会计工作。《会计法》中也做了设置总会计师的规定。1990年12月31日,国务院发布了《总会计师条例》,对总会计师的地位、职责权限和任免做了明确规定;其后,根据2011年1月8日《国务院关于废止和修改部分行政法规的决定》修订了新的《总会计师条例》。

总会计师是单位行政领导成员,直接对单位主要行政领导人负责。总会计师必须具备下列条件：

（1）坚持社会主义方向,积极为社会主义建设和改革开放服务;

（2）坚持原则,廉洁奉公;

（3）取得会计师任职资格后,主管一个单位或者单位内一个重要方面的财务会计工作时间不少于3年;

（4）有较高的理论政策水平,熟悉国家财经法律、法规、方针、政策和制度,掌握现代化管理的有关知识;

（5）具备本行业的基本业务知识,熟悉行业情况,有较强的组织领导能力;

（6）身体健康,能胜任本职工作。

四、会计人员的职责权限

为了充分调动和保护会计人员的工作积极性,《会计法》对会计人员的职责权限做了明确规定。

会计人员的职责权限主要有以下两项：

（一）进行会计核算

进行会计核算就是按照会计法规和制度的规定,对本单位发生的经济业务及时地进行确认、计量、记录和报告,提供真实可靠的会计信息。《会计法》第九条明确规定,各单位必须根据实际发生的经济业务事项进行会计核算,填制会计凭证,登记会计账簿,编制财务会计报告。任何单位不得以虚假的经济业务事项或者资料进行会计核算。

（二）实行会计监督

会计机构和会计人员依照有关法律、法规、制度,对本单位的经济活动进行会计监督。《会计法》对于企业单位的会计监督进行了完善,明确了会计监督包括内部监督、政府监督和社会监督三个方面。

1. 内部监督

会计工作的内部监督是指企业单位为了保护企业单位资产的安全、完整,保证其经营活动符合国家法律、法规和内部有关管理制度,提高经营管理水平和经济效益,需在企业单位内部采取的一系列相互制约、相互监督的制度和方法。企业单位内部监督的主体主要是会计机构和会计人员。

《会计法》第二十七条规定,各单位应当建立、健全本单位内部会计监督制度。单位内部会计监督制度应当符合下列要求:

第一,记账人员与经济业务事项和会计事项的审批人员、经办人员、财物保管人员的职责权限应当明确,并相互分离、相互制约;

第二,重大对外投资、资产处置、资金调度和其他重要经济业务事项的决策和执行的相互监督、相互制约程序应当明确;

第三,财产清查的范围、期限和组织程序应当明确;

第四,对会计资料定期进行内部审计的办法和程序应当明确。

《会计法》第二十八条规定,单位负责人应当保证会计机构、会计人员依法履行职责,不得授意、指使、强令会计机构、会计人员违法办理会计事项。会计机构、会计人员对违反本法和国家统一的会计制度规定的会计事项,有权拒绝办理或者按照职权予以纠正。

《会计法》第二十九条规定,会计机构、会计人员发现会计账簿记录与实物、款项及有关资料不相符的,按照国家统一的会计制度的规定有权自行处理的,应当及时处理;无权处理的,应当立即向单位负责人报告,请求查明原因,作出处理。

2. 政府监督

会计工作的政府监督是指财政部门代表国家对企业单位及其相关人员的会计行为实施的监督检查,并对发现的违法会计行为实施的行政处罚,属于外部监督。政府监督的主体主要是县级以上各财政部门。

《会计法》第三十二条规定,财政部门对各单位的下列情况实施监督:

(1) 是否依法设置会计账簿;

(2) 会计凭证、会计账簿、财务会计报告和其他会计资料是否真实、完整;

(3) 会计核算是否符合本法和国家统一的会计制度的规定;

(4) 从事会计工作的人员是否具备专业能力、遵守职业道德。

《会计法》第三十三条规定,财政、审计、税务、人民银行、证券监管、保险监管等部门应当依照有关法律、行政法规规定的职责,对有关单位的会计资料实施监督检查。

3. 社会监督

会计工作的社会监督是指由注册会计师及其所在的会计师事务所依法对委托企业单位的经济活动进行的审计、鉴证的一种监督制度。社会监督的主体主要是会计师事务所和社会公众。

《会计法》第三十一条规定,任何单位或者个人不得以任何方式要求或者示意注册会计师及其所在的会计师事务所出具不实或者不当的审计报告。财政部门有权对会计师事务所出具审计报告的程序和内容进行监督。

企业单位的内部监督、政府监督和社会监督各有特点,又相互联系、相互协调,成为一个有机整体,为规范和控制企业单位的经营活动发挥了重要作用。

五、会计人员的专业技术职务

为了加强会计专业队伍建设,提高会计人员的业务素质,客观、公平地评价和选拔人才,1992年3月31日,财政部、人事部根据《会计专业职务试行条例》,联合颁发了《会计专业技术资格考试暂行规定》及《会计专业技术资格考试暂行规定实施办法》,对会计专业技术资格实行全国统一考试制度,资格考试按专业职务的设置分为会计员资格考试、助理会计师资格考试、会计师资格考试。高级会计师通过考核取得任职资格。2000年9月8日,对《会计专业技术资格考试暂行规定》及《会计专业技术资格考试暂行规定实施办法》进行了修订,将会计专业技术资格分为初级资格、中级资格和高级资格三种,并规定了在单位的任职要求:

(1) 取得初级资格,单位可根据有关规定按照下列条件聘任相应的专业技术职务:① 大专毕业担任会计员职务满两年,中专毕业担任会计员职务满四年,不具备规定学历但担任会计员职务满五年,可聘任助理会计师职务;② 不符合上述条件的人员,只可聘任会计员职务。

(2) 取得中级资格并符合国家有关规定,可聘任会计师职务。

(3) 高级资格(高级会计师资格)实行考试与评审相结合的评价制度。

《会计法》第三十八条规定,会计人员应当具备从事会计工作所需要的专业能力。担任单位会计机构负责人(会计主管人员)的,应当具备会计师以上专业技术职务资格或者从事会计工作三年以上经历。

六、会计人员职业道德

会计人员职业道德,是会计人员从事会计工作应当遵循的道德标准,也是社会道德规范的重要方面。规范会计人员的职业道德,既是对会计人员在职业活动中行为的约束,又是防止和杜绝会计人员在工作中出现不道德行为的措施。遵守会计职业道德是会计人员对社会所承担的道德责任和义务,因为会计人员职业道德水平不高,会严重影响会计信息的质量,给宏观和微观经济造成极大的危害。

为了规范会计人员的职业道德,财政部在1996年6月17日财会字〔1996〕19号公布、根据2019年3月14日《财政部关于修改〈代理记账管理办法〉等2部部门规章的决定》修改的《会计基础工作规范》中专门强调,会计人员在会计工作中应当遵守职业道德,树立良好的职业品质、严谨的工作作风,严守工作纪律,努力提高工作效率和工作质量。同时,在第十八条至第二十三条中对会计人员在会计工作中应具备的职业道德做出以下六个方面的要求:

(1) 会计人员应当热爱本职工作,努力钻研业务,使自己的知识和技能适应所从事工作的要求。

(2) 会计人员应当熟悉财经法律、法规、规章和国家统一会计制度,并结合会计工作进行广泛宣传。

(3) 会计人员应当按照会计法规、法规和国家统一会计制度规定的程序和要求进行会计工作,保证所提供的会计信息合法、真实、准确、及时、完整。

(4) 会计人员办理会计事务应当实事求是、客观公正。

(5) 会计人员应当熟悉本单位的生产经营和业务管理情况,运用掌握的会计信息和会计方法,为改善单位内部管理、提高经济效益服务。

(6) 会计人员应当保守本单位的商业秘密。除法律规定和单位领导人同意外,不能私自向外界提供或者泄露单位的会计信息。

会计人员遵守职业道德的情况是会计人员晋升、晋级、聘任专业职务、表彰奖励的重要考核依据。

需要指出的是,会计道德规范不像法律规范那样具有强制性,其作用的发挥有赖于会计人员道德修养的加强和提高,有赖于会计职业纪律的制定、完善和约束,有赖于广大群众和社会舆论的监督。

第三节 会计档案

一、会计档案的内容与作用

（一）会计档案的内容

《会计法》第二十三条规定,各单位对会计凭证、会计账簿、财务会计报告和其他会计资料应当建立档案,妥善保管。会计档案是指单位在进行会计核算等过程中接收或形成的,记录和反映单位经济业务事项的,具有保存价值的文字、图表等各种形式的会计资料,包括通过计算机等电子设备形成、传输和存储的电子会计档案。会计档案具体包括如下内容：

(1) 会计凭证,包括原始凭证、记账凭证；

(2) 会计账簿,包括总分类账、明细分类账、日记账、固定资产卡片及其他辅助性账簿；

(3) 财务会计报告,包括月度、季度、半年度、年度财务会计报告；

(4) 其他会计资料,包括银行存款余额调节表、银行对账单、纳税申报表、会计档案移交清册、会计档案保管清册、会计档案销毁清册、会计档案鉴定意见书及其他具有保存价值的会计资料。

单位可以利用计算机、网络通信等信息技术手段管理会计档案。同时满足下列条件的、单位内部形成的属于归档范围的电子会计资料可仅以电子形式保存,形成电子会计档案：

(1) 形成的电子会计资料来源真实有效,由计算机等电子设备形成和传输；

(2) 使用的会计核算系统能够准确、完整、有效地接收和读取电子会计资料,能够输出符合国家标准归档格式的会计凭证、会计账簿、财务会计报告等会计资料,设定了经办、审核、审批等必要的审签程序；

（3）使用的电子档案管理系统能够有效地接收、管理、利用电子会计档案，符合电子会计档案的长期保管要求，并建立了电子会计档案与相关联的其他纸质会计档案的检索关系；

（4）采取有效措施，防止电子会计档案被篡改；

（5）建立电子会计档案备份制度，能够有效防范自然灾害、意外事故和人为破坏的影响；

（6）形成的电子会计资料不属于具有永久保存价值或者其他重要保存价值的会计档案。

（二）会计档案的作用

会计档案是会计活动的产物，是记录与反映经济活动的重要史料和证据，其重要作用表现在以下几个方面：

（1）会计档案是总结经验、揭露责任事故、打击经济领域犯罪、分析与判断事故原因的重要依据和证据。

（2）会计档案提供的关于过去经济活动的史料，有助于各单位进行经济前景的预测，进行经营决策，编制财务、成本计划。

（3）利用会计档案资料，可以为解决经济纠纷、处理遗留的经济事务提供依据。

此外，会计档案在经济科学的研究活动中，发挥着作为重要史料的作用。各单位必须加强对会计档案管理工作的领导，建立会计档案的立卷、归档、保管、查阅和销毁等管理制度，保证会计档案妥善保管、有序存放、方便查阅，严防毁损、散失和泄密。

二、会计档案的保管期限

按照《会计档案管理办法》的规定，各种会计档案的保管期限，根据其特点，分为永久和定期两类。定期保管期限一般分为10年和30年。会计档案的保管期限，从会计年度终了后的第一天算起。我国《会计档案管理办法》适用于国家机关、社会团体、企业、事业单位、按规定应当建账的个体工商户和其他组织。该办法分别规定了上述各单位有关会计档案的最低保管期限，具体如表10-1所示。各类会计档案的保管原则上应当按照该表所列期限执行。

表10-1 企业和其他组织会计档案保管期限

序号	档案名称	保管期限	备注
一	会计凭证		
1	原始凭证	30年	
2	记账凭证	30年	
二	会计账簿		
3	总分类账	30年	
4	明细分类账	30年	
5	日记账	30年	

(续表)

序号	档案名称	保管期限	备注
6	固定资产卡片		固定资产报废清理后保管5年
7	其他辅助性账簿	30年	
三	财务会计报告		
8	月、季度、半年度财务会计报告	10年	
9	年度财务会计报告	永久	
四	其他会计资料		
10	银行存款余额调节表	10年	
11	银行对账单	10年	
12	纳税申报表	10年	
13	会计档案移交清册	30年	
14	会计档案保管清册	永久	
15	会计档案销毁清册	永久	
16	会计档案鉴定意见书	永久	

三、会计档案的归档和保管

单位的会计机构或会计人员所属机构(以下统称单位会计管理机构)按照归档范围和归档要求,负责定期将应当归档的会计资料整理立卷,编制会计档案保管清册。当年形成的会计档案,在会计年度终了后,可由单位会计管理机构临时保管一年,再移交单位档案管理机构保管。因工作需要确需推迟移交的,应当经单位档案管理机构同意。单位会计管理机构临时保管会计档案最长不超过三年。临时保管期间,会计档案的保管应当符合国家档案管理的有关规定,且出纳人员不得兼管会计档案。

单位会计管理机构在办理会计档案移交时,应当编制会计档案移交清册,并按照国家档案管理的有关规定办理移交手续。纸质会计档案移交时应当保持原卷的封装。电子会计档案移交时应当将电子会计档案及其元数据一并移交,且文件格式应当符合国家档案管理的有关规定。特殊格式的电子会计档案应当与其读取平台一并移交。

单位档案管理机构接收电子会计档案时,应当对电子会计档案的准确性、完整性、可用性、安全性进行检测,符合要求的才能接收。

四、会计档案的查阅

单位应当严格按照相关制度利用会计档案,在进行会计档案查阅、复制、借出时履行登记手续,严禁篡改和损坏。

单位保存的会计档案一般不得对外借出。确因工作需要且根据国家有关规定必须借出的,经本单位负责人批准,可以提供查阅或者复制,并办理登记手续。如因有特殊需要而查阅或者复制会计档案的人员,严禁在会计档案上涂画、拆封和抽换。各单位应当建立健全会计档案查阅、复制登记制度。

会计档案借用单位应当妥善保管和利用借入的会计档案,确保借入会计档案的安全、完整,并在规定时间内归还。

五、会计档案的销毁

经鉴定可以销毁的会计档案,应当按照以下程序销毁:

(1)单位档案管理机构编制会计档案销毁清册,列明拟销毁会计档案的名称、卷号、册数、起止年度、档案编号、应保管期限、已保管期限和销毁时间等内容。

(2)单位负责人、档案管理机构负责人、会计管理机构负责人、档案管理机构经办人、会计管理机构经办人在会计档案销毁清册上签署意见。

(3)单位档案管理机构负责组织会计档案的销毁工作,并与会计管理机构共同派员监销。监销人在会计档案销毁前,应当按照会计档案销毁清册所列内容进行清点核对;在会计档案销毁后,应当在会计档案销毁清册上签名或盖章。

电子会计档案的销毁还应当符合国家有关电子档案的规定,并由单位档案管理机构、会计管理机构和信息系统管理机构共同派员监销。

保管期满但未结清的债权债务会计凭证和涉及其他未了事项的会计凭证不得销毁,纸质会计档案应当单独抽出立卷,电子会计档案单独转存,保管到未了事项完结时为止。单独抽出立卷或转存的会计档案,应当在会计档案鉴定意见书、会计档案销毁清册和会计档案保管清册中列明。

六、会计档案的交接

单位因撤销、解散、破产或者其他原因而终止的,在终止和办理注销登记手续之前形成的会计档案,应当由终止单位的业务主管部门或财产所有者代管或移交有关档案馆代管。

单位分立后原单位存续的,其会计档案应当由分立后的存续方统一保管,其他方可查阅、复制与其业务相关的会计档案;单位分立后原单位解散的,其会计档案应当经各方协商后由其中一方代管或移交档案馆代管,各方可查阅、复制与其业务相关的会计档案。单位分立中未结清的会计事项所涉及的原始凭证,应当单独抽出由业务相关方保存,并按规定办理交接手续。

单位合并后原各单位解散或一方存续其他方解散的,原各单位的会计档案应当由合并后的单位统一保管;单位合并后原各单位仍存续的,其会计档案仍应由原各单位保管。

建设单位在项目建设期间形成的会计档案,应当在办理竣工决算后移交给建设项目的接收单位,并按规定办理交接手续。

单位之间交接会计档案的,交接双方应当办理会计档案交接手续。移交会计档案的单位,应当编制会计档案移交清册,列明应当移交的会计档案的名称、卷号、册数、起止年度和档案编号、应保管期限、已保管期限等内容。交接会计档案时,交接双方应当按照会计档案移交清册所列内容逐项交接,并由交接双方的单位负责人负责监交。交接完毕后,交接双方的经办人和监交人应当在会计档案移交清册上签名或者盖章。

电子会计档案应当与其元数据一并移交,特殊格式的电子会计档案应当与其读取平台一并移交。档案接收单位应当对保存电子会计档案的载体及其技术环境进行检验,确保所接收电子会计档案的准确、完整、可用和安全。

章后习题

一、思考题

1. 会计工作岗位应如何设置才能满足会计工作的要求?
2. 为什么要建立和健全会计机构内部监督制度?会计机构内部监督制度应包括哪些内容?
3. 在社会主义市场经济条件下,会计人员应有哪些职责和权限?
4. 为什么要制定会计人员职业道德规范?会计人员职业道德应包括哪些内容?
5. 我国《会计法》要求的单位内部监督、政府监督和社会监督各有什么特点?三者的关系如何?
6. 会计档案管理办法的主要内容有哪些?

二、基础练习题

(一) 单选题

1. 各单位内部监督的主体是(　　)。
   A. 会计机构和会计人员　　　　　　B. 经济活动
   C. 会计机构和业务人员　　　　　　D. 会计机构
2. 对于独立核算的大中型企业,设置会计机构的要求是(　　)。
   A. 单独设置会计机构　　　　　　　B. 不单独设置会计机构
   C. 在相关机构设置会计岗位　　　　D. 委托代理机构
3. 我国从事会计工作人员的基本任职条件是(　　)。
   A. 具有会计专业技术资格　　　　　B. 具有会计从业资格证书
   C. 具有中专以上专业学历　　　　　D. 担任会计专业职务
4. 定期会计档案的保管期限最长为(　　)。
   A. 3年　　　　B. 10年　　　　C. 15年　　　　D. 30年
5. 年度财务会计报告的保管期限为(　　)。
   A. 5年　　　　B. 10年　　　　C. 30年　　　　D. 永久
6. 会计工作交接完毕,需要在移交清册上签名盖章的人员是(　　)。
   A. 交接双方　　　　　　　　　　　B. 移交人
   C. 监交人　　　　　　　　　　　　D. 交接双方和监交人
7. 下列有关档案管理中错误的行为有(　　)。
   A. 会计档案经本单位负责人批准借出
   B. 保管期满后经会计部门负责人批准销毁
   C. 会计档案经本单位负责人批准将其复印件借出并办理登记手续

D. 外商投资企业经本单位负责人批准将会计档案调往境外的总公司审查

8. 下列各项中,属于担任总会计师必须具备的条件之一的是( )。
   A. 初步掌握财务会计知识和技能　　　B. 熟悉有关会计法规和财务会计制度
   C. 取得会计师以上的专业技术资格　　D. 能承担一个岗位的财务会计工作

9. 会计人员的职责中不包括( )。
   A. 进行会计核算　　　　　　　　　　B. 实行会计监督
   C. 编制预算　　　　　　　　　　　　D. 决定经营方针

10. 会计机构和会计人员对不真实、不合法的原始凭证应当( )。
    A. 不予受理　　B. 予以受理　　C. 予以纠正　　D. 予以反映

(二) 多选题

1. 会计工作的组织方式主要有( )。
   A. 集中核算　　B. 分散核算　　C. 总分类核算　　D. 明细核算
   E. 部门核算

2. 除按规定办理货币资金支付手续外,出纳人员负责的其他工作还有( )。
   A. 登记库存现金日记账　　　　　　　B. 登记银行存款日记账
   C. 保管库存现金　　　　　　　　　　D. 保管有价证券
   E. 保管部分印章

3. 下列不得由出纳人员兼管的工作有( )。
   A. 稽核　　　　　　　　　　　　　　B. 会计档案保管
   C. 收入、费用的账目登记　　　　　　D. 债权、债务的账目登记
   E. 库存现金日记账的登记

4. 属于《会计法》要求的会计监督内容的有( )。
   A. 内部监督　　　　　　　　　　　　B. 政府监督
   C. 社会监督　　　　　　　　　　　　D. 媒体机构监督
   E. 境外机构监督

5. 我国会计专业职务主要有( )。
   A. 高级会计师　　B. 会计师　　C. 助理会计师　　D. 总会计师
   E. 会计员

6. 会计档案的保管期限为( )。
   A. 3年　　　　　B. 10年　　　C. 15年　　　　　D. 30年
   E. 永久

7. 下列内容属于会计档案的有( )。
   A. 会计凭证　　　　　　　　　　　　B. 会计账簿
   C. 生产计划　　　　　　　　　　　　D. 银行存款余额调节表
   E. 会计档案保管清册

8. 下列企业会计档案中,保管期限为30年的有( )。
   A. 记账凭证　　　　　　　　　　　　B. 库存现金日记账

C. 明细账   D. 月度、季度、半年度财务会计报告

E. 银行对账单

9. 下列会计档案中保管期限为永久的有(　　)。

A. 年度财务会计报告   B. 会计档案销毁清册

C. 库存现金和银行存款日记账   D. 会计档案移交清册

E. 会计档案保管清册

10. 采用会计集中核算的优点有(　　)。

A. 便于对会计人员进行分工

B. 便于采用较合理的凭证整理方法

C. 便于各部门随时了解本部门的经营活动情况

D. 减少核算费用

E. 简化和加速核算工作

(三) 判断题

1. 会计工作的组织形式一般分为集中核算和非集中核算两种。(　　)

2. 会计人员的工作岗位应当有计划地进行轮换。(　　)

3. 会计人员职业道德是会计人员从事会计工作应当遵循的道德标准,也是社会道德规范的重要方面。(　　)

4. 年度财务会计报告的保管期限是30年。(　　)

5. 不具备单独设置会计机构条件的企业单位,应在有关机构中配备专职会计人员。(　　)

6. 注册会计师也是会计专业技术职务之一。(　　)

7. 银行存款余额调节表不属于会计档案。(　　)

8. 企业可以根据自身的需要确定是否设置独立的会计机构。(　　)

9. 当年形成的会计档案,在年度终了后,必须移交本单位的档案机构统一保管。(　　)

10. 会计档案原件一律不得借出,也不可以提供复制。(　　)

主要参考书目

1. 中华人民共和国财政部制定:《企业会计准则2020年版》,立信会计出版社2020年版。
2. 中华人民共和国财政部制定:《企业会计准则应用指南2020年版》,立信会计出版社2020年版。
3. 中华人民共和国财政部制定:《小企业会计准则2020年版》,立信会计出版社2020年版。
4. 企业会计准则编审委员会编:《企业会计准则案例讲解2020年版》,立信会计出版社2019年版。
5. 全国人大常委会颁布:《中华人民共和国会计法》,立信会计出版社2017年版。
6. 中国注册会计师协会组织编写:《会计》,中国财政经济出版社2019年版。
7. 中国注册会计师协会组织编写:《税法》,中国财政经济出版社2019年版。
8. 郭道扬著:《会计史研究:历史·现实·未来(第三卷)》,中国财政经济出版社2008年版。
9. 李梦玉、马葵主编:《会计学基础(第二版)》,北京大学出版社2010年版。
10. 陈国辉、迟旭升主编:《基础会计(第五版)》,东北财经大学出版社2016年版。
11. 陈文铭主编:《基础会计习题与案例(第五版)》,东北财经大学出版社2016年版。
12. 〔美〕莱斯利·K.布莱特纳、罗伯特·N.安东尼著:《会计学基础(第11版)》,杨冰等译,清华大学出版社2013年版。
13. 〔美〕卡尔·S.沃伦著:《会计学(第5版)》,张永冀、齐思琼译,机械工业出版社2016年版。
14. 中华会计网校编:《会计基础》,人民出版社2019年版。
15. 刘峰、潘琰、林斌主编:《会计学基础(第四版)》,高等教育出版社2018年版。

附录1 中华人民共和国会计法

(1985年1月21日第六届全国人民代表大会常务委员会第九次会议通过,根据1993年12月29日第八届全国人民代表大会常务委员会第五次会议《关于修改〈中华人民共和国会计法〉的决定》第一次修正,1999年10月31日第九届全国人民代表大会常务委员会第十二次会议修订,根据2017年11月4日第十二届全国人民代表大会常务委员会第三十次会议《关于修改〈中华人民共和国会计法〉等十一部法律的决定》第二次修正)

第一章 总 则

第一条 为了规范会计行为,保证会计资料真实、完整,加强经济管理和财务管理,提高经济效益,维护社会主义市场经济秩序,制定本法。

第二条 国家机关、社会团体、公司、企业、事业单位和其他组织(以下统称单位)必须依照本法办理会计事务。

第三条 各单位必须依法设置会计账簿,并保证其真实、完整。

第四条 单位负责人对本单位的会计工作和会计资料的真实性、完整性负责。

第五条 会计机构、会计人员依照本法规定进行会计核算,实行会计监督。

任何单位或者个人不得以任何方式授意、指使、强令会计机构、会计人员伪造、变造会计凭证、会计账簿和其他会计资料,提供虚假财务会计报告。

任何单位或者个人不得对依法履行职责、抵制违反本法规定行为的会计人员实行打击报复。

第六条 对认真执行本法,忠于职守,坚持原则,做出显著成绩的会计人员,给予精神的或者物质的奖励。

第七条 国务院财政部门主管全国的会计工作。

县级以上地方各级人民政府财政部门管理本行政区域内的会计工作。

第八条 国家实行统一的会计制度。国家统一的会计制度由国务院财政部门根据本法制定并公布。

国务院有关部门可以依照本法和国家统一的会计制度制定对会计核算和会计监督有特殊要求的行业实施国家统一的会计制度的具体办法或者补充规定,报国务院财政部门审核批准。

中国人民解放军总后勤部可以依照本法和国家统一的会计制度制定军队实施国家统一的会计制度的具体办法,报国务院财政部门备案。

第二章 会 计 核 算

第九条 各单位必须根据实际发生的经济业务事项进行会计核算,填制会计凭证,登记会计账簿,编制财务会计报告。

任何单位不得以虚假的经济业务事项或者资料进行会计核算。

第十条 下列经济业务事项,应当办理会计手续,进行会计核算:

（一）款项和有价证券的收付;

（二）财物的收发、增减和使用;

（三）债权债务的发生和结算;

（四）资本、基金的增减;

（五）收入、支出、费用、成本的计算;

（六）财务成果的计算和处理;

（七）需要办理会计手续、进行会计核算的其他事项。

第十一条 会计年度自公历1月1日起至12月31日止。

第十二条 会计核算以人民币为记账本位币。

业务收支以人民币以外的货币为主的单位,可以选定其中一种货币作为记账本位币,但是编报的财务会计报告应当折算为人民币。

第十三条 会计凭证、会计账簿、财务会计报告和其他会计资料,必须符合国家统一的会计制度的规定。

使用电子计算机进行会计核算的,其软件及其生成的会计凭证、会计账簿、财务会计报告和其他会计资料,也必须符合国家统一的会计制度的规定。

任何单位和个人不得伪造、变造会计凭证、会计账簿及其他会计资料,不得提供虚假的财务会计报告。

第十四条 会计凭证包括原始凭证和记账凭证。

办理本法第十条所列的经济业务事项,必须填制或者取得原始凭证并及时送交会计机构。

会计机构、会计人员必须按照国家统一的会计制度的规定对原始凭证进行审核,对不真实、不合法的原始凭证有权不予接受,并向单位负责人报告;对记载不准确、不完整的原始凭证予以退回,并要求按照国家统一的会计制度的规定更正、补充。

原始凭证记载的各项内容均不得涂改;原始凭证有错误的,应当由出具单位重开或者更正,更正处应当加盖出具单位印章。原始凭证金额有错误的,应当由出具单位重开,不得在原始凭证上更正。

记账凭证应当根据经过审核的原始凭证及有关资料编制。

第十五条 会计账簿登记,必须以经过审核的会计凭证为依据,并符合有关法律、行政法规和国家统一的会计制度的规定。会计账簿包括总账、明细账、日记账和其他辅助性账簿。

会计账簿应当按照连续编号的页码顺序登记。会计账簿记录发生错误或者隔页、缺号、跳行的,应当按照国家统一的会计制度规定的方法更正,并由会计人员和会计机构负责人(会计主管人员)在更正处盖章。

使用电子计算机进行会计核算的,其会计账簿的登记、更正,应当符合国家统一的会计制度的规定。

第十六条 各单位发生的各项经济业务事项应当在依法设置的会计账簿上统一登记、核算,不得违反本法和国家统一的会计制度的规定私设会计账簿登记、核算。

第十七条 各单位应当定期将会计账簿记录与实物、款项及有关资料相互核对,保证会计账簿记录与实物及款项的实有数额相符、会计账簿记录与会计凭证的有关内容相符、会计账簿之间相对应的记录相符、会计账簿记录与会计报表的有关内容相符。

第十八条 各单位采用的会计处理方法,前后各期应当一致,不得随意变更;确有必要变更的,应当按照国家统一的会计制度的规定变更,并将变更的原因、情况及影响在财务会计报告中说明。

第十九条 单位提供的担保、未决诉讼等或有事项,应当按照国家统一的会计制度的规定,在财务会计报告中予以说明。

第二十条 财务会计报告应当根据经过审核的会计账簿记录和有关资料编制,并符合本法和国家统一的会计制度关于财务会计报告的编制要求、提供对象和提供期限的规定;其他法律、行政法规另有规定的,从其规定。

财务会计报告由会计报表、会计报表附注和财务情况说明书组成。向不同的会计资料使用者提供的财务会计报告,其编制依据应当一致。有关法律、行政法规规定会计报表、会计报表附注和财务情况说明书须经注册会计师审计的,注册会计师及其所在的会计师事务所出具的审计报告应当随同财务会计报告一并提供。

第二十一条 财务会计报告应当由单位负责人和主管会计工作的负责人、会计机构负责人(会计主管人员)签名并盖章;设置总会计师的单位,还须由总会计师签名并盖章。

单位负责人应当保证财务会计报告真实、完整。

第二十二条 会计记录的文字应当使用中文。在民族自治地方,会计记录可以同时使用当地通用的一种民族文字。在中华人民共和国境内的外商投资企业、外国企业和其他外国组织的会计记录可以同时使用一种外国文字。

第二十三条 各单位对会计凭证、会计账簿、财务会计报告和其他会计资料应当建立档案,妥善保管。会计档案的保管期限和销毁办法,由国务院财政部会同有关部门制定。

第三章 公司、企业会计核算的特别规定

第二十四条 公司、企业进行会计核算,除应当遵守本法第二章的规定外,还应当遵守本章规定。

第二十五条 公司、企业必须根据实际发生的经济业务事项，按照国家统一的会计制度的规定确认、计量和记录资产、负债、所有者权益、收入、费用、成本和利润。

第二十六条 公司、企业进行会计核算不得有下列行为：

（一）随意改变资产、负债、所有者权益的确认标准或者计量方法，虚列、多列、不列或者少列资产、负债、所有者权益；

（二）虚列或者隐瞒收入，推迟或者提前确认收入；

（三）随意改变费用、成本的确认标准或者计量方法，虚列、多列、不列或者少列费用、成本；

（四）随意调整利润的计算、分配方法，编造虚假利润或者隐瞒利润；

（五）违反国家统一的会计制度规定的其他行为。

第四章 会计监督

第二十七条 各单位应当建立、健全本单位内部会计监督制度。单位内部会计监督制度应当符合下列要求：

（一）记账人员与经济业务事项和会计事项的审批人员、经办人员、财物保管人员的职责权限应当明确，并相互分离、相互制约；

（二）重大对外投资、资产处置、资金调度和其他重要经济业务事项的决策和执行的相互监督、相互制约程序应当明确；

（三）财产清查的范围、期限和组织程序应当明确；

（四）对会计资料定期进行内部审计的办法和程序应当明确。

第二十八条 单位负责人应当保证会计机构、会计人员依法履行职责，不得授意、指使、强令会计机构、会计人员违法办理会计事项。

会计机构、会计人员对违反本法和国家统一的会计制度规定的会计事项，有权拒绝办理或者按照职权予以纠正。

第二十九条 会计机构、会计人员发现会计账簿记录与实物、款项及有关资料不相符的，按照国家统一的会计制度的规定有权自行处理的，应当及时处理；无权处理的，应当立即向单位负责人报告，请求查明原因，作出处理。

第三十条 任何单位和个人对违反本法和国家统一的会计制度规定的行为，有权检举。收到检举的部门有权处理的，应当依法按照职责分工及时处理；无权处理的，应当及时移送有权处理的部门处理。收到检举的部门、负责处理的部门应当为检举人保密，不得将检举人姓名和检举材料转给被检举单位和被检举人个人。

第三十一条 有关法律、行政法规规定，须经注册会计师进行审计的单位，应当向受委托的会计师事务所如实提供会计凭证、会计账簿、财务会计报告和他会计资料以及有关情况。

任何单位或者个人不得以任何方式要求或者示意注册会计师及其所在的会计师事务所出具不实或者不当的审计报告。

财政部门有权对会计师事务所出具审计报告的程序和内容进行监督。

第三十二条 财政部门对各单位的下列情况实施监督:
(一)是否依法设置会计账簿;
(二)会计凭证、会计账簿、财务会计报告和其他会计资料是否真实、完整;
(三)会计核算是否符合本法和国家统一的会计制度的规定;
(四)从事会计工作的人员是否具备专业能力、遵守职业道德。

在对前款第(二)项所列事项实施监督,发现重大违法嫌疑时,国务院财政部门及其派出机构可以向与被监督单位有经济业务往来的单位和被监督单位开立账户的金融机构查询有关情况,有关单位和金融机构应当给予支持。

第三十三条 财政、审计、税务、人民银行、证券监管、保险监管等部门应当依照有关法律、行政法规规定的职责,对有关单位的会计资料实施监督检查。

前款所列监督检查部门对有关单位的会计资料依法实施监督检查后,应当出具检查结论。有关监督检查部门已经作出的检查结论能够满足其他监督检查部门履行本部门职责需要的,其他监督检查部门应当加以利用,避免重复查账。

第三十四条 依法对有关单位的会计资料实施监督检查的部门及其工作人员对在监督检查中知悉的国家秘密和商业秘密负有保密义务。

第三十五条 各单位必须依照有关法律、行政法规的规定,接受有关监督检查部门依法实施的监督检查,如实提供会计凭证、会计账簿、财务会计报告和他会计资料以及有关情况,不得拒绝、隐匿、谎报。

第五章 会计机构和会计人员

第三十六条 各单位应当根据会计业务的需要,设置会计机构,或者在有关机构中设置会计人员并指定会计主管人员;不具备设置条件的,应当委托经批准设立从事会计代理记账业务的中介机构代理记账。

国有的和国有资产占控股地位或者主导地位的大、中型企业必须设置总会计师。总会计师的任职资格、任免程序、职责权限由国务院规定。

第三十七条 会计机构内部应当建立稽核制度。

出纳人员不得兼任稽核、会计档案保管和收入、支出、费用、债权债务账目的登记工作。

第三十八条 会计人员应当具备从事会计工作所需要的专业能力。

担任单位会计机构负责人(会计主管人员)的,应当具备会计师以上专业技术职务资格或者从事会计工作三年以上经历。

本法所称会计人员的范围由国务院财政部门规定。

第三十九条 会计人员应当遵守职业道德,提高业务素质。对会计人员的教育和培训工作应当加强。

第四十条 因有提供虚假财务会计报告,做假账,隐匿或者故意销毁会计凭证、会计账簿、财务会计报告,贪污、挪用公款,职务侵占等与会计职务的有关违法行为被依法追究刑事责任的人员,不得再从事会计工作。

第四十一条　会计人员调动工作或者离职,必须与接管人员办清交接手续。

一般会计人员办理交接手续,由会计机构负责人(会计主管人员)监交;会计机构负责人(会计主管人员)办理交接手续,由单位负责人监交,必要时主管单位可以派人会同监交。

第六章　法　律　责　任

第四十二条　违反本法规定,有下列行为之一的,由县级以上人民政府财政部门责令限期改正,可以对单位并处三千元以上五万元以下的罚款;对其直接负责的主管人员和其他直接责任人员,可以处二千元以上二万元以下的罚款;属于国家工作人员的,还应当由其所在单位或者有关单位依法给予行政处分:

（一）不依法设置会计账簿的;

（二）私设会计账簿的;

（三）未按照规定填制、取得原始凭证或者填制、取得的原始凭证不符合规定的;

（四）以未经审核的会计凭证为依据登记会计账簿或者登记会计账簿不符合规定的;

（五）随意变更会计处理方法的;

（六）向不同的会计资料使用者提供的财务会计报告编制依据不一致的;

（七）未按照规定使用会计记录文字或者记账本位币的;

（八）未按照规定保管会计资料,致使会计资料毁损、灭失的;

（九）未按照规定建立并实施单位内部会计监督制度或者拒绝依法实施的监督或者不如实提供有关会计资料及有关情况的;

（十）任用会计人员不符合本法规定的。

有前款所列行为之一,构成犯罪的,依法追究刑事责任。

会计人员有第一款所列行为之一,情节严重的,五年内不得从事会计工作。

有关法律对第一款所列行为的处罚另有规定的,依照有关法律的规定办理。

第四十三条　伪造、变造会计凭证、会计账簿,编制虚假财务会计报告,构成犯罪的,依法追究刑事责任。

有前款行为,尚不构成犯罪的,由县级以上人民政府财政部门予以通报,可以对单位并处五千元以上十万元以下的罚款;对其直接负责的主管人员和其他直接责任人员,可以处三千元以上五万元以下的罚款;属于国家工作人员的,还应当由其所在单位或者有关单位依法给予撤职直至开除的行政处分;其中的会计人员,五年内不得从事会计工作。

第四十四条　隐匿或者故意销毁依法应当保存的会计凭证、会计账簿、财务会计报告,构成犯罪的,依法追究刑事责任。

有前款行为,尚不构成犯罪的,由县级以上人民政府财政部门予以通报,可以对单位并处五千元以上十万元以下的罚款;对其直接负责的主管人员和其他直接责任人员,可以处三千元以上五万元以下的罚款;属于国家工作人员的,还应当由其所在单位或者有关单位依法给予撤职直至开除的行政处分;其中的会计人员,五年内不得从事会计工作。

第四十五条 授意、指使、强令会计机构、会计人员及其他人员伪造、变造会计凭证、会计账簿,编制虚假财务会计报告或者隐匿、故意销毁依法应当保管的会计凭证、会计账簿、财务会计报告,构成犯罪的,依法追究刑事责任;尚不构成犯罪的,可以处五千元以上五万元以下的罚款;属于国家工作人员的,还应当由其所在单位或者有关单位依法给予降级、撤职、开除的行政处分。

第四十六条 单位负责人对依法履行职责、抵制违反本法规定行为的会计人员以降级、撤职、调离工作岗位、解聘或者开除等方式实行打击报复,构成犯罪的,依法追究刑事责任;尚不构成犯罪的,由其所在单位或者有关单位依法给予行政处分。对受打击报复的会计人员,应当恢复其名誉和原有职务、级别。

第四十七条 财政部门及有关行政部门的工作人员在实施监督管理中滥用职权、玩忽职守、徇私舞弊或者泄露国家秘密、商业秘密,构成犯罪的,依法追刑事责任;尚不构成犯罪的,依法给予行政处分。

第四十八条 违反本法第三十条规定,将检举人姓名和检举材料转给被检举单位和被检举人个人的,由所在单位或者有关单位依法给予行政处分。

第四十九条 违反本法规定,同时违反其他法律规定的,由有关部门在各自职权范围内依法进行处罚。

第七章 附 则

第五十条 本法下列用语的含义:

单位负责人,是指单位法定代表人或者法律、行政法规规定代表单位行使职权的主要负责人。

国家统一的会计制度,是指国务院财政部门根据本法制定的关于会计核算、会计监督、会计机构和会计人员以及会计工作管理的制度。

第五十一条 个体工商户会计管理的具体办法,由国务院财政部门根据本法的原则另行规定。

第五十二条 本法自 2000 年 7 月 1 日起施行。

附录2 企业会计准则——基本准则

(2006年2月15日财政部令第33号公布,自2007年1月1日起施行。2014年7月23日根据《财政部关于修改〈企业会计准则——基本准则〉的决定》修改)

第一章 总　　则

第一条　为了规范企业会计确认、计量和报告行为,保证会计信息质量,根据《中华人民共和国会计法》和其他有关法律、行政法规,制定本准则。

第二条　本准则适用于在中华人民共和国境内设立的企业(包括公司,下同)。

第三条　企业会计准则包括基本准则和具体准则,具体准则的制定应当遵循本准则。

第四条　企业应当编制财务会计报告(又称财务报告,下同)。财务会计报告的目标是向财务会计报告使用者提供与企业财务状况、经营成果和现金流量等有关的会计信息,反映企业管理层受托责任履行情况,有助于财务会计报告使用者作出经济决策。

财务会计报告使用者包括投资者、债权人、政府及其有关部门和社会公众等。

第五条　企业应当对其本身发生的交易或者事项进行会计确认、计量和报告。

第六条　企业会计确认、计量和报告应当以持续经营为前提。

第七条　企业应当划分会计期间,分期结算账目和编制财务会计报告。

会计期间分为年度和中期。中期是指短于一个完整的会计年度的报告期间。

第八条　企业会计应当以货币计量。

第九条　企业应当以权责发生制为基础进行会计确认、计量和报告。

第十条　企业应当按照交易或者事项的经济特征确定会计要素。会计要素包括资产、负债、所有者权益、收入、费用和利润。

第十一条　企业应当采用借贷记账法记账。

第二章　会计信息质量要求

第十二条　企业应当以实际发生的交易或者事项为依据进行会计确认、计量和报告,如实反映符合确认和计量要求的各项会计要素及其他相关信息,保证会计信息真实可靠、内容完整。

第十三条　企业提供的会计信息应当与财务会计报告使用者的经济决策需要相

关,有助于财务会计报告使用者对企业过去、现在或者未来的情况作出评价或者预测。

第十四条　企业提供的会计信息应当清晰明了,便于财务会计报告使用者理解和使用。

第十五条　企业提供的会计信息应当具有可比性。

同一企业不同时期发生的相同或者相似的交易或者事项,应当采用一致的会计政策,不得随意变更。确需变更的,应当在附注中说明。

不同企业发生的相同或者相似的交易或者事项,应当采用规定的会计政策,确保会计信息口径一致、相互可比。

第十六条　企业应当按照交易或者事项的经济实质进行会计确认、计量和报告,不应仅以交易或者事项的法律形式为依据。

第十七条　企业提供的会计信息应当反映与企业财务状况、经营成果和现金流量等有关的所有重要交易或者事项。

第十八条　企业对交易或者事项进行会计确认、计量和报告应当保持应有的谨慎,不应高估资产或者收益、低估负债或者费用。

第十九条　企业对于已经发生的交易或者事项,应当及时进行会计确认、计量和报告,不得提前或者延后。

第三章　资　产

第二十条　资产是指企业过去的交易或者事项形成的、由企业拥有或者控制的、预期会给企业带来经济利益的资源。

前款所指的企业过去的交易或者事项包括购买、生产、建造行为或其他交易或者事项。预期在未来发生的交易或者事项不形成资产。

由企业拥有或者控制,是指企业享有某项资源的所有权,或者虽然不享有某项资源的所有权,但该资源能被企业所控制。

预期会给企业带来经济利益,是指直接或者间接导致现金和现金等价物流入企业的潜力。

第二十一条　符合本准则第二十条规定的资产定义的资源,在同时满足以下条件时,确认为资产:

(一)与该资源有关的经济利益很可能流入企业;

(二)该资源的成本或者价值能够可靠地计量。

第二十二条　符合资产定义和资产确认条件的项目,应当列入资产负债表;符合资产定义、但不符合资产确认条件的项目,不应当列入资产负债表。

第四章　负　债

第二十三条　负债是指企业过去的交易或者事项形成的、预期会导致经济利益流出企业的现时义务。

现时义务是指企业在现行条件下已承担的义务。未来发生的交易或者事项形成的义务,不属于现时义务,不应当确认为负债。

第二十四条　符合本准则第二十三条规定的负债定义的义务,在同时满足以下条件时,确认为负债:

(一)与该义务有关的经济利益很可能流出企业;

(二)未来流出的经济利益的金额能够可靠地计量。

第二十五条　符合负债定义和负债确认条件的项目,应当列入资产负债表;符合负债定义、但不符合负债确认条件的项目,不应当列入资产负债表。

第五章　所有者权益

第二十六条　所有者权益是指企业资产扣除负债后由所有者享有的剩余权益。

公司的所有者权益又称为股东权益。

第二十七条　所有者权益的来源包括所有者投入的资本、直接计入所有者权益的利得和损失、留存收益等。

直接计入所有者权益的利得和损失,是指不应计入当期损益、会导致所有者权益发生增减变动的、与所有者投入资本或者向所有者分配利润无关的利得或者损失。

利得是指由企业非日常活动所形成的、会导致所有者权益增加的、与所有者投入资本无关的经济利益的流入。

损失是指由企业非日常活动所发生的、会导致所有者权益减少的、与向所有者分配利润无关的经济利益的流出。

第二十八条　所有者权益金额取决于资产和负债的计量。

第二十九条　所有者权益项目应当列入资产负债表。

第六章　收　　入

第三十条　收入是指企业在日常活动中形成的、会导致所有者权益增加的、与所有者投入资本无关的经济利益的总流入。

第三十一条　收入只有在经济利益很可能流入从而导致企业资产增加或者负债减少、且经济利益的流入额能够可靠计量时才能予以确认。

第三十二条　符合收入定义和收入确认条件的项目,应当列入利润表。

第七章　费　　用

第三十三条　费用是指企业在日常活动中发生的、会导致所有者权益减少的、与向所有者分配利润无关的经济利益的总流出。

第三十四条　费用只有在经济利益很可能流出从而导致企业资产减少或者负债增加、且经济利益的流出额能够可靠计量时才能予以确认。

第三十五条　企业为生产产品、提供劳务等发生的可归属于产品成本、劳务成本等的费用,应当在确认产品销售收入、劳务收入等时,将已销售产品、已提供劳务的成本等计入当期损益。

企业发生的支出不产生经济利益的,或者即使能够产生经济利益但不符合或者不再符合资产确认条件的,应当在发生时确认为费用,计入当期损益。

企业发生的交易或者事项导致其承担了一项负债而又不确认为一项资产的,应当在发生时确认为费用,计入当期损益。

第三十六条　符合费用定义和费用确认条件的项目,应当列入利润表。

第八章　利　润

第三十七条　利润是指企业在一定会计期间的经营成果。利润包括收入减去费用后的净额、直接计入当期利润的利得和损失等。

第三十八条　直接计入当期利润的利得和损失,是指应当计入当期损益、会导致所有者权益发生增减变动的、与所有者投入资本或者向所有者分配利润无关的利得或者损失。

第三十九条　利润金额取决于收入和费用、直接计入当期利润的利得和损失金额的计量。

第四十条　利润项目应当列入利润表。

第九章　会 计 计 量

第四十一条　企业在将符合确认条件的会计要素登记入账并列报于会计报表及其附注(又称财务报表,下同)时,应当按照规定的会计计量属性进行计量,确定其金额。

第四十二条　会计计量属性主要包括:

(一)历史成本。在历史成本计量下,资产按照购置时支付的现金或者现金等价物的金额,或者按照购置资产时所付出的对价的公允价值计量。负债按照因承担现时义务而实际收到的款项或者资产的金额,或者承担现时义务的合同金额,或者按照日常活动中为偿还负债预期需要支付的现金或者现金等价物的金额计量。

(二)重置成本。在重置成本计量下,资产按照现在购买相同或者相似资产所需支付的现金或者现金等价物的金额计量。负债按照现在偿付该项债务所需支付的现金或者现金等价物的金额计量。

(三)可变现净值。在可变现净值计量下,资产按照其正常对外销售所能收到现金或者现金等价物的金额扣减该资产至完工时估计将要发生的成本、估计的销售费用以及相关税费后的金额计量。

(四)现值。在现值计量下,资产按照预计从其持续使用和最终处置中所产生的未来净现金流入量的折现金额计量。负债按照预计期限内需要偿还的未来净现金流出量的折现金额计量。

(五)公允价值。在公允价值计量下,资产和负债按照市场参与者在计量日发生的有序交易中,出售资产所能收到或者转移负债所需支付的价格计量。

第四十三条　企业在对会计要素进行计量时,一般应当采用历史成本,采用重置成本、可变现净值、现值、公允价值计量的,应当保证所确定的会计要素金额能够取得并可靠计量。

第十章　财务会计报告

第四十四条　财务会计报告是指企业对外提供的反映企业某一特定日期的财务状况和某一会计期间的经营成果、现金流量等会计信息的文件。

财务会计报告包括会计报表及其附注和其他应当在财务会计报告中披露的相关信息和资料。会计报表至少应当包括资产负债表、利润表、现金流量表等报表。

小企业编制的会计报表可以不包括现金流量表。

第四十五条　资产负债表是指反映企业在某一特定日期的财务状况的会计报表。

第四十六条　利润表是指反映企业在一定会计期间的经营成果的会计报表。

第四十七条　现金流量表是指反映企业在一定会计期间的现金和现金等价物流入和流出的会计报表。

第四十八条　附注是指对在会计报表中列示项目所作的进一步说明,以及对未能在这些报表中列示项目的说明等。

第十一章　附　　则

第四十九条　本准则由财政部负责解释。

第五十条　本准则自 2007 年 1 月 1 日起施行。

教辅申请说明

北京大学出版社本着"教材优先、学术为本"的出版宗旨，竭诚为广大高等院校师生服务。为更有针对性地提供服务，请您按照以下步骤通过**微信**提交教辅申请，我们会在 1~2 个工作日内将配套教辅资料发送到您的邮箱。

◎扫描下方二维码，或直接微信搜索公众号"北京大学经管书苑"，进行关注；

◎点击菜单栏"在线申请"—"教辅申请"，出现如右下界面：

◎将表格上的信息填写准确、完整后，点击提交；

◎信息核对无误后，教辅资源会及时发送给您；如果填写有问题，工作人员会同您联系。

温馨提示：如果您不使用微信，则可以通过以下联系方式（任选其一），将您的姓名、院校、邮箱及教材使用信息反馈给我们，工作人员会同您进一步联系。

联系方式：

北京大学出版社经济与管理图书事业部
通信地址：北京市海淀区成府路 205 号，100871
电子邮箱： em@pup.cn
电　　话： 010-62767312 /62757146
微　　信：北京大学经管书苑（pupembook）
网　　址：www.pup.cn